THÉATRE COMPLET

DE

ALEX. DUMAS

II

NAPOLÉON BONAPARTE
ANTONY — CHARLES VII CHEZ SES GRANDS VASSAUX

NOUVELLE ÉDITION

PARIS
CALMANN LÉVY, ÉDITEUR
ANCIENNE MAISON MICHEL LÉVY FRÈRES
3, RUE AUBER, 3

—

1883
Droits de reproduction et de traduction réservés

ŒUVRES COMPLÈTES

D'ALEXANDRE DUMAS

THÉATRE

II

ŒUVRES COMPLÈTES D'ALEXANDRE DUMAS
PUBLIÉES DANS LA COLLECTION MICHEL LÉVY

Acté	1	La Femme au collier de velours 1	La Maison de glace 2
Amaury	1		Le Maître d'armes 1
Ange Pitou	2	Fernande 1	Les Mariages du père Olifus 1
Ascanio	2	Une Fille du régent 1	
Une Aventure d'amour	1	Filles, Lorettes et Courtisanes 1	Les Médicis 1
			Mes Mémoires 10
Aventures de John Davys	2	Le Fils du forçat 1	Mémoires de Garibaldi 2
		Les Frères corses 1	Mém. d'une aveugle 2
Les Baleiniers	2	Gabriel Lambert 1	Mémoires d'un médecin : Balsamo 5
Le Bâtard de Mauléon	3	Les Garibaldiens 1	
Black	1	Gaule et France 1	Le Meneur de loups 1
Les Blancs et les Bleus	3	Georges 1	Les Mille et un Fantômes 2
		Un Gil Blas en Californie 1	Les Mohicans de Paris 2
La Bouillie de la comtesse Berthe	1	Les Grands Hommes en robe de chambre :	Les Morts vont vite 1
La Boule de neige	1	César 2	Napoléon 1
Bric-à-Brac	1	— Henri IV, Louis XIII, Richelieu 2	Une Nuit à Florence 1
Un Cadet de famille	3		Olympe de Clèves 3
Le Capitaine Pamphile	1	La Guerre des femmes 2	Le Page du duc de Savoie 1
Le Capitaine Paul	1	Hist. de mes bêtes 1	
Le Capitaine Rhino	1	Histoire d'un casse-noisette 1	Parisiens et Provinciaux 2
Le Capitaine Richard	2		Le Pasteur d'Ashbourn 2
Catherine Blum	1	L'Homme aux contes 1	Pauline et Pascal Bruno 1
Causeries	2	Les Hommes de fer 1	
Cécile	1	L'Horoscope 1	Un Pays inconnu 2
Charles le Téméraire	2	L'Ile de Feu 2	Le Père Gigogne 1
Le Chasseur de Sauvagine	1	Impressions de voyage:	Le Père la Ruine 1
Le Château d'Eppstein	2	En Suisse 3	Le Prince des Voleurs 2
Le Chevalier d'Harmental	2	— Une Année à Florence 1	Princesse de Monaco 2
			La Princesse Flora 1
Le Chevalier de Maison-Rouge	2	— L'Arabie Heureuse 3	Propos d'Art et de Cuisine 1
Le Collier de la reine	3	— Les Bords du Rhin 2	Les Quarante-Cinq 3
La Colombe. — Maître Adam le Calabrais	1	— Le Capit. Arena 1	La Régence 1
		— Le Caucase 3	La Reine Margot 2
Les Compagnons de Jéhu	3	— Le Corricolo 2	Robin Hood le Proscrit 2
		— Le Midi de la France 2	La Route de Varennes 1
Le Comte de Monte-Cristo	6	— De Paris à Cadix 2	Le Saltéador 1
La Comtesse de Charny	6	— Quinze jours au Sinaï 1	Salvator (suite des Mohicans de Paris) 5
La Comtesse de Salisbury	2	— En Russie 4	La San-Felice 4
		— Le Speronare 2	Souvenirs d'Antony 1
Les Confessions de la marquise	2	— Le Véloce 2	Souvenirs dramatiques 2
		— La Villa Palmieri 1	Souvenirs d'une Favorite 4
Conscience l'Innocent	1	Ingénue 2	Les Stuarts 1
Création et Rédemption. — Le Docteur mystérieux	2	Isaac Laquedem 2	Sultanetta 1
		Isabel de Bavière 1	Sylvandire 1
— La Fille du Marquis	2	Italiens et Flamands 2	Terreur prussienne 2
La Dame de Monsoreau	3	Ivanhoe de Walter Scott (traduction) 2	Le Testament de M. Chauvelin 1
La Dame de Volupté	2	Jacques Ortis 1	Théâtre complet 25
Les Deux Diane	3	Jacquot sans Oreilles 1	Trois Maîtres 1
Les Deux Reines	2	Jane 1	Les Trois Mousquetaires 2
Dieu dispose	2	Jehanne la Pucelle 1	
Le Drame de 93	3	Louis XIV et son Siècle 4	Le Trou de l'enfer 1
Les Drames de la mer	1	Louis XV et sa Cour 2	La Tulipe noire 1
Les Drames galants. — La Marquise d'Escoman	2	Louis XVI et la Révolution 2	Le Vicomte de Bragelonne 6
		Les Louves de Machecoul 3	La Vie au Désert 2
Emma Lyonna	5	Madame de Chamblay 2	Une Vie d'artiste 1
			Vingt Ans après 3

F. Aureau. — Imp. de Lagny.

NAPOLÉON BONAPARTE

OU

TRENTE ANS DE L'HISTOIRE DE FRANCE

DRAME EN SIX ACTES, EN VINGT-TROIS TABLEAUX

Odéon. — 10 janvier 1831.

> D'ici à cinquante ans, toute l'Europe sera républicaine ou cosaque.
> NAPOLÉON (*Mémorial de Sainte-Hélène*).

A LA NATION FRANÇAISE

ALEX. DUMAS.

PRÉFACE

Mon drame de *Napoléon* a suscité, de la part de petites haines littéraires, tant de petites calomnies politiques, qu'une explication est nécessaire entre elles et moi. C'est un duel ; soit : le public en sera témoin

Ces calomnies ont porté sur trois points : sur ma vie, sur mes opinions politiques et sur mon drame.

Il est donc nécessaire que ma vie dans ses relations avec le pouvoir, mes opinions dans leur harmonie avec ma conscience, mon drame développé comme système littéraire, soient mis au jour.

Puis, quand on aura lu, il sera possible qu'on dise : « Il se trompe ; » mais on ne dira pas : « Il trompe. »

*
* *

Solus, pauper et nudus.

Je suis fils du général républicain Alexandre Dumas, mort en 1806, à la suite de onze tentatives d'empoisonnement faites contre lui, dans les prisons de Naples, par le gouvernement de Naples.

Il mourut en disgrâce de l'empereur, pour n'avoir pas voulu adopter son système de colonisation de l'Égypte, — et il avait tort, — pour n'avoir pas consenti à signer, lors de son avénement au trône, les registres des communes, — et il avait raison.

Mon père était un de ces hommes de fer qui croient que l'âme, c'est la conscience, qui font juste ce qu'elle leur prescrit, et qui meurent pauvres.

Or, mon père mourut pauvre ; on lui devait vingt-huit mille francs de solde arriérée, on ne les paya pas à sa veuve ; on devait à sa veuve une pension, on ne la lui donna pas. Le sang de mon père versé sous la République n'a donc été payé ni par l'Empire, ni par la Restauration : à la Restauration et à l'Empire, merci ! car ils m'ont fait libre.

En 1823, la protection obstinée du général Foy m'obtint une place chez le duc d'Orléans : j'y entrai aux appointements de douze cents francs. Ces appointements ne s'élevèrent jamais au-dessus de dix-huit cents francs ; c'était assez, c'était beaucoup, puisqu'ils suffisaient à faire vivre ma mère et moi.

Puis vint *Henri III*, précédé et suivi d'absurdes questions littéraires. Son succès, contesté ou non, en m'ouvrant une autre carrière, me rendit mon indépendance engagée un instant. Je laissai s'acharner la critique, sans l'en remercier ni m'en plaindre ; mon but, qu'elle ne comprenait pas, était atteint : je respirai.

Comme je n'avais trouvé appui ni dans mes confrères, ni dans l'administration dont je faisais partie, lorsque j'eus fait représenter ce premier ouvrage, je le dédiai à Taylor, qui seul m'avait encouragé.

La soirée du 11 février 1829 avait fait une révolution dans mon existence. Je n'étais plus auprès de mes chefs un employé entêté et vaniteux ; mon succès m'avait presque égalé à un sous-chef. Je reçus les compliments d'hommes qui, pendant trois mois qu'avaient duré mes répétitions, m'avaient poursuivi de tant de persécutions étroites, que le droit de sortir de mon bureau ou d'y recevoir quelqu'un m'était interdit; ils avaient conféré à un concierge et à un garçon de bureau le droit d'espionnage et de réprimande. J'écrivis au directeur que je conservais mon titre dans la maison du duc d'Orléans, parce que je le tenais du duc d'Orléans, et que je ne reconnaissais qu'à lui le droit de me l'ôter; mais je donnai la démission de mes appointements : elle fut acceptée. Trois mois après eut lieu la première représentation de l'ouvrage dont ils avaient tout fait pour empêcher la représentation. Le duc d'Orléans, qui ne savait rien de toutes ces petites tracasseries, y vint, à leur grand étonnement, avec société royale de princes et de grands-ducs ; il applaudit, ils applaudirent. Le lendemain, mes persécuteurs de la veille étaient merveilleux à voir : chacun d'eux avait prédit depuis longtemps que je serais un poëte dramatique. Si j'étais tombé, il est probable que la mémoire du général Foy et la bonté du duc d'Orléans ne m'auraient point sauvé d'une destitution

Et dès lors il y eut séparation entre nous ; car ils se souvenaient de tout, et je n'avais rien oublié.

Trois mois après, le duc d'Orléans me nomma bibliothécaire adjoint, aux appointements de douze cents francs : c'était six cents francs de moins que lorsque j'étais simple employé : j'abandonnai cette pension à ma mère, et je n'eus plus à m'occuper que de moi.

C'est à cette époque que je vis le plus le duc d'Orléans ; je le trouvai constamment bon et affable : des influences lentes, mais continues, diminuèrent depuis à mon égard, non pas sa bonté, mais son affabilité : ce qu'on vient de lire expliquera ce changement.

Christine fut jouée avec succès le 30 mars 1830. Le duc d'Orléans en accepta la dédicace, et demanda pour moi à Charles X la croix de la Légion d'honneur (1); elle lui fut refusée. C'était tout simple : j'avais fait *Henri III.*

(1) « Palais-Royal, ce 9 avril 1830.

» J'apprends, monsieur, que vous avez l'intention de soumettre au roi la proposition d'accorder à M. Alex. Dumas la croix de la Légion

Ce second succès m'attira de nouvelles félicitations, à peu près dans la même proportion qu'il aigrissait les vieilles haines. Comment s'habituer à traiter d'égal à égal un homme auquel on avait eu un instant le droit de donner des ordres avec toute l'impertinente supériorité bureaucratique (1) !

A dater de cette époque, la marche du gouvernement, en commençant à exciter des craintes sérieuses, détourna de la littérature l'attention du public, pour la porter sur la politique. Chacun s'occupa plus de son fusil que de sa plume : c'était raison ; car vinrent les ordonnances, les gendarmes, les drapeaux noirs, la garde royale, les massacres, les pavés, et la victoire. Un grand peuple jeta un grand cri ; il se croyait libre.

Le duc d'Orléans était lieutenant général ; je le revis à mon retour d'une mission dont m'avait chargé le général la Fayette : il y avait dix à parier contre un que je serais fusillé dans cette mission. J'avais réussi et je n'avais pas été fusillé, heu-

d'honneur, à l'époque de l'année où Sa Majesté est dans l'usage de faire une promotion dans l'ordre. Les succès dramatiques de M. Dumas me semblent, en effet, de nature à mériter cette faveur, et je serai d'autant plus aise qu'il l'obtienne, qu'il a été attaché pendant près de six ans à l'administration de mes forêts, et qu'il a été, pendant ce temps, le soutien de sa famille de la manière la plus honorable. Il me dit qu'il est au moment de faire un voyage dans le nord de l'Europe, et qu'il attacherait un grand prix à ce que sa nomination pût avoir lieu avant son départ. Je ne sais si le 12 avril ne serait pas une occasion où vous pourriez en soumettre la proposition au roi ; mais j'ai voulu vous en suggérer l'idée, en vous témoignant l'intérêt que je porte à M. Dumas ; et je profite avec grand plaisir, monsieur, de cette occasion de vous offrir l'assurance de mes sentiments pour vous.

» Votre affectionné
» Louis-Philippe d'Orléans. »

On conçoit qu'après de pareilles marques d'intérêt et de protection, il ne fallut pas moins qu'une conscience politique, trop méticuleuse peut-être, pour me décider à donner ma démission.

(1) J'excepte de cette attaque deux ou trois personnes ; du reste, je n'ai pas besoin de prononcer leur nom ; celles que j'excepte et celles que j'attaque se reconnaîtront facilement. Mais ni les unes ni les autres, j'en suis sûr, ne me démentiront.

reusement ; car, certes, je le regretterais de grand cœur, en voyant d'en haut ce à quoi mon sang aurait servi.

Le lieutenant général, si populaire envers tout le monde, fut froid envers moi. C'était tout simple : autour de lui étaient des figures si bizarrement serviles, la mienne était si gauche et si déplacée au milieu d'elles, que ma joie, comparée à la leur, avait presque l'air d'une protestation. Je traversai, à grand'peine et à sueur de front, salons, galeries, antichambres ; encombrement partout : c'était presque comme aux Tuileries, le lendemain du 20 mars et du 12 avril ; c'étaient du moins les mêmes figures. Oh ! certes, après une révolution, on doit haïr les hommes ; mais, après deux révolutions, on ne peut plus que les mépriser.

Et, sous ce rapport, comme je leur accordais tout ce qu'ils avaient droit de réclamer, je les laissai à Paris, et je partis pour la Vendée.

Il me paraissait curieux d'étudier dans ce moment ce pays de révolution vivace. C'était le cœur du parti royaliste ; je voulais en calculer les battements.

J'y entrai le premier avec l'uniforme de garde national ; je le parcourus le premier avec la cocarde tricolore. Des cris de « Vive Charles X ! » m'accueillaient presque partout. Ce pays-là du moins, qu'il ait tort ou raison, est un pays loyal et qui ne change pas.

J'y restai six semaines ; puis je revins à Paris, que j'avais laissé resplendissant d'armes et de liberté. Bien des améliorations s'étaient faites : les pavés avaient repris leur place, M. Guizot la sienne ; et, à l'exception du drapeau tricolore, et de l'attente craintive que les souverains ne voulussent point reconnaître Louis-Philippe, c'était comme si nulle révolution n'avait passé par les rues.

Ceux que j'avais laissés tout près du roi avaient de nouveaux titres et des appointemens doubles. Quant à moi, la commission populaire m'avait voté à l'unanimité la croix nationale : chacun de nous avait ce qu'il voulait avoir.

C'est alors que plusieurs directeurs vinrent me faire des offres pour un drame de *Napoléon* ; ils me rappelèrent qu'il y avait autre chose au monde que la politique ; quant à moi, j'avais totalement oublié la littérature.

Je leur répondis que, quoique je ne tinsse à la maison du roi que par des liens que la différence d'opinions rendait chaque jour plus faibles, il me paraissait inconvenant de traiter ce sujet sans une haute autorisation. Je promis de la demander. Je croyais que, moi surtout, je pouvais facilement approcher du roi.

Je me trompais. Je sollicitai audience par écrit, je fis antichambre. On me demanda, comme à un étranger, ce que je voulais ; et, moi, je ne pouvais dire ce que je voulais qu'au roi ; car le roi seul pouvait me dire, — et ses paroles devaient mourir entre nous deux : « Je veux, » ou « Je ne veux pas. »

Je le répète, je tentai tout. Six théâtres firent passer leur *Napoléon*, et, moi, j'attendais toujours. Chaque représentation nouvelle d'un *Napoléon* nouveau ôtait une chance de succès au mien. Je me décidai enfin. J'écrivis le titre de mon ouvrage le 25 octobre, et le mot *fin* neuf jours après. La pièce fut mise en répétition et jouée : on cria, dans la maison du roi, à l'ingratitude.

Et cependant ceux qui crièrent cela avaient tout demandé et tout obtenu pour eux ; et, moi, je n'avais rien demandé ni rien obtenu.

Ah ! si, je me trompe : j'avais demandé la grâce d'un malheureux condamné aux galères à perpétuité, et le roi me l'avait accordée. Ce fut une heure bien heureuse pour toute une famille et pour moi.

> Nous en sommes à ces temps de trouble où chacun doit porter écrit sur son front ce qu'il pense de la chose publique.
>
> CICÉRON.

Mes opinions politiques se trouvant consignées d'une manière précise dans la démission que j'ai donnée au roi, je la mettrai sous les yeux du lecteur.

Et je fais cela, parce que, si je professe jamais d'autres principes, je veux que chacun puisse me souffleter avec cette préface.

« 11 février 1831.

» Sire,

» J'ai eu l'honneur de demander, il y a trois semaines, une nouvelle audience à Votre Majesté : j'avais l'intention de lui offrir de vive voix ma démission ; car je voulais lui expliquer comment, en faisant cela, je n'étais ni un ingrat ni un capricieux.

» Sire, il y a longtemps que j'ai écrit et imprimé que, chez moi, l'homme littéraire n'était que la préface de l'homme politique.

» L'âge auquel je pourrai faire partie d'une Chambre régénérée se rapproche pour moi.

J'ai la presque certitude, le jour où j'aurai trente ans, d'être nommé député ; j'en ai vingt huit, sire.

» Malheureusement, le peuple, qui voit d'en bas et de loin, ne distingue pas les intentions du roi des actes des ministres.

» Or, les actes des ministres sont arbitraires et liberticides. Parmi ces hommes qui vivent de Votre Majesté, et qui lui disent tous les jours qu'ils l'admirent et qu'il l'aiment, il n'en est peut-être pas un qui vous aime plus que je ne le fais ; seulement, il le disent et ne le pensent pas, et, moi, je ne le dis pas et je le pense.

» Mais, sire, le dévouement aux principes passe avant le dévouement aux hommes. Le dévouement aux principes fait les la Fayette ; le dévouement aux hommes fait les Rovigo (1).

» Je supplie donc Votre Majesté d'accepter ma démission.

» J'ai l'honneur d'être avec respect,

» De Votre Majesté, etc.

» ALEX DUMAS. »

(1) Nous sommes obligé d'avouer que, dans notre opinion, le parallèle entre la Fayette et le duc de Rovigo est au désavantage de ce dernier ; mais combien, en le comparant aux autres hommes de l'Empire, il est au-dessus d'eux ! L'amour de la Fayette pour la liberté est sublime ; le dévouement du duc de Rovigo pour Napoléon est respectable ; car tout dévouement est une belle et surtout rare chose par le temps qui court.

⁂

Amusez-moi.
SHAKSPEARE.

Je n'admets pas, en littérature, de système ; je ne suis pas d'école ; je n'arbore pas de bannière. Amuser et intéresser, voilà les seules règles, je ne veux pas dire que je suive, mais que j'admette.

La création tout entière appartient au poëte : rois et citoyens sont égaux pour lui, et, dans sa main, comme dans celle de Dieu, pèsent juste le même poids. Il soulève le linceul des morts, il arrache le masque des vivants, il fustige le ridicule, il stigmatise le crime : sa plume est tantôt un fouet, tantôt un fer rouge. Malheur donc à ceux qui méritent qu'il les fouette ! honte et malheur à ceux qui méritent qu'il les marque !

D'ailleurs, dès qu'il signe son œuvre, il en répond ; j'ai signé la mienne.

Mais, de même que j'accepterai quelques responsabilités, j'en écarterai d'autres.

Des journaux ont dit que j'avais voulu jeter du ridicule sur Louis XVIII : ils se sont trompés.

Louis XVIII est, au génie près, un roi de l'école de Louis XI, et Louis XI est peut-être un mauvais prince, mais c'est un des plus grands rois de France. S'il fait tomber par-ci par-là quelques têtes de nobles ou de prêtres, c'est toujours pour le plus grand bien du peuple ; car en lui tout est peuple, tête et cœur, mœurs et costumes. Richelieu a continué la grande œuvre démocratique commencée par lui ; Robespierre l'a achevée.

Le parallèle entre ces trois hommes ne serait peut-être pas aussi paradoxal qu'on le croirait au premier abord. L'histoire des peuples attend bien des réhabilitations qui feraient grincer les dents à MM. Mézeray, Vély et Anquetil, historiographes du roi. Le temps les amènera, et, Dieu aidant, nous les activerons.

Or, je le répète, mon intention n'a jamais été de faire rire aux dépens de notre petit Louis XI. La phrase qui précède son passage dans la pièce me paraît expliquer clairement mon intention; mais il y a des gens pour qui il n'y a de clair qu'un démenti.

J'ai voulu retracer purement et simplement un fait historique. Louis XVIII a quitté le château des Tuileries le 19 mars, je crois. Sa sortie fut solennelle et attendrissante; mais il la gâta par un mot. Arrivé à la porte, il se retourna vers M. d'Avaray : « Je crois que j'ai fait de l'effet, » dit-il.

Ainsi en lui tout était calculé, même sa fuite. Un journal a dit que j'avais voulu, par mon ministre de la guerre, désigner le maréchal Soult, et il s'appuie, pour cette accusation, sur la présence de ce maréchal au ministère lors de la rentrée de Napoléon.

Mon maréchal n'a pas de nom. C'est une allégorie vivante de la Restauration; c'est le principe aristocratique incarné; c'est tout ce que l'on voudra, enfin, excepté le maréchal Soult, second homme de guerre sous Bonaparte, premier ministre sous Louis-Philippe.

Le maréchal Soult est, avec Dupont (de l'Eure), le seul qui ait compris le mandat qui lui était confié; il est le seul qui ait marché sur la même ligne que la révolution de 1830, portant le front à la même hauteur qu'elle.

Aucun motif ne me détermine à dire ce que je dis. Je n'ai jamais vu le maréchal, je ne le verrai peut-être jamais, et je n'ai rien à lui demander.

Quant à la chambre des pairs et à la chambre des députés, quoi qu'en ait dit *le Constitutionnel*, je n'ai fait que transcrire un décret du mois d'avril, signé « Napoléon. » Si ce que je répète, d'après lui, des Chambres de 1815 peut s'appliquer aux Chambres de 1830, tant pis pour elles; car ce n'est pas près d'elles que je prendrai la peine de me justifier.

Voilà tout ce que j'avais à dire.

ALEX. DUMAS.

DISTRIBUTION

NAPOLÉON............................... MM.	Frédérick Lemaître.
Un Espion...............................	Lockroy.
LORRAIN.................................	Stocklert.
JUNOT...................................	Davesne.
LE GÉNÉRAL CARTAUX.....................	Thérigny.
SALICETTI. ⎫	Dupont.
FRÉRON... ⎬ Représentants du peuple......	Arsène.
GASPARIN. ⎪	Lebrun.
ALBITTE... ⎭	
LE GÉNÉRAL DUGOMMIER..................	Vincent.
Un Caporal..............................	Auguste.
Une Sentinelle...........................	Fleuriet.
JOSÉPHINE............................... Mme	Falcoz.
LE GÉNÉRAL DUROC....................... MM.	Blanvalet
Un Banquiste............................	Tournan.
Un Crieur public.........................	Thérigny.
Un Passant..............................	Valkin.
Un Autre................................	Paul.
Un Marchand de parapluies...............	Saint-Paul.
CHARLES BOURRIENNE...................	Chilly.
Un Huissier..............................	Rihoelle.
LABREDÈCHE.............................	Ferville.
Un Merveilleux...........................	Charlet.
Une Femme du peuple.................... Mme	Saint-Paul.
Un Enfant...............................	Le Petit Riffaut.
LE GÉNÉRAL BERTHIER................... MM.	Paul.
CAULAINCOURT...........................	A. Vincent.
DAVOUST................................	Dupont.
RAPP....................................	Thérigny.
MORTIER................................	Valkin.
TALMA..................................	Arsène.
Le Ministre de la guerre..................	Armand.
Un Huissier..............................	Rihoelle.
MURAT..................................	Éric-Bernard.
L'Empereur d'Autriche........ ⎫	
Le Roi de Saxe.............. ⎪	
Le Roi de Bavière........... ⎬ Personnages muets.	
Le Roi de Wurtemberg....... ⎪	
Le Roi de Prusse............ ⎭	
Premier Soldat...........................	Arsène.
Deuxième Soldat.........................	Ménétrier.
Troisième Soldat.........................	Auguste.
Quatrième Soldat.........................	Tournan.
Un Aide de camp.........................	Angelier.
Une Jeune Femme........................ Mlle	Béranger.
Une Estafette............................ MM.	Tournan.
Un Envoyé...............................	Mirecourt.
RAGUSE.................................	Edmond.

TRÉVISE...................................... MM.	Thérigny.
ROUSTAN.	
LOUIS XVIII, personnage muet.	
LE MARQUIS DE LA FEUILLADE............	Jourdain.
Un Huissier...................................	Ménétrier.
Un Solliciteur................................	Henry.
Un Vieux Militaire............................	Delafosse.
Le Ministre....................................	Armand.
Le Grand Maréchal............................	Ch. Hoster.
Deuxième Huissier.............................	Rihoelle.
La Marquise............................... Mme	Cosson.
Le Grand Parent........................... MM.	Lébrun.
Un Médecin....................................	Angelier.
L'Abbé..	Dupont.
La Petite Cousine...................... Mlle	Caroline.
Un Valet................................. MM.	Rihoelle.
Un Capitaine de vaisseau.....................	Valkin.
Premier Garde du corps.......................	Auguste.
Deuxième Garde du corps......................	Guilbert.
Un Courtisan..................................	Videix.
Un Gendarme, un Matelot, un Factionnaire.	
SIR HUDSON LOWE	Delaistre.
MARCHAND.....................................	Saint-Paul.
ANTOMARCHI...................................	Dupont.
BERTRAND.....................................	Ch. Hoster.
LAS CASES....................................	Jourdain.
Un Officier anglais..........................	Charles.
MADAME BERTRAND et ses Enfants.	
Peuple, Marchands, Soldats, Dames, Grisettes, Vivandières, etc.	

ACTE PREMIER

PREMIER TABLEAU

Devant Toulon. — L'intérieur d'une redoute. — A travers les embrasures, on aperçoit la ville assiégée, et la chaîne de rochers où sont échelonnés les forts.

SCÈNE PREMIÈRE

Une Sentinelle, un Réquisitionnaire, Soldats, couchés par terre ; puis JUNOT.

Au lever du rideau, trois Hommes viennent relever la Sentinelle ; un Réquisitionnaire prend sa place.

LE RÉQUISITIONNAIRE.

La consigne ?

LA SENTINELLE.

Ne laisser passer personne au milieu des travaux. Surveiller la route de Toulon à Marseille.

LE RÉQUISITIONNAIRE.

Le mot d'ordre?

LA SENTINELLE.

Toulon et liberté.

LE RÉQUISITIONNAIRE.

Bon. (Les Soldats s'éloignent.) Dites donc! dites donc! (Ils reviennent.) Comment avez-vous dit ça?

LA SENTINELLE.

Toulon et liberté.

LE RÉQUISITIONNAIRE.

Et je laisserai passer tous ceux qui me diront ça:

LES SOLDATS.

Oui.

LE RÉQUISITIONNAIRE.

Vous pouvez filer maintenant. (Il répète en allant de long en large.) *Toulon et liberté... Toulon et liberté.* C'est ça.

(Chantant.)

Ah! le triste état
Que d'être gendarme!
Ah! le noble état
Que d'être soldat!
Quand le tambour bat,
Adieu nos maitresses!
Quand le tambour bat,
La nation s'en va! (*Ter.*)

JUNOT, qui s'est levé au commencement du couplet et qui a suivi le soldat par derrière, au moment où il se retourne.

Dis donc, citoyen réquisitionnaire, comment t'appelles-tu?

LE RÉQUISITIONNAIRE.

Je m'appelle Lorrain, vu que je suis de la Lorraine.

JUNOT.

Eh bien, citoyen Lorrain, ta faction achevée, tu iras faire un tour à la garde du camp.

LE RÉQUISITIONNAIRE.

Pourquoi ça, sergent?

JUNOT.

Parce qu'on ne chante pas sous les armes.

LE RÉQUISITIONNAIRE.

C'est dit! — une autre fois, je m'en souviendrai. — Il est bon enfant, le sergent; il aurait pu m'envoyer au cachot. Faut se consoler.

SCÈNE II

Les Mêmes, BONAPARTE.

BONAPARTE, entrant.

Et vous me faites dire qu'il n'y a plus d'artilleurs qui veuillent servir ma batterie?

JUNOT.

Le fort Mulgrave n'est qu'à cent vingt toises, et, à la dernière attaque, soixante et dix artilleurs ont été tués sur quatre-vingts. (Un boulet passe et coupe des branches d'arbre qui tombent aux pieds de Bonaparte.) Tenez, ils tirent comme à une cible.

BONAPARTE.

Il fallait faire un appel aux hommes de bonne volonté.

JUNOT.

Je l'ai fait, et pas un ne s'est offert.

BONAPARTE.

Ah! c'est comme cela! Sergent, écrivez sur ce papier en grosses lettres: *Batterie des hommes sans peur.*

(Un boulet enlève une partie de l'épaulement et couvre de terre le Sergent, qui écrit.)

JUNOT, secouant son papier.

Bon! je n'aurai pas besoin de sable.

BONAPARTE.

Ton nom?

JUNOT.

Junot.

BONAPARTE.

Je ne l'oublierai pas.

LORRAIN.

Qui vive?

JUNOT.

Imbécile! tu vois bien que c'est le général en chef et les représentants du peuple.

SCÈNE III

Les Mêmes, LE GÉNÉRAL CARTAUX, SALICETTI, GASPARIN, FRÉRON.

BONAPARTE, au Sergent.

Mets cet écriteau en avant de la batterie, tout le monde maintenant voudra en être.

CARTAUX.

Citoyen commandant, nous avons reçu de Paris un plan d'attaque, et nous venons te le communiquer.

BONAPARTE.

Et quel est l'auteur de ce plan?

CARTAUX.

Le célèbre général d'Arçon.

BONAPARTE.

Qui n'a peut-être jamais vu la ville. — C'est le cinquième plan qu'on envoie de Paris, et le dernier de mes canonniers en ferait un moins mauvais que le meilleur d'eux tous... Voyons ce plan.

CARTAUX, lisant.

« Le général Cartaux s'emparera de tous les points occupés par l'ennemi du côté de la terre et abandonnera entièrement la mer. Il se rendra maître, à quelque prix que ce soit, des forts Faron, Saint-Antoine, Lartigues, Sainte-Catherine et Lamalgue. Une fois maître de ces forts, il fera procéder sans relâche au bombardement de la ville. »

BONAPARTE.

Et combien d'hommes de renfort nous envoie-t-il pour exécuter ce plan?

CARTAUX.

Pas un; il faudra nous contenter de ce que nous avons.

BONAPARTE.

Soixante mille hommes ne suffiraient pas; et, avec les renforts venus de l'armée de Lyon, nous sommes à peine trente mille.

FRÉRON.

Il faudra pourtant bien exécuter les ordres du comité, ou ta tête, citoyen général, répond du succès.

BONAPARTE, lui prenant la main.

Citoyen représentant, vois-tu d'ici cette citadelle incrustée comme un nid d'aigle aux flancs de cette montagne?... C'est le fort Faron, que ton comité parisien nous ordonne de prendre. Si tu veux que j'exécute ses ordres, trouve-moi des soldats qui aient des ailes ou amène-moi l'hippogriffe pour les y conduire.

GASPARIN.

Eh bien, bornons-nous à la prise du fort Lamalgue.

BONAPARTE.

Oui, et, pour y arriver, tu feras passer tes trente mille hommes entre le feu de quatre forts et celui du camp retranché qui est en avant de Toulon, et, quand tu y auras laissé la moitié de tes hommes, avec le reste tu iras attaquer le fort Lamalgue, étoilé par Vauban, avec ses angles opposés aux angles, sa batterie de soixante pièces d'artillerie et ses trois mille hommes de garnison. (S'asseyant sur une pièce.) Insensés!

CARTAUX, à Bonaparte.

Citoyen commandant, as-tu dirigé une batterie de quatre obusiers sur la poudrière?

BONAPARTE.

Oui.

CARTAUX.

Eh bien?

BONAPARTE.

J'y ai jeté vingt obus dont dix-sept ont porté.

CARTAUX.

Sans résultat?

BONAPARTE.

Sans résultat.

CARTAUX.

Il faut continuer.

BONAPARTE.

Inutile!

CARTAUX.

Pourquoi?

BONAPARTE.

La poudre a été transportée dans la ville.

FRÉRON.

Il faut tirer sur la ville alors, et profiter de l'explosion du magasin où on l'a transportée pour faire une attaque.

BONAPARTE.

Oui, ce serait bien ; mais qui m'indiquera celle des huit cents maisons de Toulon qu'il faut incendier ?

FRÉRON.

Brûle tout.

BONAPARTE.

Est-ce à moi qui suis Corse de te rappeler que Toulon est français ?

SALICETTI.

Qu'importe ! Turenne a bien brûlé le Palatinat.

BONAPARTE.

C'était nécessaire à ses desseins ; ici, c'est un crime inutile.

FRÉRON.

Serais-tu aristocrate, par hasard ? (Bonaparte hausse les épaules.) Citoyen général, il faut en finir. Attaque la ville comme tu l'entendras ; mais que, dans huit jours, la ville soit prise... ou, dans neuf jours, je t'envoie à Paris comme suspect... et, dans quinze, — tu comprends.

CARTAUX.

Oui, oui ; eh bien, alors, je m'en tiens au plan du comité... L'attaque générale aura lieu demain.

BONAPARTE.

Tu te perds, et, avec toi, tu perds l'armée.

CARTAUX.

Mais que faire alors ?

BONAPARTE, se levant et montrant sur la carte le fort du Petit-Gibraltar.

C'est là qu'est Toulon.

CARTAUX.

Là ?... Mais pas du tout... Il nous montre l'issue de la rade... Toulon n'est pas de ce côté... (A part.) Prendre le Petit-Gibraltar pour Toulon !

BONAPARTE, avec force.

C'est là qu'est Toulon, vous dis-je ! Prenons ce fort aujourd'hui, et, demain ou après-demain, nous entrons dans la ville.

SALICETTI.

C'est le mieux défendu.

BONAPARTE.

Preuve qu'il est le plus important.

GASPARIN.

Le commandant lui-même l'a jugé tellement imprenable, qu'il a dit que, si nous l'emportions, il se ferait jacobin.

BONAPARTE.

Qu'on me charge de l'attaque, et, dans douze heures, je lui enfonce moi-même, ou mon épée dans la poitrine, ou le bonnet rouge sur la tête.

SALICETTI.

Mais nous perdrons dix mille hommes.

BONAPARTE.

Dix mille, vingt mille, qu'importe ! pourvu qu'il m'en reste trois mille pour y mettre une garnison.

FRÉRON.

Ah ! voilà le philanthrope qui ne veut pas brûler huit cents maisons et veut faire tuer dix mille hommes...

BONAPARTE, s'éloignant.

Niais !

CARTAUX.

Ainsi donc, citoyen commandant, tiens-toi prêt à foudroyer la ville.

BONAPARTE.

D'ici ?

CARTAUX.

Oui... Pendant ce temps...

BONAPARTE.

Il y a deux portées de canon.

CARTAUX.

Non... Tu peux tirer.

BONAPARTE.

Canonniers, commencez le feu.

(Les Canonniers commandent sur toute la ligne : *En action ! — Chargez !* Bonaparte pointe la pièce lui-même, prend une mèche, met le feu à la pièce et revient sans regarder où a porté le boulet.)

GASPARIN, qui a regardé attentivement.

Il a raison ; le boulet est tombé à deux cents toises au moins des ouvrages extérieurs.

FRÉRON.

N'importe, ce jeune homme me déplaît : il sent l'aristocrate ; mais nous le ferons bien obéir.

GASPARIN.

Citoyens, le commandant paraît savoir ce qu'il faut faire mieux que personne ; il faudrait le charger...

FRÉRON, sans l'écouter, à Cartaux.

Général, viens donner tes ordres, et que, dans une heure, on commence l'attaque.

(Bonaparte le suit des yeux avec compassion; Cartaux sort avec Salicetti, Gasparin, Fréron, etc.)

SCÈNE IV

BONAPARTE, LORRAIN, L'ESPION, UN SERGENT.

BONAPARTE.

Quand seront-ils donc las de nous envoyer des médecins et des peintres pour nous commander?... — Ils ont beau dire, c'est là qu'est Toulon...

LORRAIN, à un Paysan qui cherche à se glisser sans être aperçu.

Qui vive?... qui vive?...

LE PAYSAN, avec un accent provençal très-prononcé.

Qu'est-ce qu'il faut que je réponde?

LORRAIN.

Eh bien, réponds : « Citoyen paysan, » pardi !

LE PAYSAN.

Citoyen paysan.

LORRAIN.

C'est bon... Et puis, maintenant, retourne d'où tu viens... On ne passe pas.

LE PAYSAN, sans accent.

On ne passe pas?

BONAPARTE, tressaillant au changement de voix.

Si ! — par ici l'on passe.

LE PAYSAN, entrant en scène.

Merci, mon officier.

BONAPARTE.

Écoute donc.

LE PAYSAN, à part.

Que me veut-il?

BONAPARTE.

Tu es de ce pays?

LE PAYSAN.

Je suis d'Ollioules.

BONAPARTE.

Ah!... Et par quel hasard te trouves-tu de ce côté?

LE PAYSAN.

C'est ces gueusards d'Anglais qui m'ont requis de force à Toulon, où j'étais, pour travailler aux fortifications du fort Malbousquet.

BONAPARTE.

Et ils t'ont renvoyé?

LE PAYSAN.

Non, je me suis sauvé.

BONAPARTE.

Pourquoi?

LE PAYSAN.

Il y avait trop d'ouvrage et pas assez d'argent.

BONAPARTE.

Et tu vas?...

LE PAYSAN.

A Marseille.

BONAPARTE, lui tendant la main.

Bon voyage!

LE PAYSAN, lui donnant la main.

Merci, citoyen.

BONAPARTE, l'arrêtant.

A quels travaux t'employait-on?

LE PAYSAN.

A la tranchée.

BONAPARTE.

Et tu mettais des gants pour travailler?

LE PAYSAN, à part.

Demonio! (Haut.) Pourquoi?...

BONAPARTE.

Oui, si tu n'avais pas pris cette précaution, il me semble que le soleil et la fatigue t'auraient hâlé et durci les mains... Vois, moi qui me pique d'avoir la main blanche et belle... — Un paysan... qui a travaillé... Combien de jours?

LE PAYSAN.

Quinze.

BONAPARTE.

Quinze jours aux fortifications... l'a aussi blanche et aussi belle que la mienne... Quel fat j'étais ! (A un de ceux qui sont près de lui.) *It is the spy !*

LE PAYSAN, effrayé.

Moi ?

BONAPARTE.

Tu sais l'anglais ?

LE PAYSAN, à part.

Imbécile !

BONAPARTE.

Ah ! ce n'est pas étonnant !... tu es resté quinze jours avec les habits rouges, et tu as eu le temps d'apprendre leur langue.

LE PAYSAN.

J'en ai retenu quelques mots.

BONAPARTE.

Assez pour lire l'adresse d'une lettre que l'on t'aura chargé de porter, n'est-ce pas ?

LE PAYSAN.

Moi ? et à qui ?

BONAPARTE.

Eh ! que sais-je ?... A quelque ci-devant, sans doute, pour lui annoncer que Louis XVII a été proclamé à Toulon.

LE PAYSAN.

Diable d'homme !... Ah !... si tu crois cela, tu n'as qu'à me fouiller.

BONAPARTE.

Non... Il suffira que tu me remettes ce que tu as dans cette poche.

LE PAYSAN, tirant de sa poche et donnant à mesure.

Voilà un briquet,... un couteau espagnol...

BONAPARTE.

Oui, qui peut, au besoin, servir de poignard.

LE PAYSAN.

Et un portefeuille qui n'est pas élégant ; mais, nous autres, nous ne sommes pas des muscadins... Regarde dans les poches si tu veux ; va, citoyen commandant, je n'ai pas de secrets, moi !

BONAPARTE, examinant le portefeuille.

Et moi, je ne suis pas curieux... (S'arrêtant à une feuille plus blanche que les autres.) Tu avais craint de manquer de papier, que tu as fait ajouter cette feuille ?

LE PAYSAN.

Cette feuille?

BONAPARTE.

Oui... Tu vois bien qu'elle n'est ni du même grain, ni de la même couleur. — Prête-moi ce couteau.

LE PAYSAN.

Ma foi, je n'y ai pas fait attention; tout ce que je sais, c'est que c'est du papier blanc. Si tu veux écrire dessus...

BONAPARTE.

C'est mon intention; mais il est humide, et il faudrait d'abord le sécher.

LE PAYSAN, troublé.

Au feu?

BONAPARTE.

Oui; en prenant garde de le brûler, cependant! — Canonnier, une mèche!

LE PAYSAN, à part.

Ciel et terre!

(Il regarde autour de lui, voit que la Sentinelle seule l'empêche de fuir. Il tire un pistolet de sa poche, s'élance sur la Sentinelle, tire le coup et blesse au bras Lorrain, qui le saisit; aussitôt une lutte s'engage.

BONAPARTE, hautement.

Arrêtez l'espion des Anglais et des émigrés! (On se précipite sur l'Espion; Lorrain, qui ne l'a pas lâché, le ramène sur le devant de la scène.) Maintenant, canonnier, approche cette mèche. (A l'Espion.) Eh bien, qu'en dis-tu? n'est-ce pas une merveille comme ce papier se couvre?... Signé du général en chef Hood... « A Monsieur, frère du roi! »

L'ESPION.

Je suis perdu!

BONAPARTE.

Misérable!

L'ESPION.

Sot, oui; misérable, non.

BONAPARTE, avec mépris.

Un espion!

L'ESPION.

Eh bien, les Anglais ont reçu ma parole d'espion, je les ai bien servis; tu as été plus fin que moi, voilà tout. (Se retournant.) Sergent, neuf hommes de piquet.

BONAPARTE.

Comment?

L'ESPION.

Eh bien, oui. Le procès d'un espion se borne à ces deux mots : *Pris et fusillé.* La procédure est bientôt faite.

BONAPARTE.

Où diable le courage va-t-il se nicher !

L'ESPION.

Ah ! tu es fier du tien, toi... Beau mérite ! le courage d'un soldat ! à qui il faut le bruit des instruments de guerre et l'odeur de la poudre pour l'exciter, et qui, s'il tombe, prononce en mourant le mot *patrie !* Le véritable courage, c'est le mien : c'est celui de l'homme qui obscurément risque vingt fois par jour une vie qu'il ne peut perdre que d'une manière ignominieuse, à laquelle les hommes ont attaché le mot *honte,* pour une mort infâme, pour la mort d'un faussaire ou d'un assassin.

BONAPARTE.

Et qu'es-tu donc, toi?

L'ESPION.

Je suis un homme qu'aucun préjugé n'arrête, qu'aucun danger n'effraye, qui joue depuis trop longtemps avec la mort pour la craindre ; qui, si un grand homme m'avait compris, me serais attaché à lui, corps et âme, comme son démon familier ; qui...

UN SERGENT, entrant avec neuf Hommes armés.

Qui est-ce qu'on fusille ?

L'ESPION, se retournant.

Moi... — Qui, dis-je, pouvant revêtir tous les costumes, emprunter toutes les mœurs, parler toutes les langues, lui aurais rendu, en services de vie et de mort, mille fois la valeur de l'or qu'il m'aurait jeté. — Voici ce que je suis maintenant : un espion, une espèce d'animal pensant, une variété de l'homme dont le cœur bat, dont la voix parle, qui pourrait sauver un empire peut-être... et qui, dans dix minutes, sera un cadavre ayant huit balles dans le corps, et bon tout au plus à jeter aux poissons de la rade... Entends-tu ? voilà ce que je suis.

BONAPARTE.

As-tu quelque chose à me demander?

L'ESPION.

Ah! vous autres, soldats, quand vous êtes où j'en suis, vous demandez qu'on ne vous bande pas les yeux et qu'on vous laisse commander le feu vous-mêmes... Vous êtes privilégiés en tout! Moi qui ne puis réclamer cela, je demanderai qu'on ne me fasse pas attendre.

BONAPARTE.

Je te donne cinq minutes. Tu peux les employer à charger le sergent de tes dernières volontés. Peut-être as-tu une femme, des enfants, une mère...

L'ESPION.

Rien. (Bonaparte s'assied rêveur et écrit.) Sergent, voici dans le manche de ce couteau un billet de vingt-cinq livres sterling, — c'est à peu près six cents francs — payable en bon or, vois-tu, et non pas en misérables assignats... Prends-le, tu en donneras la moitié à tes hommes, si je tombe sans faire un mouvement; s'ils ne me tuent pas roide, tout est pour toi. — Où est le mouchoir?

LE SERGENT.

Le voici.

L'ESPION.

Donne.

(Il se bande les yeux.)

LE SERGENT, le prenant par la main et le conduisant au fond du théâtre. A genoux.

L'ESPION, relevant son bandeau.

Laissez-moi voir encore une fois le ciel... — C'est bien. Je suis prêt.

(A un premier roulement de tambour, les Soldats s'alignent; à un second roulement, ils apprêtent leurs armes; au troisième, ils mettent en joue.)

BONAPARTE, se levant, et d'une voix forte.

Arme au bras! (Il fait un geste de la main.) Allez... (Les Soldats sortent. — Courant à l'Espion et lui arrachant le bandeau.) Viens ici. Ta mort me serait inutile, et j'ai besoin de ta vie. Tu es brave. — Eh bien, qu'as-tu?

L'ESPION.

Rien... Attendez... Un éblouissement. Mes genoux fléchissent. — Laissez-moi m'asseoir.

BONAPARTE.

Tu es brave. — Ta vie touchait par un mot à l'éternité. Je

n'ai pas laissé prononcer ce mot; tu me dois donc les jours qui te restent, le ciel que tu vois, l'air que tu respires... Tout cela m'appartient. Me consacres-tu tout cela?

L'ESPION, se levant avec solennnité.

Éternellement! Et je serai ton valet, ton chien, ton espion enfin Eux ne m'ont donné que de l'argent; toi, tu me donnes la vie.

BONAPARTE.

Je te crois. Écoute, et viens ici.

L'ESPION.

Un instant. Je ne serai qu'à toi, je n'appartiendrai qu'à toi? Tu ne pourras ni me donner ni me vendre?

BONAPARTE.

Non.

L'ESPION.

Si tu faisais l'un ou l'autre, je redeviendrais libre à l'instant?

BONAPARTE.

Je t'y autorise.

L'ESPION.

C'est bien. Parle.

BONAPARTE.

Ton laissez passer du général Hood te rouvre les portes de Toulon?...

L'ESPION.

J'y entrerai et j'en sortirai à toute heure.

BONAPARTE.

Dans quelle partie de la ville ont été transportées les poudres qui se trouvaient dans ce bâtiment?

L'ESPION.

Dans les caves d'une maison de la rue Saint-Roch ou Roch, comme ils l'ont appelée.

BONAPARTE.

Eh bien, retournes-y à l'instant même. Au moyen d'une grenade, il faut mettre le feu à ces poudres.

L'ESPION.

Bien.

BONAPARTE.

Tu attendras le signal. Une fusée tirée d'ici te le donnera, et, pendant que Toulon, réveillé en sursaut comme par un tremblement de terre, aura besoin de sa garnison pour contenir le peuple, et de son peuple pour éteindre l'incendie, je m'emparerai du Petit-Gibraltar, qui est la clef des portes. — Entends-tu ?

L'ESPION.

Oui.

BONAPARTE.

Es-tu décidé ?

L'ESPION, se disposant à partir.

Je pars. (Revenant.) Le mot d'ordre ?...

BONAPARTE, hésitant.

Le mot d'ordre ?

L'ESPION.

Ne le dis pas, si tu veux, citoyen commandant; mais on tirera sur moi, on me tuera probablement ; et alors qui rentrera dans la ville ? qui mettra le feu aux poudres ?

BONAPARTE.

Tu as raison. D'ailleurs, je ne veux point me confier à toi à demi... *Toulon et liberté.*

(L'Espion fait un signe et s'éloigne rapidement.)

LA SENTINELLE.

On ne passe pas.

L'ESPION, à demi-voix.

Toulon et liberté.

SCÈNE V

BONAPARTE, GASPARIN, puis JUNOT.

BONAPARTE.

Voilà encore un de ces représentants du peuple.

GASPARIN, entrant.

Je te cherchais.

BONAPARTE.

Me voici.

GASPARIN.

Sais-tu que tu me parais le seul ici qui entende quelque chose à un siége ?

BONAPARTE.

Dis-tu ce que tu penses ?

GASPARIN.

Oui.

BONAPARTE.

Eh bien, tu dis vrai, citoyen représentant.

GASPARIN.

Si j'étais le maître, je te chargerais de diriger tous les travaux... Je l'ai demandé; mais le général en chef et mes deux collègues s'y sont opposés; ils tiennent à leur plan d'attaque.

BONAPARTE.

Ils ont tort.

GASPARIN.

Écoute. Il y a déjà six jours que j'ai écrit au comité. Je demande le remplacement de Cartaux par Dugommier.

BONAPARTE.

A la bonne heure! avec celui-là, nous nous entendrons.

GASPARIN.

Je l'attends de moment en moment. Mais ils ont décidé pour cette nuit l'attaque des forts Faron et Lartigues.

BONAPARTE.

Nous y serons tous écrasés.

GASPARIN.

Oses-tu prendre sur toi une grande responsabilité?

BONAPARTE.

Je ne crains rien.

GASPARIN.

Tu commandes l'artillerie; oppose-toi à ce qu'aucune pièce sorte de cette batterie. Gagne du temps. Dugommier arrivera; ton plan sera adopté. Je le crois bon. S'il réussit, tu es général de brigade; s'il manque, ta tête tombe sur l'échafaud.

BONAPARTE.

Pas une pièce d'artillerie ne bougera de place, je prends tout sur moi.

GASPARIN.

Mais réponds-tu de tes hommes?

BONAPARTE.

Vois-tu cette batterie? depuis qu'elle est dressée ici, deux cents artilleurs ont été tués sur leurs canons. Pas un seul n'y voulait faire le service; il y a une heure que j'y ai fait mettre cet écriteau: *Batterie des hommes sans peur.* — Junot!

JUNOT, s'avançant.

Citoyen commandant?

BONAPARTE.

Combien d'hommes se sont fait inscrire pour cette batterie?

JUNOT.

Quatre cents environ.

BONAPARTE, à Gasparin.

Tu vois si l'on peut compter sur ces hommes-là...

GASPARIN.

Surtout commandés par toi. — Adieu; et n'oublie pas que je suis le premier qui ait deviné et reconnu en toi le génie militaire.

BONAPARTE.

Ton nom?

GASPARIN.

Gasparin.

BONAPARTE.

Je ne l'oublierai pas, fussé-je sur mon lit de mort.

GASPARIN.

Adieu, et vive la République!

BONAPARTE.

Vive la République! Adieu. (Après qu'il est parti.) Junot, as-tu reçu quelque éducation?

JUNOT.

Pas trop, mon commandant.... Je sais lire, écrire, un peu de mathématiques... Quant au latin et au grec...

BONAPARTE.

C'est inutile pour lire Vauban, Folard et Montecuculli... Nous avons une bonne traduction de Polybe et des *Commentaires de César :* c'est tout ce qu'il faut.

JUNOT.

Quant à ma famille...

BONAPARTE.

Je ne m'informe jamais de cela... Je te demande : veux-tu être bon Français avec moi? Voilà tout.

JUNOT.

Oui, mon commandant.

BONAPARTE.

Je ne sais si je deviendrai autre chose que commandant d'artillerie... A tout hasard, veux-tu être mon secrétaire?

JUNOT.

Je le veux bien.

BONAPARTE.

Eh bien, va dire à Muiron, qui est ton capitaine, je crois, que je te demande à lui ; puis tu reviendras.

(Junot sort.)

SCÈNE VI

BONAPARTE, ALBITTE, FRÉRON, DUGOMMIER.

(Les représentants du peuple Albitte et Fréron donnent au fond des ordres aux canonniers qui sont aux pièces.)

BONAPARTE, qui entend du bruit.

Qui touche à mes pièces?

ALBITTE.

Nous qui en avons besoin ailleurs et qui les faisons transporter où nous en avons besoin.

BONAPARTE.

Citoyens représentants, ces pièces ne bougeront pas de là... — Canonniers, en batterie.

(Les Canonniers arrachent les pièces aux Représentants et les replacent.)

FRÉRON.

Tu méconnais nos ordres !

BONAPARTE.

Faites votre métier de représentant du peuple, et laissez-moi faire celui d'artilleur.

FRÉRON.

Mais...

BONAPARTE.

Encore une fois, ces pièces ne bougeront pas de là, je les enclouerai plutôt... D'ailleurs, cette batterie est où elle doit être ; j'en réponds sur ma tête.

FRÉRON.

Enfant, tu la risques en désobéissant aux ordres des représentants du peuple.

BONAPARTE.

Eh bien, elle peut tomber, mais elle ne ploiera pas... Espionnez la gloire, retournez à Paris, dénoncez-moi à la barre,... c'est votre métier ; le mien est de prendre Toulon, je le prendrai, j'en jure sur mon nom !

FRÉRON.

Et quel est ton nom ?

BONAPARTE.

Napoléon Bonaparte.

(Le tambour bat aux champs ; on entend les cris de *Vive la République!*).

ALBITTE.

Qu'est cela ?

BONAPARTE.

Rien... Le nouveau général qui arrive.

FRÉRON.

Quel est-il ?

BONAPARTE.

Dugommier.

FRÉRON.

Et qui te l'a dit, quand nous l'ignorons, nous ? Dugommier ? c'est impossible.

BONAPARTE.

Écoutez alors.

FRÉRON.

Il vient de ce côté ; allons au-devant de lui ; peut-être nous cherche-t-il.

(Entrent Dugommier et Gasparin.)

BONAPARTE.

Non, c'est moi qu'il cherche.

DUGOMMIER.

Le commandant d'artillerie ?

BONAPARTE.

Me voilà, citoyen général ?

DUGOMMIER.

Tu es un brave jeune homme ! — Éloignez-vous, citoyens ; nous avons à causer... (Revenant à Bonaparte.) Gasparin m'a parlé de ton plan d'attaque... Je l'approuve entièrement. Te sens-tu la force de l'exécuter ?... S'il manque, je prends tout sur moi ; s'il réussit, je t'en laisse l'honneur.

BONAPARTE.

J'en réponds.

DUGOMMIER.

Donne donc tes ordres.

BONAPARTE.

Nous allons attaquer ?

DUGOMMIER.

A l'instant.

2.

BONAPARTE.

Canonniers, tirez une fusée de signal.

DUGOMMIER.

Que vas-tu faire?

BONAPARTE.

Attendez... (Moment de silence; explosion dans Toulon, tocsin, etc.) Maintenant, la ville est trop occupée de ses affaires pour se mêler des nôtres.

DUGOMMIER.

Citoyens soldats, obéissez aux ordres de ce commandant comme s'ils étaient les miens.

BONAPARTE.

L'armée de siége se divisera en quatre colonnes; deux observeront les forts Malbousquet, Balagnier et de l'Éguillette. Une autre restera en réserve pour se porter partout où il y aura du danger : c'est moi qui la commande. La quatrième aura l'honneur de marcher sous les ordres du général en chef. Le capitaine Muiron, qui connaît les localités, se portera à l'avant-garde avec un bataillon... Pendant ce temps, je jetterai quelques centaines de bombes dans le Petit-Gibraltar. (Tambours,) Ah! voilà nos voisins les Anglais qui s'éveillent. Allons, enfants, vive la liberté! vive la République!

TOUT LES SOLDATS.

Vive la République!

BONAPARTE.

Commencez le feu.

(Les Canonniers crient: *En action, chargez!*)

DUGOMMIER.

Citoyens représentants, avancez et récompensez ce jeune homme; car, si l'on était ingrat envers lui, je vous préviens qu'il s'avancerait tout seul. — Allons, enfants, au pas de charge!

TOUS LES SOLDATS.

Vive la République!

DUGOMMIER.

En avant! et *la Marseillaise*.

(Ils sortent tous en chantant *la Marseillaise*.)

ACTE DEUXIÈME

DEUXIÈME TABLEAU

La foire de Saint-Cloud. — Baraques, marionnettes, cafés, etc.

SCÈNE PREMIÈRE

UN SALTIMBANQUE, LABREDÈCHE, LORRAIN, UN MARCHAND, DEUX PASSANTS, UN CRIEUR, puis L'ESPION.

LE SALTIMBANQUE, *sur un tabouret, désignant alternativement deux tableaux avec une grande baguette.*

Entrez, entrez, citoyens ! Vous y voyez la fameuse bataille des Pyramides, remportée par le général en chef Bonaparte sur le féroce Mourad-Bey, le plus puissant chef des Mameloucks. Vous y voyez encore la grande bataille de Marengo, remportée par le premier consul Bonaparte. Vous remarquerez, dans le coin à gauche, la mort du citoyen général Desaix, qui tombe dans les bras de son aide de camp en prononçant ces paroles mémorables : « Allez dire au premier consul que je meurs avec le regret de n'avoir pas assez fait pour la République. » Entrez, entrez, citoyens ! on ne paye qu'après avoir vu, et, si vous n'êtes pas contents, on ne vous demande rien, absolument rien, rien du tout. Entrez, entrez, citoyens !

LABREDÈCHE.

Le grand homme est-il bien ressemblant ?

LE SALTIMBANQUE.

Parfaitement.

LABREDÈCHE.

Il faut que j'entre là ! — et de l'enthousiasme ! — On dit que le premier consul sait tout ce qu'on dit de lui en bien ou en mal. Ce sera une apostille pour ma pétition.

LE SALTIMBANQUE, à Lorrain.

Pardon, citoyen, on n'entre pas ici avec sa pipe.

LORRAIN.

Comment ! muscadin, on n'entre pas avec sa pipe ? Figure-toi donc qu'avec cette pipe je suis entré dans des palais égyptiens,

que ta cabane et tout ton mobilier, toi compris, seraient passés par le soupirail de la cave...
LE SALTIMBANQUE.
C'est possible, parce qu'en Égypte, tout le monde fume.
LORRAIN.
C'est juste.
LE SALTIMBANQUE.
Mais, ici, ça gêne la société.
LORRAIN.
C'est juste qu'on t'a dit. Qu'est-ce que tu veux de plus ?

(Il entre.)

UN MARCHAND.
Achetez, achetez. — Citoyenne, un beau parapluie ! — Citoyen, une belle canne !
UN CRIEUR.
Voilà ce qui vient de paraître à l'instant. C'est la marche de la cérémonie qui aura lieu demain, pour le couronnement du premier consul Bonaparte, sous le nom de Napoléon Ier, empereur des Français, avec le détail des rues par où passera le cortége. Voilà ce qui vient de paraître à l'instant sur *le Moniteur*. C'est le détail...
UN PASSANT.
Combien ?
LE CRIEUR.
Deux sous... Voilà ce qui vient de paraître...
LE PASSANT, à part.
C'est bon à savoir. Si je ne réussis pas ce soir, eh bien, demain, d'une fenêtre, d'un grenier, nous verrons... Il devait être ici de sept heures et demie à huit heures. (Donnant son papier à un Homme du peuple.) Eh bien, qu'est-ce que tu dis de cela, toi ?
L'HOMME.
Je dis que ce sera une belle cérémonie.
LE PASSANT.
Et tu es content ?
L'HOMME
Tiens, je crois bien ! y a distribution gratis.
LE PASSANT.
Et voilà le peuple sur lequel nous comptons ! — De quel quartier es-tu, citoyen ?
L'HOMME.
Faubourg Saint-Marceau, connu dans la Révolution.

LE PASSANT.
Et qu'est-ce que pense ton faubourg si républicain?
LE HOMME.
Il est content.
LE PASSANT.
Et il se voit tranquillement arracher la liberté?
L'HOMME.
Voyez-vous, citoyen, la liberté, c'est le pain à deux sous la livre. Y a de l'ouvrage, et on paye en argent. Vive la liberté et l'empereur Napoléon! Je ne connais que ça.
LE PASSANT.
Les misérables! pas un mot pour leur souverain légitime..
LE MARCHAND.
Achetez, achetez, etc.
LE PASSANT, suivant des yeux un Homme dans la foule.
Est-ce lui? (A demi-voix.) *Saint-Régent et Carbon.*
DEUXIÈME PASSANT.
Cerachies et Aréna.
PREMIER PASSANT.
C'est toi? — Eh bien, quelles nouvelles?
DEUXIÈME PASSANT.
J'ai fait passer un billet à Georges Cadoudal.
PREMIER PASSANT.
Comment?
DEUXIÈME PASSANT.
Dans son pain. Je lui dis que, ce soir, nous avons un rendez-vous ici, que Bonaparte y vient quelquefois déguisé pour connaître l'opinion du peuple, et que, si nous pouvons le joindre... Enfin... il nous connaît.
PREMIER PASSANT.
Et Moreau?
DEUXIÈME PASSANT.
Ah! Moreau! il n'y a rien à attendre de lui; il fait de la délicatesse, de la grandeur d'âme. Nous étions parvenus à soulever les soldats en sa faveur, tous les moyens d'évasion étaient préparés, il a refusé d'en profiter; il veut être jugé. Quant aux frères Polignac...
PREMIER PASSANT.
Chut!... Il n'y a pas un instant à perdre. Demain, on le couronne; s'il allait faire grâce aux conspirateurs, cela ruinerait le parti royaliste, en le dépopularisant encore davan-

tage. Et puis, des gens graciés, il n'y a plus moyen de les faire conspirer. Écoute. L'un de nous le suivra s'il vient ce soir, et, au moment où il le frappera, l'autre criera au voleur à l'autre bout du marché. (Apercevant l'Espion, qui rôde autour de lui.) Cet homme nous observe toujours. — Viens.

LE CRIEUR.

Voilà ce qui vient de paraître, etc.

LABREDÈCHE, sortant de la baraque.

Tenez, mon ami ; — enchanté ! il est impossible de ne pas le reconnaître, quand on a eu le bonheur de voir une seule fois le grand homme... Je crois que voilà un homme qui m'écoute.

LORRAIN, sortant.

Je vous dis que je ne payerai pas.

LE SALTIMBANQUE.

Et pourquoi ?

LORRAIN.

Parce que vous avez dit que l'on ne payait que si l'on était content, et que je ne suis pas content du tout. — C'est pas pour les deux sous ; et la preuve... (Se retournant.) Garçon, un petit verre ! (Il avale le petit verre, et paye.) Vous voyez bien que c'était pas pour les deux sous. Mais vous m'avez fait des pyramides qui me suffoquent, cré coquin ! et puis, à Marengo, le premier consul n'est pas ressemblant...

SCÈNE II

LES MÊMES, BONAPARTE, DUROC.

LORRAIN.

Oh ! c'est que ce n'est pas à moi qu'il faut en faire accroire sur celui-là, au moins ! et me dire qu'il a les yeux noirs, quand il les a bleus ! Je l'ai vu à Toulon quand il a dit : « Ces batteries-là ne bougeront pas de là. » Je l'ai vu aux Pyramides quand il a dit : « Du haut de ces monuments, quarante siècles vous contemplent ! » Et tu te figures bien qu'après avoir été contemplé par quarante siècles, c'est pas toi qui me feras peur, entends-tu, paillasse ? — Je l'ai vu au 18 brumaire, quand ils ont voulu l'assassiner, et que Murat nous a dit : « Grenadiers, il y a là dedans cinq cents avocats qui disent que Bonaparte est un... — Ils en ont menti ! que je dis. — Eh bien, alors, dit-il, en avant, grenadiers ! et faites-moi évacuer la salle aux avocats. » Ça ne fut pas long. Et il vient me dire, à moi, que son Bonaparte est ressemblant! tandis que je l'ai vu vingt fois face à face comme je vous vois... (Voyant Bonaparte.) Cré... cré.... cré... coquin!

BONAPARTE.

Chut! et paye. (A un Marchand.) Eh bien, comment va le commerce?

LE MARCHAND.

Bien. Ça reprend. Oh! il était temps que le premier consul se décidât à se faire empereur.

BONAPARTE.

Tout le monde est donc content?

LE MARCHAND.

Je crois bien!

BONAPARTE, à Duroc.

Tu vois, Duroc... (Au Marchand.) Et les Bourbons?

LE MARCHAND.

Bah! qui est-ce qui y pense?

BONAPARTE.

Il y a des conspirations tous les jours.

LE MARCHAND.

Oui, parce que, tant qu'il ne sera pas empereur et que l'hérédité ne sera pas dans sa famille, ils auront l'espoir de revenir, si on l'assassine. Mais, quand il faudra assassiner ses trois frères, tout le monde... bah! — Et puis, tenez, il a un tort, le premier consul : il s'expose trop. On dit que, tous les soirs, il sort déguisé... Eh bien, qu'est-ce qui empêche un assassin...?

DUROC.

Le citoyen a raison, et le premier consul a tort. — Vous entendez?

BONAPARTE.

Oui; mais n'est-ce pas le moyen de savoir ce que l'on pense véritablement de moi? Crois-tu que le danger imaginaire que je cours ne soit pas bien racheté par le plaisir d'entendre faire mon éloge, de voir tout un peuple me regarder comme son sauveur? Duroc, quand, un jour peut-être, on m'appellera usurpateur, j'aurai besoin de cette voix de ma conscience qui me criera : « Le seul souverain légitime est l'élu du peuple, et qui plus que toi est souverain légitime?... »

(Pendant ce temps, un Homme, qui s'est approché de lui, tire un poignard, lève la main, et va pour le frapper, mais l'Espion se jette au devant de lui.)

DUROC.

A l'assassin !

L'ESPION, qui a détourné le coup.

On se jette au-devant du couteau, on reçoit le coup, et l'on ne crie pas.

CRIS DU PEUPLE.

A l'assassin !

BONAPARTE.

Silence ! Je puis être reconnu au milieu de ce tumulte. Donne ta bourse à cet homme qui m'a sauvé, et demande-lui son nom. — A demain, aux Tuileries.

(Il sort.)

DUROC, à l'Espion.

La personne que vous avez sauvée désire savoir votre nom.

L'ESPION.

Ai-je demandé le sien ?

DUROC.

Voilà sa bourse.

L'ESPION, montrant son bras.

Voilà mon sang.

DUROC.

Prends.

L'ESPION, jetant la bourse au peuple.

Tenez, mes amis, buvez à la santé du premier consul. C'est lui qui était tout à l'heure au milieu de vous.

TOUS.

Vive le premier consul !

TROISIÈME TABLEAU

Un appartement des Tuileries.

SCÈNE PREMIÈRE

CHARLES, puis JOSÉPHINE.

CHARLES, entrant.

Neuf heures et demie : le premier consul est en retard.

JOSÉPHINE, de la porte.

Charles ! Charles !

CHARLES.

Ah! madame!...

JOSÉPHINE.

Mon mari n'est pas encore sorti de sa chambre?

CHARLES.

Vous savez qu'il m'a dit de ne le réveiller que lorsque j'aurais de mauvaises nouvelles, et, aujourd'hui, je n'en ai que de bonnes.

JOSÉPHINE.

Pour tout le monde?

CHARLES.

Oui.

JOSÉPHINE, vivement.

Il a signé?

CHARLES.

Hier.

JOSÉPHINE.

Et... a-t-il grondé?

CHARLES.

Un peu... Il trouve que six cent mille francs de dettes en six mois...

JOSÉPHINE.

Neuf mois.

CHARLES.

Eh bien, neuf mois... — Il trouve, dis-je...

JOSÉPHINE.

Charles, s'il savait!

CHARLES.

Ah! madame, qu'est-ce que vous allez me dire?...

JOSÉPHINE.

Charles, vous qui êtes son ami de collége...

CHARLES.

Ah! mon Dieu, vous m'épouvantez.

JOSÉPHINE.

S'il savait que je n'ai osé en avouer que...

CHARLES.

Les trois quarts?... les deux tiers?

JOSÉPHINE, à demi-voix.

La moitié.

CHARLES.

Douze cent mille francs de dettes! Savez-vous ce que la nation accorde par an au premier consul?

JOSÉPHINE.

Oui, cinq cent mille francs.

CHARLES.

Eh bien, cela suffit à tout : pensions, faveurs, gratifications, traitements, tout est pris là-dessus.

JOSÉPHINE.

Charles, je vous jure que ce n'est pas ma faute...

CHARLES.

Voyons,... en conscience! J'ai vu un mémoire de Leroy : trente-quatre chapeaux pour un mois!...

JOSÉPHINE.

Ah! vous savez que Bonaparte n'aime pas à me voir plusieurs fois les mêmes chapeaux.

CHARLES.

Oui; mais trente-quatre pour un mois : est-ce que vous en mettez deux par jour?

JOSÉPHINE.

Non; mais ces fournisseurs me tourmentent; ils m'envoient des caisses pleines d'objets du meilleur goût, je ne sais lesquels choisir; alors, ils me disent de garder tout, qu'ils n'ont pas besoin d'argent... Je me laisse tenter; puis, sans que je sache comment, cela fait des sommes énormes.

CHARLES.

Douze cent mille francs!

JOSÉPHINE.

Oh! d'abord, tout cela n'a point passé à ma toilette... N'ai-je pas mes pensions aussi?... mes veuves, mes orphelins? Une main qui se tend vers moi peut-elle s'éloigner vide?

CHARLES.

Oui, je sais que vous êtes bonne.

JOSÉPHINE.

Si vous saviez comme cela fait du bien, de donner!... Puis je leur dis de prier pour le premier consul,... pour moi.

CHARLES.

Pour vous!... et que pouvez-vous désirer?

JOSÉPHINE.

Charles,... je suis quelquefois bien malheureuse!... Ah! ce n'est point Bonaparte qui... Non, vous savez qu'il est bon avec

moi ! Mais, empereur, empereur, sera-t-il toujours le maître ?...
Charles, vous a-t-il jamais parlé de divorce?

CHARLES, vivement.

Jamais.

JOSÉPHINE.

Oh ! s'il vous en parlait, Charles, au nom du ciel, au nom de ce qu'il y a de plus sacré au monde... — Ah ! le voilà, je l'entends... Je me sauve... — Charles, ne lui parlez pas des six cent mille francs qui restent... Plus tard... plus tard...

CHARLES.

Et le bon sur le Trésor ?

JOSÉPHINE.

Ah ! donnez, j'oubliais.

SCÈNE II

BONAPARTE, CHARLES, UN HUISSIER.

BONAPARTE, à l'Huissier.

Un homme viendra ce matin ; il prononcera ces deux mots : *Toulon et liberté.* Vous me l'amènerez par cette porte. (L'Huissier sort.) Asseyez-vous, Charles ; nous aurons de la besogne aujourd'hui. Avez-vous les journaux ? que disent-ils ?

CHARLES.

Les journaux français ?

BONAPARTE.

Non, ils ne disent que ce que je veux ; je sais d'avance ce qu'il y a dedans... Les journaux étrangers ?

CHARLES.

Les journaux anglais parlent de la guerre, et protestent de leur amour pour la paix.

BONAPARTE.

Leur amour pour la paix ! Et pourquoi alors n'observent-ils pas le traité d'Amiens ? Pourquoi s'obstinent-ils, contre toutes leurs promesses, à garder Malte, l'entrepôt de la Méditerranée, le relais de l'Égypte ? — J'aimerais mieux leur abandonner le faubourg Saint-Antoine.

SCÈNE III

Les Mêmes, l'Huissier, puis l'Espion.

L'HUISSIER.

Voici la personne qu'attend le citoyen premier consul.

(L'Espion entre enveloppé d'un manteau. Charles veut se retirer; Bonaparte lui fait signe de rester.)

BONAPARTE, à l'Espion.

Eh bien, qu'y a-t-il de nouveau ?

L'ESPION, montrant Charles.

Nous ne sommes pas seuls.

BONAPARTE.

Parlons bas... Que dit-on du couronnement ?

L'ESPION.

C'est le vœu général.

BONAPARTE.

Et les jacobins, complotent-ils toujours ?

L'ESPION.

Vous êtes prévenu contre eux ; ce ne sont point les jacobins ni les républicains qui sont à craindre, ce sont les royalistes.

BONAPARTE.

N'importe, ma police est mal faite.

L'ESPION.

Je le crois.

BONAPARTE.

J'ai manqué d'être assassiné hier à Saint-Cloud.

L'ESPION.

Je le sais.

BONAPARTE.

Comment ?

L'ESPION.

J'y étais.

BONAPARTE.

Qui t'y avait envoyé ?

L'ESPION.

Personne.

BONAPARTE.

Un homme m'a sauvé la vie.

L'ESPION.

En se jetant entre vous et l'assassin.

BONAPARTE.

Et il a reçu le coup.

L'ESPION, ouvrant son manteau et montrant son bras.

Dans le bras.

BONAPARTE, après un silence.

Comment! c'est toi?

L'ESPION.

Vous voyez bien qu'un espion peut être bon à autre chose que faire de la police ; quand ce ne serait qu'à servir de gaine à un poignard!...

BONAPARTE.

Que puis-je faire pour toi? que veux-tu?

L'ESPION.

Pour moi! et quels sont les titres ou le rang que l'on accorde à un espion? On lui donne de l'or, et vous ne m'en laissez pas manquer ; on lui donne des ordres, et j'attends les vôtres.

BONAPARTE.

Eh bien, retourne au milieu du peuple, dont je vais, dans une heure, traverser la foule pour aller à Notre-Dame. Dis que l'empereur Napoléon chérira encore plus ses sujets que le premier consul n'aimait ses concitoyens. Dis... dis enfin tout ce que ton dévouement pour moi t'inspirera. (L'Espion sort.) Que cet homme est bizarre!

SCÈNE IV

BONAPARTE, CHARLES.

BONAPARTE.

Vous avez beau dire, monsieur mon secrétaire, la France a assez de la République. Le Directoire a fait plus contre elle que la montagne. Et voyez ce qu'il reste de vieux Romains! Sur trois millions cinq cent soixante-quatorze mille huit cent quatre-vingt-dix-huit votes, deux mille cinq cent soixante-neuf seulement sont négatifs. Vous voyez donc bien que c'est la France entière qui me donne le titre d'empereur, et non moi qui le prends.

CHARLES.

Votre Majesté aura beau faire...

BONAPARTE.

Non, non, dites toujours : *citoyen premier consul.* (Regardant à sa montre.) Vous avez encore une heure à être républicain. — Eh bien, que disiez-vous ?

CHARLES.

Je disais, citoyen premier consul, que vous aurez beau faire, les rois de l'Europe vous regarderont toujours comme leur cadet.

BONAPARTE.

Eh bien, je les détrônerai tous, et alors je serai leur aîné.

CHARLES.

Prenez garde, si vous refaites le lit des Bourbons, de n'y pas coucher dans dix ans.

BONAPARTE.

Monsieur mon secrétaire ! donnez-moi la liste des maréchaux de l'Empire, — que je la signe. — Appelez les noms.

CHARLES.

Berthier, Murat, Moncey, Jourdan, Masséna, Augereau, Bernadotte, Soult, Brune, Lannes, Mortier, Ney, Davoust, Bessières, Kellermann, Lefebvre, Pérignon et Serrurier.

BONAPARTE.

Dix-huit républicains ! — Eh bien, vous verrez si un seul refusera le bâton de maréchal, parce qu'il lui sera donné par la main d'un empereur. Je n'ai qu'un regret aujourd'hui : c'est de ne pouvoir joindre à cette liste les noms de Desaix et de Kléber. Votre misérable Directoire ! s'il ne m'avait pas oublié ou plutôt confiné en Égypte ; s'il m'avait envoyé, comme il me l'avait juré, hommes et argent, je n'en serais pas revenu comme un fugitif. — Il est vrai qu'arrivé, j'ai pris ma revanche. — Quels immenses projets cette bicoque de Saint-Jean-d'Acre est venue renverser ! Si je l'avais prise, je trouvais dans la ville les trésors du pacha et des armes pour trois cent mille hommes ; je soulevais et j'armais toute la Syrie ; je marchais sur Damas et Alep ; je grossissais mon armée de tous les chrétiens, des Druses, et des mécontents que je recrutais, à mesure que j'avançais dans le pays ; j'arrivais à Constantinople avec des masses armées ; je fondais dans l'Orient, à la place de l'empire turc, un nouvel et grand empire qui fixait ma place dans la postérité, et peut-être revenais-je à Paris par

Andrinople ou par Vienne, après avoir anéanti la maison d'Autriche... — Tout cela pouvait-être, et tout cela est à refaire. (Un silence.) Combien le port de Boulogne contient-il de bâtiments de descente ?

CHARLES.

Neuf cents. — Et à quand notre entrée à Londres ?

BONAPARTE.

Je n'en sais rien encore. — Oh ! c'est par l'Inde, c'est dans l'Inde qu'il faut attaquer l'Angleterre ; c'est dans son commerce, et non dans son gouvernement, qu'il faut l'atteindre. Quand je serai maître de tous les ports de la Méditerranée et de l'Océan ; quand, sous peine de désobéir à ma volonté, on ne pourra y recevoir une voile anglaise, nous verrons !...

CHARLES.

Mais, pour cela, il vous faut une monarchie européenne.

BONAPARTE, se mettant à griffonner.

Oui, quand je l'aurai !... Fou que je suis !... — Voilà de bonnes plumes.

CHARLES.

C'est que je les taille moi-même, attendu que, chargé de déchiffrer votre écriture, il est de mon intérêt que vous écriviez le moins mal possible.

BONAPARTE.

Oui, oui. (Le regardant fixement.) Que pensez-vous de moi, Charles ?

CHARLES.

Mais je crois que vous ressemblez à un architecte habile : vous bâtissez derrière un échafaudage que vous ferez tomber quand tout sera fini.

BONAPARTE.

Vous avez raison ; je ne vis jamais que dans deux ans. — Écrivez : « L'École polytechnique recevra désormais une organisation toute militaire. Les élèves porteront des uniformes, et seront assujettis à la discipline des casernes. » J'en veux faire une pépinière de grands hommes. Ce seront des généraux pour mon successeur. — J'ai bien fait de retrancher une lettre à mon nom : je gagne une signature sur neuf.

CHARLES.

Si vous voulez signer ?

(On entend sonner les cloches.)

BONAPARTE, s'interrompant.

Laissez-moi écouter le son des cloches ; vous savez combien je l'aime.

CHARLES.

Surtout le son de celles-ci, qui vous annoncent que, dans une demi-heure, le premier consul Bonaparte sera l'empereur Napoléon.

BONAPARTE.

Vous vous trompez : elles me rappellent les premières années que j'ai passées à Brienne. J'étais heureux alors... (Entre Joséphine.) Eh bien, que viens-tu faire ici, Joséphine ? — Voulez-vous nous laisser, Charles ?

(Charles sort.)

SCÈNE V

BONAPARTE, JOSÉPHINE.

BONAPARTE.

Tu n'es pas encore en costume ?

JOSÉPHINE.

Non, mon ami ; ce manteau impérial me coûte à jeter sur mes épaules. — Oh ! dis-moi, n'as tu pas de funestes pressentiments ?

BONAPARTE.

Moi ? Non ; et lesquels ?

JOSÉPHINE.

Ne crains-tu pas que la fortune ne puisse te reconnaître sous ton nouveau titre ? Elle te cherchera sous une tente et te trouvera sur un trône.

BONAPARTE.

Enfant !... Eh ! serai-je jamais autre chose que le soldat de Toulon, le général d'Arcole ou le consul de Marengo ? Ma fortune m'a toujours suivi ; pourquoi veux-tu qu'elle s'arrête quand je vais toucher le but ? Pourquoi l'étoile de Bonaparte ne serait-elle pas celle de Napoléon ?

JOSÉPHINE.

Oh ! n'étais-tu pas assez grand ?

BONAPARTE.

Crois-tu que ce soit une vaine ambition qui me fasse désirer un nouveau titre ? crois-tu que je ne m'estime pas ce que je vaux, et que le manteau impérial ou la main de justice me donneront, à moi, une plus haute opinion de moi? L'Europe est vieille, et ma mission est de la régénérer : il faut que je l'accomplisse. Je ne voudrais pas être empereur, que le peuple m'élèverait malgré moi sur le pavois impérial. Mais je veux l'être, parce que, de même que, seul, je pouvais sauver la France, seul je puis la consolider. Général, un boulet pouvait m'emporter, et avec moi étaient perdues mes victoires. Consul à temps, un coup d'État, un coup de main peut me chasser comme j'ai chassé le Directoire; consul à vie, il suffit d'un assassin; et Cadoudal attend encore sous les verrous la peine d'un crime qu'il ne tente pas même de nier. Depuis quatre ans que dure le Consulat, la France est placée en viager sur ma tête; l'empire et l'hérédité peuvent seuls... — Mais que je suis fou de faire de la politique avec toi, frivole et jolie, conseiller bâti de gaze et de dentelle! Non, ma Joséphine, plus de ces conversations, elles attristent tes yeux et ta bouche, et tous deux doivent sourire. Soulage les malheureux, achète des chiffons et fais des dettes : voilà ta vocation, à toi; suis-la, et ne tente pas d'arrêter la mienne. Ce n'est pas la plus heureuse !

JOSÉPHINE.

Pardon ! mais je veux encore te dire...

BONAPARTE.

Quoi ?

JOSÉPHINE.

Tu parles d'hérédité! pour qui ?...

BONAPARTE.

J'aurai un fils, Joséphine. Le destin ne m'a pas conduit si haut par la main pour m'abandonner tout à coup. Peut-être serai-je malheureux un jour; mais c'est quand il n'aura plus rien à m'accorder, quand, comblé de tous les biens, je ne pourrai plus que descendre. Mon existence est une de ces grandes combinaisons du sort que la fortune veut compléter, dans son bonheur comme dans ses revers. — Joséphine, j'aurai un fils.

JOSÉPHINE.

Mon Dieu ! quelle est donc ton intention ?... Ecoute, j'adopterai qui tu voudras; tout enfant que tu me présenteras, en me disant : « Aime-le, » je l'aimerai comme j'aime Eugène, —

3.

mon Eugène! ce sera mon fils, aussi cher que si je l'avais porté dans mon sein...

BONAPARTE.

Eh bien, Joséphine, oui, si le sort me refuse un fils, oui, j'en adopterai un digne de moi, qui aura le cœur de sa mère et le courage de son père... — Me comprends-tu?

JOSÉPHINE.

Oh! je n'ose espérer...

BONAPARTE.

Espère.

JOSÉPHINE.

Eugène?

BONAPARTE.

Eugène Beauharnais.

JOSÉPHINE.

O mon ami! mon Bonaparte!

BONAPARTE.

Allez, mon impératrice! Notre-Dame vous attend, et j'ai une couronne d'or à mettre sur vos beaux cheveux.

JOSÉPHINE, avec mélancolie.

Ami, j'aimerais mieux les fleurs de la Malmaison.

(Elle sort.)

BONAPARTE.

Bonne Joséphine! — Qu'y a-t-il, Charles?

CHARLES.

Le Sénat vient vous supplier d'accepter l'empire.

BONAPARTE.

Dans un instant, je vais le recevoir.

(Il sort.)

SCÈNE VI

CHARLES, puis LABREDÈCHE, Huissiers.

LABREDÈCHE, dans l'antichambre, parlant avec l'accent italien.

Ze vous dis que ze souis de la société de notre saint-père le pape, — un mousicien de sa sapelle. (Il chante en fausset.) Voyez!... Et que ze viens prendre les ordres de Sa Majesté l'emperour, — ze veux dire du premier consoul.

CHARLES, à part.

Oh! mon Dieu, encore cet homme, le plus intrépide sollici-

teur que je connaisse, et qui a toujours un parent mort victime de l'autre gouvernement ! — Eh bien, qu'y a-t-il ?
LABREDÈCHE.
Ah! citoyen secrétaire, tirez-moi des mains de vos citoyens huissiers ; ce sont de véritables geôliers ! j'ai été obligé de renoncer à ma qualité de Français, dont je suis si fier en ce jour immortel, afin d'arriver...
CHARLES.
Eh bien, monsieur, vous voilà ; que voulez-vous ?
LABREDÈCHE.
Vous ne me reconnaissez donc pas ?
CHARLES.
Au contraire, je me rappelle qu'en 98...
LABREDÈCHE.
Je sollicitais.
CHARLES.
Qu'en 1802 ..
LABREDÈCHE.
Je sollicitais encore.
CHARLES.
Enfin maintenant...
LABREDÈCHE.
Je sollicite toujours. Que voulez-vous ! ce n'est pas ma faute ; c'est celle de ceux qui ne m'accordent pas ce que je demande ; mais j'espère que, sous le gouvernement paternel de Sa Majesté l'empereur, j'obtiendrai enfin justice ; car vous savez que mon père...
CHARLES.
Oui, oui.
LABREDÈCHE.
Mon malheureux père est mort victime de son dévouement à la République, en combattant les chouans...
CHARLES.
Ah ! votre père était républicain ?...
LABREDÈCHE.
Non, non. (A part.) Que diable ai-je dit là, le jour du couronnement !...
CHARLES.
Royaliste, alors ?
LABREDÈCHE.
Royaliste ? Encore moins, monsieur.

CHARLES.
Mais, enfin, il était l'un ou l'autre.

LABREDÈCHE.
Il était monarchiste, monsieur!... (A part.) Voilà le mot trouvé!... (Haut.) Mais non partisan de la vieille monarchie, non, non; il rêvait une dynastie nouvelle, un trône militaire; il disait comme M. de Voltaire: *Le premier qui fut roi...* Qu'il serait heureux aujourd'hui, s'il n'était pas mort victime...

CHARLES.
Mais vous n'avez jamais pu appuyer vos demandes d'un extrait mortuaire.

LABREDÈCHE.
Comment voulez-vous?... Les mairies brûlées... — J'espère donc avoir part aux grâces qui seront accordées à l'occasion du grand jour...

CHARLES.
Mais, si vous êtes si dévoué à l'empereur, pourquoi ne pas vous engager? Sa Majesté aura besoin d'hommes.

LABREDÈCHE.
M'engager, moi?... moi? Je suis fils unique de femme veuve. (A part.) J'ai tué mon père, je peux bien ressusciter ma mère. (Haut.) Mais, avec votre protection, monsieur le secrétaire,... si vous daignez...

CHARLES.
Donnez.

LABREDÈCHE.
Douze cents francs,... une pension de douze cents francs... ou une place dans les vivres. (Près du bureau.) Quand je pense que c'est ici que le grand homme s'est assis hier encore!... (Se retournant.) Voyez-vous, une place dans les vivres me serait peut-être plus agréable qu'une pension... parce que, dans les vivres, sur une place de quinze cents francs, avec un peu d'économie, on peut mettre par an six ou sept mille francs de côté... (Revenant au bureau.) Que c'est sur ce bureau qu'il a signé ses immortels décrets; que cette plume, encore mouillée d'encre, est celle avec laquelle il signera peut-être mon brevet de pension!... Parce que, tout bien considéré, voyez-vous, j'aime mieux une pension qu'une place; cela n'entraîne pas à des heures de bureau; on se présente tous les trimestres seulement, — tous les trimestres, n'est-ce pas?

CHARLES.
Oui.
LABREDÈCHE.
Soyez tranquille, je serai exact. — Ainsi donc, vous avez la bonté de me dire que vous regardez cette faveur comme accordée ?
CHARLES.
Moi ? Point du tout !
LABREDÈCHE.
Je vous demande bien pardon, cela vous est échappé. Mais vous voulez vous soustraire à ma reconnaissance, c'est d'une belle âme, monsieur !... Si je pouvais vous montrer la mienne, vous verriez qu'elle n'est pas indigne... — Ainsi voilà la plume, voilà la pétition... — Une signature, un *Bonaparte*, je veux dire, un *Napoléon!*... qu'il n'aille pas se tromper, diable !
CHARLES.
Je la mettrai sous ses yeux, voilà tout ce que je puis vous dire.
LABREDÈCHE, à part.
Et moi, je cours sur le chemin de Notre-Dame lui remettre celle-ci, parce que, si celui-là m'oublie... (Haut.) Adieu, monsieur ! adieu, mon bienfaiteur ! je vais joindre ma voix à toutes celles qui louent, qui bénissent... — Huissier, vous voyez comme je suis avec M. le secrétaire : il désire que désormais j'entre toujours sans faire antichambre.
CHARLES.
Huissier, vous voyez bien ce monsieur qui sort ?
L'HUISSIER.
Oui, monsieur.
CHARLES.
Eh bien, reconnaissez-le pour ne jamais le laisser entrer.

QUATRIÈME TABLEAU
Le jardin des Tuileries.

SCÈNE PREMIÈRE
LORRAIN, PEUPLE, BOURGEOIS, MILITAIRES.
PLUSIEURS VOIX.
Le voilà, le voilà !... — Non... — Si... — Pas encore.

UNE VOIX.

Je vous dis que le cortége doit passer à onze heures précises. Voilà l'imprimé.

UN MONSIEUR.

Il est onze heures un quart.

LORRAIN.

Dites donc, est-ce que vous êtes chargé de faire l'appel, citoyen? Il me semble qu'il est bien libre de sortir quand il voudra.

UNE FEMME.

On dit que l'impératrice s'est trouvée mal.

LORRAIN.

Je crois plutôt que c'est le pape, moi : — quand nous avons été au-devant de lui à Avignon, il était déjà tout malade, qu'il m'en a fait de la peine.

UN MONSIEUR.

Eh non, il se porte très-bien..

LORRAIN.

Ah! il se porte bien? C'est donc pour ça que mon officier, qui commandait son escorte, a eu si peur qu'il ne lui passât entre les mains, qu'il a voulu en donner un récépissé à l'officier de l'autre escorte; et, comme on aurait pu réclamer, à Paris, mieux qu'il n'avait reçu à Avignon, il a mis sur le susdit récépissé : « Reçu un pape en assez mauvais état... » Voilà comme il se porte bien. C'est donc probablement Sa Sainteté qui se fait attendre.

SCÈNE II

Les Mêmes, LABREDÈCHE, puis BONAPARTE, au balcon des Tuileries.

LABREDÈCHE, à Lorrain.

Pas du tout, mon ami, pas du tout; c'est que l'empereur reçoit le Sénat. Moi, je sors du cabinet de l'empereur, rien que ça, et je sais à quoi m'en tenir.

LE PEUPLE.

Ah! v'là la fenêtre qui s'ouvre.

UN MONSIEUR.

Il va paraître; l'empereur va venir au balcon... Le voilà! le voilà!

LABREDÈCHE.

Laissez-moi passer.

LORRAIN.

Dites donc, citoyen, vous avez le coude pointu, je ne vous dis que ça.

UNE FEMME.

Est-il malhonnête, ce monsieur !... Vous voyez bien que vous ne pouvez pas passer.

LABREDÈCHE.

Il faut que l'empereur me voie, il faut que l'empereur m'entende...

TOUS.

Le voilà ! le voilà !

UN ENFANT.

Maman, prends-moi dans tes bras, je ne vois pas.

TOUS.

Vive le premier consul !

(Bonaparte salue la foule.)

LABREDÈCHE.

Vive l'empereur !

TOUS.

Vive l'empereur !

LABREDÈCHE.

Vive Napoléon le Grand !

LORRAIN, se découvrant.

Vive le général Bonaparte !

ACTE TROISIÈME

CINQUIÈME TABLEAU

L'intérieur du palais du roi, à Dresde.

SCÈNE PREMIÈRE

NAPOLÉON, BERTHIER.

NAPOLÉON, dictant à Berthier.

« Arrivée au Niémen, l'armée se disposera ainsi : à l'extrême droite, en sortant de la Gallicie sur Droguizzin, le prince de Schwarzenberg et trente-quatre mille Autrichiens ; à leur gauche, venant de Varsovie, et marchant sur Bialystok et

Grodno, le roi de Westphalie avec soixante-dix-neuf mille deux cents Westphaliens, Saxons et Polonais; à côté d'eux, le prince Eugène achèvera de réunir, vers Mariendal et Pilony, soixante-dix-neuf mille cinq cents Bavarois, Italiens et Français; puis l'empereur, avec deux cent vingt mille hommes commandés par le roi de Naples, le prince d'Eckmühl, les ducs de Dantzick, d'Istrie, de Reggio, d'Elchingen; enfin, devant Tilsitt, Macdonald et trente-deux mille cinq cents Prussiens, Bavarois et Polonais, formeront l'extrême gauche de la grande armée. » — Ainsi, Berthier, combien d'hommes en mouvement depuis le Guadalquivir et la mer des Calabres jusqu'à la Vistule?

BERTHIER.

Six cent dix-sept mille.

NAPOLÉON.

Combien présents?

BERTHIER.

Quatre cent vingt mille.

NAPOLÉON.

Combien d'équipages de pont?

BERTHIER.

Six.

NAPOLÉON.

De voitures de vivres?

BERTHIER.

Onze mille.

NAPOLÉON.

De pièces de canon?

BERTHIER.

Treize cent soixante et douze.

NAPOLÉON.

Bien.

BERTHIER.

Et Votre Majesté croit pouvoir compter sur les soixante mille Autrichiens, Prussiens et Espagnols qui marchent dans l'armée?

NAPOLÉON.

Oui.

BERTHIER.

Votre Majesté ne craint pas qu'ils ne se souviennent de Wagram, d'Iéna et de Saragosse!

NAPOLÉON.

Ils ne s'en souviendront pas, tant que je serai vainqueur. Il faut se servir de ses conquêtes pour conquérir; d'ailleurs, la campagne ne sera pas longue; c'est une guerre toute politique; ce sont les Anglais que j'attaque en Russie; ensuite, on se reposera : c'est le cinquième acte, le dénoûment. — Datez mes ordres d'ici, de Dresde, et envoyez mes ordonnances aux journaux de Paris. Vous reviendrez avec Caulaincourt, Murat, Ney et nos autres maréchaux.

BERTHIER.

Votre Majesté recevra-t-elle ce matin les rois de Wurtemberg, de Prusse et de Westphalie, et quelques autres qui demandent à faire leur cour à Votre Majesté?

NAPOLÉON.

Plus tard; — j'attends Talma. Vous les inviterez au spectacle pour ce soir, je les y conduirai. Allez.

SCÈNE II

NAPOLÉON, un Huissier, TALMA, puis CAULAINCOURT.

L'HUISSIER.

M. Talma.

NAPOLÉON.

Faites entrer. (Talma entre; l'Huissier sort.) Vous vous faites bien attendre, Talma.

TALMA.

Sire, ce n'est pas ma faute; j'ai donné, en entrant dans la cour, au milieu d'un embarras de rois dont j'ai eu toutes les peines du monde à me retirer.

NAPOLÉON.

Quand êtes-vous arrivé?

TALMA.

Hier au soir, sire.

NAPOLÉON.

Êtes-vous trop fatigué pour jouer aujourd'hui?

TALMA.

Non, sire.

NAPOLÉON.

Songez que vous aurez un parterre de têtes couronnées. — Quelles nouvelles du Théâtre-Français?

TALMA.

Des querelles.

NAPOLÉON.

Toujours! Entre...?

TALMA.

Entre les sociétaires, pour les rôles, pour les emplois.

NAPOLÉON.

Je réglerai tout cela à Moscou. Votre république de la rue de Richelieu me donne plus de mal que mes cinq ou six royaumes.

TALMA.

Et que jouerai-je? *Mahomet?*

NAPOLÉON.

Non, non, ils prendraient cela pour une application; d'ailleurs, depuis que j'ai vu l'Égypte, je trouve Voltaire encore plus faux qu'auparavant.

TALMA.

J'ai cependant entendu Votre Majesté louer *OEdipe.*

NAPOLÉON.

La fatalité antique le soutient. Voyez-vous, tout le théâtre de Voltaire est un système dont 93 est la dernière pièce. Mais, dites-moi, Talma, comprenez-vous, avec sa haine pour les rois, ses éloges exagérés de Louis XIV, roi d'Opéra, qui entendait assez habilement la mise en scène de la royauté, rien de plus; qui faisait six mille francs de pension à Boileau, et laissait mourir de faim Corneille... Corneille que j'aurais fait ministre s'il eût vécu de mon temps!

TALMA.

Je vois que je jouerai ce soir du Corneille.

NAPOLÉON.

Oui; il est toujours beau sans cesser d'être vrai, celui-là. Il agrandit les héros dont il s'empare... Il ne les force pas à se baisser pour passer par les petits escaliers de Versailles et les portes de l'OEil-de-bœuf: ses Grecs sont Grecs; ses Romains, Romains... Ils ont les jambes et les bras nus, et ne portent pas la livrée de Louis XIV.

TALMA.

Votre Majesté me semble bien sévère.

NAPOLÉON.

Ah! j'aime peu votre littérature moderne, Talma! elle a pris autant de peine pour s'éloigner de ses deux grands modèles, Corneille et Molière, que les Grecs en prenaient pour se rapprocher d'Eschyle et d'Aristophane. — Legouvé et de Belloy ont eu un instant l'intention de nous faire une littérature nationale; mais, comme ces gardiens chargés de conserver les monuments du moyen âge, qui font blanchir les vieilles statues couchées sur les vieux tombeaux, de Belloy badigeonne Bayard, et Legouvé regratte Henri IV. Quand nous imitons les Grecs, que ce soit sur des sujets grecs, et alors ne nous écartons pas de leur belle simplicité. Voyez l'*Agamemnon* de Lemercier... Il faudra cependant en venir là, Talma, que l'on parle comme la nature... — Je suppose qu'un jour on me mette en scène, moi! Croyez-vous que je me ressemblerai si l'on me fait faire des phrases sonores et de grands gestes, à moi, bonhomme, qui n'ai d'éloquence que par boutade, et qui gouverne le monde les bras croisés.

TALMA.

Votre Majesté a dû voir que cette opinion est la mienne.

NAPOLÉON.

Oui, oui, vous êtes toujours simple et naturel, vous. Aussi a-t-on été longtemps sans vous comprendre. Vous jouerez le rôle d'Auguste, Talma, et je voudrais qu'Alexandre fût là ce soir pour vous entendre dire : « Soyons amis, Cinna. » — Adieu; voilà Caulaincourt, que j'ai fait demander.

TALMA.

Adieu, sire.

NAPOLÉON.

A propos, ils disent que c'est vous qui m'apprenez à me tenir sur mon trône; c'est pour cela que je m'y tiens bien. — A ce soir. (Se retournant.) Je ne suis pas content de vous, Caulaincourt.

CAULAINCOURT, s'avançant.

Et comment aurais-je eu le malheur de déplaire à Votre Majesté.

NAPOLÉON.

Vous blâmez hautement la campagne de Russie.

CAULAINCOURT.

Oui, sire.

NAPOLÉON.

Et quels sont vos motifs? Parlez; vous savez que j'aime qu'on soit franc.

CAULAINCOURT.

Sire, jusqu'à présent, nous n'avons combattu que des hommes, et vous avez vaincu ; mais la Russie ! une campagne n'y est possible que de juin à octobre : hors l'intervalle compris entre ces deux époques, une armée engagée dans ces déserts de boue et de glace y périt tout entière sans gloire ! La Lithuanie est l'Asie encore plus que l'Espagne n'est l'Afrique. Les Français ne se reconnaissent plus au milieu d'une patrie qu'aucune frontière ne limite. On ne s'étend pas ainsi sans s'affaiblir. C'est perdre la France dans l'Europe... Car enfin, lorsque l'Europe sera la France, il n'y aura plus de France... Déjà même le départ de Votre Majesté la laisse solitaire, déserte, sans chef, sans armée... Qui donc la défendra?

NAPOLÉON

Ma renommée. J'y laisse mon nom et la crainte qu'inspire une nation armée.

CAULAINCOURT.

Je ne parle encore que de succès ; mais, en cas de retraite, sur quoi s'appuiera Votre Majesté ? Sur la Prusse, que nous dévorons depuis cinq ans, et dont l'alliance n'est que feinte ou forcée ?...

NAPOLÉON.

Ne suis-je pas assuré de sa tranquillité par l'impossibilité où je l'ai mise de remuer, même dans le cas d'une défaite? Oubliez-vous que je tiens dans ma main sa police civile et militaire? D'ailleurs, ne puis-je pas compter sur sept rois qui me doivent leurs nouveaux titres? Six mariages ne lient-ils pas la France avec les maisons de Bade, de Bavière et d'Autriche? Tous les souverains de l'Europe ne doivent-ils pas être effrayés comme moi du gouvernement militaire et conquérant de la Russie, de sa population sauvage, qui s'augmente d'un demi-million d'hommes tous les ans ? Pourquoi menacer mon absence des différents partis existants dans l'intérieur de l'empire ? Je n'en vois qu'un seul : celui de quelques royalistes. Eh bien, qu'ai-je besoin d'eux ? Quand je les soutiens, je me fais tort à moi-même dans l'esprit du peuple; car que suis-je, moi ? Le roi du tiers état ; n'étant pas né sur le trône, il faut que je m'y soutienne comme j'y suis monté, — par la gloire. Un simple particulier comme j'étais, devenu souverain comme je le suis, ne peut plus s'arrêter; il faut qu'il monte sans cesse; ou il redescend à compter du jour où il reste stationnaire. Ces hommes que ma fortune a hissés après elle n'ont déjà plus assez de leur bâton de maréchal. C'est à qui l'échangera contre un sceptre et une couronne; ma famille me tiraille de tous côtés par mon manteau impérial; chacun réclame un trône, ou pour le moins un grand-duché. Il semble, à entendre mes frères, que j'aie mangé l'héritage du feu roi notre père. Eh bien, le moyen de contenir toutes ces ambitions, de réaliser toutes les espérances, c'est la guerre, la guerre toujours! — Et croyez-vous donc que je n'en sois pas las, de la guerre? L'empereur Alexandre pèse seul au sommet de l'immense édifice que j'ai élevé; il y pèse jeune, plein de vie. Ses forces augmentent encore, quand déjà les miennes décroissent. Il n'attend que ma mort pour arracher à mon cadavre le sceptre de l'Europe. Il faut que je prévienne ce danger, quand l'Italie, la Suisse, l'Allemagne, la Prusse et l'Autriche marchent sous mes aigles, et que je consolide le grand empire en rejetant Alexandre et la puissance russe, affaiblie par la perte de toute la Pologne, au delà du Borysthène.

CAULAINCOURT.

Votre Majesté parle de sa mort, et, si sur le champ de bataille, où elle s'expose comme le dernier de ses soldats...

NAPOLÉON.

Vous craignez la guerre pour mes jours! C'est ainsi qu'au temps des conspirations, on voulait m'effrayer de Cadoudal. Il devait tirer sur moi; eh bien, il aurait tué mon aide de camp. Quand mon heure sera venue, une fièvre, une chute de cheval à la chasse me tueront aussi bien qu'un boulet. — Les jours sont écrits!

CAULAINCOURT.

Sire...

NAPOLÉON, le conduisant à une fenêtre

Voyez-vous là-haut cette étoile?

CAULAINCOURT.

Non, sire.

NAPOLÉON.

Regardez bien.

CAULAINCOURT.

Je ne la vois pas, sire.

NAPOLÉON.

Eh bien, moi, je la vois. — Passons au salon, l'heure de la réception est arrivée.

(Ils entrent au salon du fond. — La porte reste ouverte.)

L'HUISSIER, annonçant.

Sa Majesté le roi de Saxe,
Sa Majesté le roi de Wurtemberg,
Sa Majesté l'empereur d'Autriche,
Sa Majesté le roi de Naples,
Sa Majesté le roi de Bavière,
Sa Majesté le roi de Prusse.

(A mesure qu'un Roi entre, Napoléon le reçoit.)

SIXIÈME TABLEAU

Les hauteurs de Borodino.

SCÈNE PREMIÈRE

MURAT, UN OFFICIER, à la tête d'une colonne; UN SOLDAT, UN DOMESTIQUE.

L'OFFICIER.

Halte!

MURAT, à son Domestique.

Julien, aie soin de mon cheval et amène m'en un autre. Lave la blessure qu'il a reçue au cou avec de l'eau-de-vie et du sel, et tu m'apporteras un sabre plus lourd que celui-ci. Ces Russes, il faut les fendre jusqu'à la ceinture pour qu'ils tombent.

UN SOLDAT.

Il est bien heureux de les joindre, ces gredins-là! Voilà quatre cents lieues qu'ils nous font faire, et on n'a encore eu le plaisir de leur dire deux mots qu'à Vitepsk et à Smolensk.

MURAT.

Je crois qu'ils nous attendent ici, mes braves. Bagration, Barclay et Koutousof sont réunis, et nous aurons de la besogne demain, ou je ne m'y connais pas. (Jetant un de ses gants.) Ici, la tente de l'empereur; là, la mienne. Vous, partout autour de nous; couchez-vous près de vos armes, et ne dormez que d'un œil.

LE DOMESTIQUE.

Voilà le sabre que Votre Majesté a demandé ; son cheval l'attend.

MURAT.

Bien. — Messieurs, venez avec moi éclairer les flancs.

SCÈNE II

Les Soldats, au bivac.

PREMIER SOLDAT.

En voilà un qui a de bonnes jambes, à la bonne heure !

DEUXIÈME SOLDAT.

On dit qu'y veut s'faire roi des Cosaques.

TROISIÈME SOLDAT.

Bah ! et son royaume de Naples ?...

PREMIER SOLDAT.

On le donnera à un autre, donc ! — Ah çà ! qu'est-ce qu'il y a pour la marmite, les enfants ? (Se retournant.) Dites donc, les anciens, peut-on vous demander du feu ? — Ces gaillards-là ! ils ont un pot-au-feu soigné ! — Ah çà ! vous, voyons, apportez à la masse, et de l'ordre surtout. (Les Soldats ouvrent successivement leurs sacs.) De la farine, de la farine et de la farine... — Eh bien, avec ça, nous aurons au premier service de la bouillie, au second de la bouillie, et au troisième de la bouillie... — Mille dieux ! en Prusse, en Allemagne, on avait toujours quelque dindon, quelque poule...

SCÈNE III

Les Mêmes, LORRAIN.

LORRAIN, lui faisant passer une oie sous le nez.

Qu'est-ce que tu dis de ça, le vieux ?

PREMIER SOLDAT.

Je dis que, si c'était dans notre bouillie, ça lui donnerait une fameuse couleur.

LORRAIN, mettant l'oie dans la marmite.

Eh bien, gare les éclaboussures ! et une place au feu, place de soldat ; rien que ça, parce qu'on ne sait pas lire. La largeur de la main entre les deux genoux. — Voilà.

PREMIER SOLDAT.

Ah çà ! mais d'où viens-tu, toi ? Tu n'es pas de l'escouade.

LORRAIN.

J'arrive de l'Andalousie; et je vous en souhaite, des Andalouses... (Il envoie un baiser.) Je ne vous dis que ça. — Quant aux hommes, en Espagne, voyez-vous, c'est des drôles de particuliers : des manteaux qui marchent et une épée qui relève; — voilà tout.

PREMIER SOLDAT.

Et qu'est-ce que ça mange ? Ça mange-t-il ?

LORRAIN.

Ça mange de l'ail au chocolat... ou du chocolat à l'ail, je ne sais pas au juste. Ça se dit noble comme la cuisse à Abraham; ça n'a pas le sou dans sa poche; c'est sec comme de l'amadou, noir comme une taupe, et ça fume comme un tulliau de poêle; — voilà l'Espagnol.

PREMIER SOLDAT.

C'est un joli peuple tout de même.

LORRAIN.

Et le peuple russien, qu'est-ce que ça est ? car il faut faire connaissance avec ses nouveaux amis...

PREMIER SOLDAT.

Mais la cavalerie, ce qu'on appelle vulgairement *Cosaques*, c'est des chevaux avec des cordes, des lances avec des clous et des figures avec des barbes. Quant à ce que ça mange, on ne peut pas le dire, attendu que, comme on ne trouve rien dans le pays, y n'y a pas d'échantillon...

LORRAIN.

Et le pays par lui-même est-il agricole ?

PREMIER SOLDAT.

Agréable ?

LORRAIN.

Oui, agréable ou agricole, comme tu voudras...

PREMIER SOLDAT.

Du tout ! Par exemple, du brouillard à couper au couteau !

LORRAIN.

Du brouillard, voilà une grande affaire ! J'ai été dans des peillys où les cavaliers ne se servent pas d'autre chose pour cirer leurs bottes. C'est à cause du pôle.

PREMIER SOLDAT, à son voisin.

Qu'est-ce qu'y dit, hein ?

DEUXIÈME SOLDAT.
Je ne sais pas. Il dit *le pôle.*

LORRAIN.
Pour en revenir aux Espagnols...

TROISIÈME SOLDAT.
Ah bah ! tes Espagnols ! Un joli peuple ! Pas gai du tout.

LORRAIN.
Pas gai ? Il chante toute la journée.

TROISIÈME SOLDAT.
Quoi ?

LORRAIN.
Les vêpres.

TROISIÈME SOLDAT.
Merci.

LORRAIN.
Tenez, moi, je vas vous donner une idée du chant national. C'est l'histoire d'un vieux chrétien, brave homme, ma parole d'honneur !... Écoutez, et le refrain en chœur ! (Au Tambour.) Voyons, donne ton *la*, toi ! (Il tire des castagnettes.) Et toi aussi, fifmardo ! — En avant ! marche !

PREMIER COUPLET.

La mort a surpris dans un coin
Le valeureux don Sanche ;
Il est mort la tasse au groin,
Couché sur une planche.

(Avec accompagnement de castagnettes.)
Tra, tra, etc.

Issu d'un alguazil hargneux,
Il naquit en Castille,
Où, dans des sentiments pieux,
Sa mère mourut fille...
Tra, tra, etc.

Un quart d'heure avant son trépas,
Son redoutable père,
D'un petit bien qu'il n'avait pas
Le nomma légataire.
Tra, tra, etc.

De la disette quand le vent
Soufflait dans sa cuisine,

Il se régalait gravement...
D'un air de mandoline.
Tra, tra, etc.

L'az"r et le carmin des fleurs
Brillaient à son panache;
Cupidon suspendait les cœurs
Au croc de sa moustache.
Tra, tra, etc.

SIXIÈME ET DERNIER COUPLET.

Celui-ci se chante le crêpe au bras et la larme à l'œil, — tenue de rigueur.

Pour payer son enterrement,
Ses anciennes maîtresses
Ont, avec leurs bagues d'argent,
Vendu leurs fausses...

(Bruit de tambour.)

UN SOLDAT.

L'empereur!

TOUS, se levant.

L'empereur!

LORRAIN.

L'empereur? Cré coquin! v'là quatre ans que nous ne nous sommes vus; nous allons nous trouver joliment changés!

SCÈNE IV

Les Mêmes, NAPOLÉON, DAVOUST, Suite, puis MURAT
puis DUROC.

NAPOLÉON.

Bonsoir, mes enfants, bonsoir; j'ai voulu passer cette nuit au milieu de vous. Il paraît enfin qu'ils vont nous attendre.

PREMIER SOLDAT.

Pourvu qu'ils n'évacuent pas la nuit, comme d'habitude...

NAPOLÉON.

Non, non; Murat a reconnu leurs feux. C'est une bataille décisive, enfants. Comme aux Pyramides, mon brave; — car tu y étais.

PREMIER SOLDAT.

Un peu.

NAPOLÉON, à un autre.

Tu te souviendras d'Austerlitz, toi ! c'est là que tu as eu la croix.

DEUXIÈME SOLDAT.

Oui, pour avoir...

NAPOLÉON.

Pris un drapeau. — Eh bien, êtes-vous contents, mes amis? votre capitaine a-t-il soin de vous? votre solde est-elle bien payée?

PREMIER SOLDAT.

Oh ! la solde est au courant. Il n'y a que la ration qui est en retard.

NAPOLÉON.

Voyons votre soupe. (Il la goûte.) Elle est bonne.

LORRAIN.

Je crois bien ! J'ai décroché une oie à balle ; et une oie sauvage qui s'en allait vers le Midi, — signe de froid.

NAPOLÉON, à part.

Oui, signe de froid ! (Haut.) Mais nous aurons du bon feu à Moscou, mes amis; et nous y attendrons le printemps. — J'ai soif; reste-t-il de l'eau dans les bidons ?

LORRAIN.

Non ; mais j'ai aperçu une source en venant. Attendez...

(Il sort.)

NAPOLÉON, au prince d'Eckmühl.

Davoust, savez-vous que la retraite de ces gens-là m'épouvante ! Tout est brûlé sur la route. Cela ressemble à un plan arrêté. On dirait que, d'avance, toutes leurs positions ont été prises étape par étape. Alexandre se tait. Je n'ai négligé aucune occasion de lui proposer la paix. Il faut que je sois à Moscou pour qu'il se décide; sinon nous y prendrons nos quartiers d'hiver...

LORRAIN, la figure pleine de sang, et apportant de l'eau.

Voilà.

NAPOLÉON.

Qu'as-tu donc ?

LORRAIN.

Rien. J'ai pas vu un ravin et j'ai roulé dedans : histoire d'arriver plus vite.

NAPOLÉON.

Essuie ce sang, il empêche de voir tes cicatrices. (Après avoir

bu.) Ton eau est excellente. — Tes cicatrices te vont bien. En voilà une que je ne te connaissais pas.
LORRAIN.

Ah! c'est un Espagnol, un *don*, un *señor*, qui m'a envoyé, de derrière une haie, ma feuille de route pour l'autre monde. Heureusement que je me suis arrêté à la moitié de l'étape.
NAPOLÉON.

Tu ne sais pas lire, n'est-ce pas?
LORRAIN.

Non, sire; mais y n'y a pas d'affront: c'est la faute de mon père.
NAPOLÉON.

J'ai créé pour les braves comme toi, qui ne savent pas lire, des places de gardes de l'aigle. Ils ont le grade d'officier. Ce sont eux qui veillent de chaque côté du drapeau, et ils n'ont d'autres fonctions que de le défendre. Je te nomme garde de l'aigle du sixième.
LORRAIN.

Merci, mon empereur. — Allons! allons! v'là mon bâton de maréchal!

NAPOLÉON, se retirant sous sa tente avec Davoust; à Murat, qui entre.

Ah! te voilà, Murat! Eh bien?
MURAT.

Ils tiennent toujours. Des redoutes s'élèvent le long de la Moscova; tout fait présager que, demain, nous les retrouverons dans les retranchements.
NAPOLÉON.

C'est une bataille d'artillerie qu'il faut livrer; — tant mieux!

MURAT, à Davoust.

A propos d'artillerie, prince, pourquoi, hier, une de vos batteries a-t-elle refusé deux fois de tirer malgré mon ordre exprès?
DAVOUST.

Parce que je ménage mes soldats et ne verse leur sang que lorsque c'est absolument nécessaire.
MURAT.

Oui, vous êtes prudent...
DAVOUST.

Et Votre Majesté est par trop téméraire, elle; d'ailleurs, nous verrons ce qu'il restera de votre cavalerie à la fin de la campagne: elle vous appartient, vous pouvez en disposer;

quant à l'infanterie du premier corps, tant qu'elle sera sous mes ordres, je ne la laisserai pas prodiguer.

MURAT.

Oubliez-vous que, si vous commandez à l'infanterie, je vous commande, à vous? L'empereur vous a mis sous mes ordres.

DAVOUST.

Et l'empereur a eu tort.

MURAT.

Ah! je sais bien que votre prudence envers l'ennemi et votre inimitié envers moi datent de l'Égypte ; mais, si nous avons des différends, l'armée ne doit pas en souffrir, et nous pouvons les vider entre nous deux.

DAVOUST.

Votre Majesté descendrait jusqu'à se battre avec un simple maréchal?

MURAT.

Je me bats bien avec un Cosaque!..

NAPOLÉON, roulant un boulet sous son pied.

C'est bien, messieurs ; je désire qu'à l'avenir vous vous entendiez mieux ; car, tous deux, vous m'êtes nécessaires : Murat avec sa témérité, et vous, Davoust, avec votre prudence. — Allez prendre quelque repos ; il ne vous sera pas inutile pour la journée de demain. (Ils sortent.) Ce sera une terrible bataille! mais j'ai quatre-vingt mille hommes ; j'en perdrai vingt mille, j'entrerai avec soixante mille dans Moscou, les traînards nous y rejoindront, puis les bataillons de marche, et nous serons plus forts qu'avant la bataille. Quatre heures du matin... — Tous dorment ; seul, je veille avec ma pensée, pensée de guerre et de destruction! Oh! dormez, enfants! rêvez de vos mères et de votre patrie : demain, des milliers de vous seront couchés encore, mais sur une terre froide et sanglante... (Une pause.) Que c'est une bizarre fortune que la mienne! homme obscur comme eux, et qui traine à ma suite des milliers d'hommes! Oh! il y a des moments où, quand je suis seul, face à face avec mon génie, je frissonne, car je doute! Si ce que je crois mon étoile n'était que de l'audace et mon génie du hasard! Quelle affreuse responsabilité que celle de la vie de tant de milliers d'hommes qui se lèveraient un jour sanglants et mutilés pour m'accuser devant Dieu, — devant Dieu qui me dirait : « Tu n'as point reçu mission de faire ce que tu as fait ; donc, que les pleurs et le sang retombent sur ta tête!... » Oh! c'est impossible!... Quels hommes! ne dirait-on pas une race à part, ayant plusieurs existences à risquer? Il y a treize ans qu'avec eux je suis venu tenter l'Orient par l'Égypte, et les briser contre ses portes. Dans l'intervalle, nous avons conquis l'Europe, et les voilà, conduits par moi toujours, revenant par le Nord dans cette Asie, pour s'y briser encore peut-être!... Qui les a poussés dans cette vie errante et aventureuse? Ce ne sont point des barbares cherchant de meilleurs climats, des habitations plus commodes, des spectacles plus enivrants; au contraire, ils possédaient tous les biens, ils les ont abandonnés pour vivre sans abri, sans pain, et pour tomber chaque jour successivement, ou morts ou mutilés, sur la route que je parcours, qui embrasse le cercle du monde, que je sème de tombeaux et qui conduit à l'immortalité, au néant... (On entend battre la diane.) Le jour, déjà le jour! (Tout le monde s'est levé.) Eh bien, Duroc?

DUROC, suivi de plusieurs Maréchaux.

L'ennemi a conservé sa même position.

NAPOLÉON.

Battons-nous! Mes amis, voilà le soleil d'Austerlitz.

MURAT.

Qu'ordonne Votre Majesté?

NAPOLÉON, aux Maréchaux qui l'entourent.

Voici le plan général. — Pendant le combat, mes aides de camp vous porteront mes ordres particuliers. Eugène sera le pivot. C'est la droite qui engagera la bataille. Dès qu'à la faveur du bois elle aura enlevé la redoute qui lui est opposée, elle fera un à gauche, marchera sur le flanc des Russes, ramassant et refoulant toute leur armée sur leur droite et dans la Kalouga. Trois batteries de soixante canons chacune seront opposées aux redoutes russes, deux en face de leur gauche, la troisième dans leur centre. Poniatovski et son armée s'avanceront par la vieille route de Smolensk; vous attendrez ses premiers coups de canon pour donner : ce sera le signal. — Allez, messieurs. — Soldats! voilà la bataille que vous avez tant désirée. Désormais, la victoire dépend de vous; elle nous est nécessaire, elle nous donnera l'abondance, de bons quartiers d'hiver, et un prompt retour dans la patrie. Conduisez-vous comme à Austerlitz, à Friedland, à Vitepsk et à Smolensk; que la postérité la plus reculée cite votre conduite dans cette journée; que l'on dise de vous : « Il était à cette grande bataille, sous les murs de Moscou. »

SEPTIÈME TABLEAU

A Moscou. — Une salle du Kremlin.

SCÈNE PREMIÈRE

NAPOLÉON, BERTHIER, Maréchaux; puis L'Espion.

NAPOLÉON, entrant avec les Maréchaux.

Moscou vide! Moscou déserte! en êtes-vous bien sûr? — Allez, Mortier, et tâchez de découvrir quelques habitants. Ici, tout est nouveau, eux pour nous, nous pour eux : peut-être ne savent-ils pas même se rendre. — Pas la moindre fumée, pas le plus léger bruit! c'est l'immobilité de Thèbes, c'est le silence du désert. Trévise, surtout point de pillage! vous m'en répondez sur votre tête. — Me voilà donc enfin dans Moscou, dans l'antique palais des tzars, dans le Kremlin!... Il était temps. — Où est Murat?

UN MARÉCHAL.

A la tête de sa cavalerie, poursuivant l'arrière-garde russe sur le chemin de Vladimir.

NAPOLÉON.

Je l'aime, ce Murat! toujours ardent, infatigable, comme en Italie, comme en Égypte! six cents lieues et soixante combats ne l'ont point fatigué. Le voilà qui traverse Moscou au pas de course, sans s'arrêter au Kremlin, — où je m'arrête, moi! Ah! que vous êtes froids, messieurs!... Savez-vous bien où nous sommes?

BERTHIER.

Oui, sire, à six cents lieues de Paris, avec une armée diminuée de quarante mille hommes par la bataille de la Moscova, sans vivres, sans habits, sans munitions.

NAPOLÉON.

Eh bien, ne sommes-nous pas dans la capitale ennemie?

Moscou, veuve de ses trois cent mille habitants, vous paraît-elle trop étroite pour loger quatre-vingt mille hommes? Ces palais que vous partagerez entre vous, sont-ils moins somptueux ou moins commodes que vos hôtels du faubourg Saint-Honoré et du quai d'Orsay? — Pour moi, j'avoue que j'aime mes Tuileries et mon Louvre ; mais, pour cet hiver, je me contenterai du palais des Romanof et des Rurik.

CRIS, au dehors.

Un Français ! un Français !

NAPOLÉON.

Entendez-vous? un Français ! Faites-le venir; que je sache quelque chose de ce bizarre secret. — Moscou déserte ! (Apercevant l'Espion.) Ah ! c'est toi ?

L'ESPION.

Oui, sire.

NAPOLÉON.

D'où sors-tu?

L'ESPION.

De prison.

NAPOLÉON.

De prison?

L'ESPION.

J'ai été reconnu pour Français et arrêté à Moscou lorsqu'on a appris que Votre Majesté avait passé le Niémen.

NAPOLÉON.

Est-il vrai que la ville soit déserte?

L'ESPION.

J'ai vu sortir les derniers Russes par la porte de Kolomna.

NAPOLÉON.

Ah ! les Russes ne savent pas encore l'effet que produira sur eux la perte de leur capitale ! Vous l'avez entendu, messieurs? Moscou est à nous, entièrement à nous; que chacun établisse son quartier dans la partie de la ville qui lui plaira, mais avec ordre : songez que c'est notre Paris pour cet hiver. Allez, messieurs, et envoyez-moi le travail de Paris : je n'ai pas pu m'en occuper depuis Smolensk. A compter d'aujourd'hui, mes décrets seront datés du Kremlin. (Ils sortent. — A l'Espion.) Eh bien, qu'as-tu vu dans cette Russie ?

L'ESPION.

Un peuple âpre et dur comme sa terre, pétri pour l'esclavage, ignorant pour un siècle encore, et repoussant la civilisation, comme les autres repoussent le despotisme.

NAPOLÉON.

Oui, oui, et il n'en est que plus dangereux, puisque la volonté d'un seul peut remuer ces énormes masses. Malheur, malheur à l'Europe, si je ne frappe pas le colosse au cœur! car, si je le manque, qui le tuera? Mais, d'ici, je veille, sentinelle du monde civilisé, un pied sur l'Asie, un pied sur l'Europe. Enfants! ils n'ont vu dans mon désir d'arriver à Moscou que la vanité de signer un décret daté de la ville sainte, assis sur le trône de Rurik et abrité par la croix d'or du grand Ivan... — Dieu me donne le temps et la force, et je fais de Moscou une des portes d'entrée de mon royaume européen! J'appelle d'ici l'univers à la civilisation, comme le muezzin appelle, du haut des minarets, les mahométans à la prière. Et alors (regardant autour de lui) quelle voix s'élèvera pour dire : « Napoléon n'est pas l'envoyé de Dieu? » Et quand je pense que je pouvais ne pas atteindre cette Moscou, être arrêté par une fièvre, une chute de cheval, un boulet, et qu'alors on eût cru cette vaste combinaison une guerre ordinaire, une querelle d'empereur à empereur, un vulgaire envahissement de terrain !...

L'ESPION.

O Napoléon! Napoléon! ce n'est pas moi, du moins, que tu accuseras de ne pas te comprendre.

NAPOLÉON.

Non, non, je le sais, et je te rends justice. Mais va; voici le portefeuille de Paris et mon ministre qui vient travailler avec moi.

SCÈNE II

NAPOLÉON, LE MINISTRE, puis MORTIER, MURAT et LES AUTRES MARÉCHAUX, puis L'ESPION.

NAPOLÉON.

Avez-vous dressé les trois décrets que je vous avais demandés?

LE MINISTRE.

Oui, sire.

NAPOLÉON.

Voyons, quel est celui-ci?

LE MINISTRE.

Il est relatif aux maisons de prêt actuellement existantes dans la ville de Florence.

NAPOLÉON.

Ah! c'est la défense de recevoir aucun dépôt et de prêter sur nantissement, n'est-ce pas? Ajoutez : « Le mont-de-piété de la ville de Florence est conservé. Tous les actes relatifs à l'établissement seront exempts des droits de timbre et d'enregistrement. » De cette manière, on pourra prêter à huit pour cent aux malheureux, qu'on ruine en leur prêtant à quinze et à vingt. — Quel est celui-ci?

LE MINISTRE.

La création d'une commission spéciale pour l'exécution des travaux de redressement et d'élargissement du Gardon.

NAPOLÉON.

Bien... Dieu aidant, j'espère que, dans dix ans, la France sera traversée en tous sens par trente canaux navigables. — Et celui-ci?

LE MINISTRE.

Un règlement sur le Théâtre-Français, sur les emplois des sociétaires, sur les pensions, sur celle de Talma, qui est portée à trente mille francs.

NAPOLÉON.

Donnez; si nous passons l'hiver à Moscou, je veux y avoir la moitié de ma troupe; je lui enverrai l'ordre d'être ici à la fin d'octobre. — Qu'est cela? ce ne peut être le jour encore?

CRIS, au dehors.

Le feu! le feu!

NAPOLÉON, s'élançant vers la fenêtre.

Le feu au palais marchand, au centre de la ville, dans son plus riche quartier! — Malheur! c'est quelque soldat ivre qui nous incendie un palais.

MORTIER, entrant.

Sire, sire, le feu!

NAPOLÉON.

Eh bien, je le sais, je le vois d'ici. — Ah! je ne me trompe point : par là, vers la porte de Dorogomilof, le feu encore!... — Trévise, eh bien, vous le voyez, je vous charge de la police de la ville; je remets Moscou, la riche Moscou endormie, entre vos mains, et voilà que de tous côtés les flammes surgissent!...

MORTIER.

Sire, je ne sais, mais les flammes sortent des maisons fermées; le feu a été mis intérieurement.

NAPOLÉON.

Le feu mis, oui, par quelque pillard qui aura voulu séparer l'or de l'étoffe... — Oh! voyez, voyez, et qu'on porte des secours.

MURAT, entrant.

Sire, les pompes sont brisées; c'est un complot, ce sont les Russes qui nous brûlent; ils ont changé Moscou en une machine infernale.

NAPOLÉON.

Voyez comme le feu accourt! le vent est donc complice?

L'ESPION, entrant.

Sire, sire, pardon! mais tout brûle, tout est en feu.

NAPOLÉON.

Et qui brûle la ville? qui a mis le feu?

L'ESPION.

Les Russes, les mougiks.

NAPOLÉON.

Impossible!

L'ESPION.

Regardez, et voyez-les courir au milieu de cette fournaise.

NAPOLÉON.

Faites faire feu dessus, tuez-les comme des bêtes féroces!... — Mais cette ville est donc bâtie de sapin et de résine?

CRIS, au dehors.

Le feu au Kremlin! le feu!

MURAT.

Sortons, sire, sortons.

NAPOLÉON.

Oh! restez, messieurs! n'avez-vous pas peur que ce palais ne vous tombe sur la tête? Restez et écoutez : A la lueur des flammes de Moscou allumées par les Russes, guerre éternelle aux Russes! Ils nous chassent de leur première capitale : poursuivons-les dans la seconde. Laissez brûler et écoutez-moi.

LES SOLDATS, au dehors.

L'empereur! l'empereur!

NAPOLÉON, de la fenêtre.

Me voilà, enfants, ne craignez rien. Je veille sur vous, et Dieu veille sur moi. — Laissez brûler, messieurs, et, si le feu épargne quelque chose, anéantissez ce que le feu épargnera. A compter de cette heure, Moscou n'existe plus sur la carte du monde; la Russie n'a plus qu'une capitale : c'est Saint-Pétersbourg, et, dans douze jours, nous y serons.

TOUS.

Saint-Pétersbourg!

UN MARÉCHAL.

Sire, y songez-vous ? Saint-Pétersbourg ? Impossible!

NAPOLÉON.

Et c'est vous, soldats de fortune, enfants de la guerre, qu'une si grande résolution étonne? Ne voyez-vous pas que nous sommes tous perdus si nous reculons? L'hiver, l'âpre hiver de la Russie va nous saisir à moitié route de la France...

UN AUTRE MARÉCHAL.

Sire, sire, le feu!

NAPOLÉON.

Et que ferez-vous alors? Mes soldats, mes enfants, que feront-ils quand vos mains et les leurs se gèleront sur la poignée des sabres et le canon des fusils; quand ils tomberont à chaque pas et qu'ils ne pourront plus se relever; quand il faudra qu'ils reculent au milieu de l'hiver par une route dévastée par leur passage? — Notre force est plutôt morale que matérielle : un prestige nous entoure. Jusqu'à présent, nous sommes les invincibles; un pas en arrière, et le prestige est détruit. (Posant la main sur une carte.) Voilà Moscou, Paris, Saint-Péterbourg; voyez et choisissez.

LES MARÉCHAUX.

Paris.

NAPOLÉON.

Ah ! oui, Paris ! Là sont vos hôtels splendides, vos voitures à six chevaux, vos terres presque royales. Paris ! et y arriverez-vous, à ce Paris qui vous rend timides, lâches, traîtres?

UN MARÉCHAL.

Sire, le feu! le feu! on ne peut plus rester ici.

NAPOLÉON, frappant du pied.

J'y reste bien, moi! et m'écrase ce palais, plutôt que d'en sortir pour retourner en France! A Saint-Pétersbourg! Là, la paix, la gloire, les regards du monde, les applaudissements de l'univers! — Non? vous ne voulez pas? Eh bien, meure le projet le plus gigantesque qu'ait enfanté le cerveau d'un homme! Vous croyez ne m'ôter que Moscou, et vous m'arrachez le monde. (Il déchire la carte.) Vous voulez la retraite? Eh bien, vous l'aurez; et retombent sur vous tous les malheurs de cette funeste retraite! Allez tout ordonner pour elle, et laissez-moi. Ah! laissez-moi, vous dis-je! je vous l'ordonne, je le veux.

SCÈNE III

NAPOLÉON, puis L'ESPION.

NAPOLÉON.

Oh! c'est une mer de feu! — Faiblesse humaine! le souffle de Dieu seul pourrait éteindre cet incendie! O Napoléon! tu te crois plus qu'un homme, parce que tu couvres la moitié de la terre de tes tentes et de tes soldats; parce qu'un mot de toi renverse des rois et déplace des trônes. Eh bien, te voilà faible, sans pouvoir, en face de l'incendie. Chaque pied de terrain qu'il gagne te dévore un empire, Napoléon! Napoléon!... Eh bien, essaye ta puissance, ordonne à ce feu de s'éteindre, à cet incendie de reculer, et, s'ils obéissent, tu es plus qu'un homme, tu es presqu'un dieu. — Oh! mes plus belles provinces pour Moscou. Rome, Naples, Florence, mon Italie tout entière, je pourrai la reprendre; mais Moscou, Moscou, jamais!

L'ESPION, se précipitant.

Sire, au nom du ciel! sire, le Kremlin est miné! Mon Dieu! les escaliers craquent, les portes s'embrasent. Vous êtes sous un ciel de feu, sur une terre de feu, entre deux murailles de feu.

NAPOLÉON.

Moscou! Moscou!

L'ESPION, se tournant vers la porte.

Grenadiers, à moi, à l'empereur! sauvez l'empereur. Il ne veut pas sortir, et le Kremlin est miné.

(Les Grenadiers entrent.)

NAPOLÉON, revenant à lui, avec calme.

Soldats, détachez la croix d'or du grand Ivan; elle ira bien au dôme des Invalides.

(Il sort.)

HUITIÈME TABLEAU

Une masure sur les bords de la Bérésina.

SCÈNE UNIQUE

L'Espion, puis une Femme, des Soldats, puis NAPOLÉON.
un Aide de camp, LORRAIN.

L'ESPION, entrant, la barbe longue et couverte de glaçons et de neige.

Une masure!... Du moins, Napoléon aura un abri pour cette nuit. Quel temps! quel pays! Désolation! Ah! voilà du feu... Les Cosaques l'abandonnent à peine; mais avec quoi le rallumer? (Arrachant un volet.) Bien! ce contrevent! mon manteau le remplacera...
(Il rallume le feu, puis suspend son manteau devant la fenêtre.)

UN JEUNE HOMME, se traînant jusqu'à la porte.

Du feu! pitié! secours!

L'ESPION, prenant son fusil.

Au large! c'est la cabane de l'empereur.

LE JEUNE HOMME.

Oh! au nom de l'empereur, grâce! grâce! je suis une femme.

L'ESPION.

Une femme?

LA FEMME.

Oui, oui. Me sauverez-vous si je suis une femme?

L'ESPION.

Viens ici, et réchauffe-toi.

LA FEMME.

Vous n'avez rien à me donner?

L'ESPION.

Quelques gouttes de ce vin. (Lui donnant une gourde.) Ce que vous laisserez sera pour l'empereur. — Il est sauvé, n'est-ce pas?

LA FEMME.

Oui, et à temps. Vous ne savez pas, le pont fléchit.

L'ESPION.

Si, si, je le sais. (A des Militaires qui veulent entrer.) Arrière! c'est la cabane de l'empereur.

LES SOLDATS.

Allons plus loin.

LA FEMME.

Et croyez-vous que l'empereur trouve cette cabane?

L'ESPION, prenant un tison enflammé et l'agitant devant la porte.

L'empereur !.l'empereur !

SOLDATS, dans l'éloignement.

Hé !

D'AUTRES SOLDATS, à l'Espion.

Camarade, du feu, hein ! Donnez-nous du feu.

L'ESPION.

Prenez.

(Ils prennent du feu et sortent.)

SOLDATS, au dehors.

As-tu du bois ? où y a-t-il du bois?

NAPOLÉON, de la porte.

Mes amis, démolissez cette cabane, prenez le chaume qui la couvre. Faites du feu, faites du feu.

LES SOLDATS.

Et vous ? et Votre Majesté ?

NAPOLÉON, ôtant son gant et leur prenant la main.

Moi, j'ai chaud ; tenez.

PREMIER SOLDAT.

Non, sire, nous aimerions mieux mourir.

NAPOLÉON.

Mes enfants !

L'ESPION.

Arrière !...

NAPOLÉON.

Laissez entrer les gardes de l'aigle ! Il faut que leurs mains se réchauffent pour soutenir leur drapeau.

(Le Porte-drapeau et les Gardes entrent.)

LORRAIN, à l'Espion.

Oh ! s'il vous plaît, camarade, une petite place au feu, place de sous-officier ! — Cré coquin ! que j'ai les mains gourdes !... — Dites donc, camarade, sans indiscrétion, peut-on vous demander ce que vous avez de gelé?

L'ESPION.

Rien.

LORRAIN.

Vous êtes bien heureux ! Faites-moi l'amitié de me dire si j'ai encore mon nez... C'est que je ne le sens plus depuis

Smolensk... Avec ça que j'ai une faim ! — Allons, allons, serrons la ceinture d'un cran : j'ai dîné.

NAPOLÉON.

Le canon ! le canon ! c'est l'avant-garde de Koutousof et de Wittgenstein qui a rejoint mon arrière-garde... Mais Ney est là, Ney, le brave des braves ! Charles XII ! Charles XII !... (A un Aide de camp.) Eh bien, le canon a changé de direction... Qu'est-ce que ce canon ?

L'AIDE DE CAMP.

Tchitchakof, avec trente mille hommes, qui nous attaque en flanc.

NAPOLÉON.

Et l'armée, l'armée, passe-t-elle la Bérésina ?

L'AIDE DE CAMP.

Le tiers est passé, à peu près ; mais le pont fléchit...

NAPOLÉON.

Je le sais.

L'AIDE DE CAMP.

Et d'un moment à l'autre...

NAPOLÉON.

Silence ! — Et vous dites que Tchitchakof...?

L'AIDE DE CAMP.

Voilà son canon qui se rapproche.

NAPOLÉON.

Combien le bataillon sacré compte-t-il encore d'hommes ?

L'AIDE DE CAMP.

Cinq cents, à peu près.

NAPOLÉON.

Qu'ils maintiennent Tchitchakof et ses trente mille hommes, et qu'ils donnent à l'armée le temps de passer la Bérésina ; en se déployant sur une seule ligne, ils feront croire à un nombre triple. — Allez. — Oh ! le pont ! le pont ! Je l'avais bien dit à Éblé, que les chevalets n'étaient pas assez forts. A chaque instant, je tremble d'entendre les cris des milliers de malheureux qui s'engloutiront ! Mon Dieu !... Quelqu'un a-t-il du vin ?

L'ESPION.

En voici quelques gouttes.

NAPOLÉON,

Merci. (Il va pour boire et voit un de ses Grenadiers mourant, qui se débat ; il lui porte la gourde.) Tiens, mon brave ! (Cris de détresse mêlés aux hourras des Cosaques.) Ah ! voilà le pont qui se brise !

VOIX, au dehors.

Le pont ! le pont !

AUTRES VOIX.

L'ennemi ! les Cosaques !

NAPOLÉON.

A nous, enfants ! dehors et marchons ! La moitié de l'armée est engloutie, il faut sauver le reste.

LA FEMME, à l'Espion.

Oh ! par pitié, ne me laissez pas ici ; je ne puis marcher.

L'ESPION l'enveloppe dans son manteau et l'emporte dans ses bras.

Venez, il me reste encore quelque force.

NEUVIÈME TABLEAU

La Bérésina.

SCÈNE UNIQUE

NAPOLÉON, un bâton à la main, suivi de QUELQUES SOLDATS ; TROUPES, en marche.

LES MUSICIENS DU PREMIER CORPS, apercevant Napoléon.

L'empereur ! l'empereur !

(Ils jouent *Où peut-on être mieux?*)

NAPOLÉON.

Non, mes enfants ; jouez *Veillons au salut de l'empire!*

(A mesure que la musique s'éloigne, les Soldats deviennent plus rares ; ils tombent, la neige les couvre.)

ACTE QUATRIÈME

DIXIÈME TABLEAU

Le cabinet de l'empereur aux Tuileries.

—

SCÈNE UNIQUE

NAPOLÉON, un Ministre, Secrétaires, Envoyés, puis l'Espion, puis les Chefs de la garde nationale, et BERTHIER.

NAPOLÉON, aux Envoyés.

Toute l'Europe marchait avec nous il y a un an, toute l'Europe marche aujourd'hui contre nous. Il me faut une levée de trois cent mille hommes ; dites en mon nom au Sénat que je compte sur lui.

UN ENVOYÉ.

Sire, le Sénat vous supplie de tenter un dernier effort pour faire la paix ; c'est le besoin de la France et le vœu de l'humanité. Le peuple aussi demande des garanties ; sans cela, il est impossible...

NAPOLÉON.

Messieurs, avec ce langage, au lieu de nous réunir, vous nous diviserez. Ignorez-vous que, dans une monarchie, le trône et la personne du monarque ne se séparent point ?... Qu'est-ce que le trône ? Un morceau de bois couvert d'un morceau de velours ; — mais, dans la langue monarchique, le trône, c'est moi. Vous parlez du peuple ? Ignorez-vous que c'est moi qui le représente par-dessus tout ? On ne peut m'attaquer sans attaquer la nation elle-même. S'il y a quelque abus, est-ce le moment de faire des remontrances quand deux cent mille Cosaques sont prêts à franchir nos frontières ? Vous demandez au nom de la France des garanties contre le pouvoir ? Écoutez la France, elle n'en demande que contre l'ennemi. Si la France connaît parmi mes maréchaux un général plus capable que moi de repousser l'agression étrangère, qu'elle le nomme et je lui remettrai moi-même mon épée. Allez, messieurs, et portez mes ordres au Sénat. (A un Secrétaire.) Écrivez : « Des ingénieurs seront envoyés sur les routes et dans les places du Nord. » (A un autre Secrétaire.) Écrivez : « Les manufactures d'armes de Saint-Étienne, Liége et Maubeuge, mettront à la disposition du gouvernement... »

PREMIER SECRÉTAIRE, répétant.

« Du Nord. »

NAPOLÉON, allant à lui.

« Ils seront chargés de relever les vieilles murailles qui servent de rempart à l'ancienne France... » (A un autre.) Écrivez : « L'armée d'Allemagne vient de rentrer dans nos limites par les ponts de Mayence. »

DEUXIÈME SECRÉTAIRE, répétant.

« Du gouvernement. »

NAPOLÉON.

« Cent cinquante mille fusils et trente mille sabres d'ici à quinze jours au plus tard. » Donnez.

(Il signe.)

TROISIÈME SECRÉTAIRE, répétant.

« Par les ponts de Mayence. »

NAPOLÉON.

« Elle formera et étendra sa ligne depuis Huningue jusqu'aux sables de la Hollande. » Donnez.

PREMIER SECRÉTAIRE, répétant.

« Les vieilles murailles qui servent de rempart. »

NAPOLÉON.

« A l'ancienne France ; de tracer des redoutes sur les hauteurs propres à servir de points de ralliement en cas de retraite... » Mettez le cachet, messieurs, et expédiez. « En cas de retraite... »

PREMIER SECRÉTAIRE.

Je n'y suis pas, sire.

NAPOLÉON.

Bien. (A un autre.) Mettez-vous à mon bureau et écrivez : « Monsieur le ministre de la guerre, M. le trésorier de la couronne versera entre les mains du ministre de la guerre... »

PREMIER SECRÉTAIRE, répétant.

« En cas de retraite... »

NAPOLÉON

« Enfin de tout préparer pour la rupture des digues et des ponts qu'il faudra abandonner. »

(Il signe.)

TROISIÈME SECRÉTAIRE, répétant.

« Du ministre de la guerre... »

NAPOLÉON.

« La somme de trente millions. »

LE MINISTRE.

Votre Majesté sait que le grand trésorier n'a plus d'argent.

NAPOLÉON.

Ah !... Eh bien, alors, déchirez... (Écrivant.). Voici un bon de trente millions sur mon trésor privé.

LE MINISTRE.

Sur votre trésor privé?... Votre Majesté sait que ces fonds étaient destinés à des placements secrets pour assurer le sort de sa famille en cas de revers...

NAPOLÉON, sévèrement.

Monsieur, l'empereur n'a rien à lui ; l'argent qu'il possède appartient à son peuple ; et, en cas de revers, il léguera au peuple sa femme et son fils. — Allez, messieurs. — Restez, monsieur le ministre ; j'ai des instructions à vous donner. (Déployant une carte.) Trois grandes armées se présentent pour entrer en France. Celle de Schwarzenberg pénètre par la Suisse ; l'empereur Alexandre, le roi de Prusse et l'empereur d'Autriche la suivent en personne : elle offre un total de deux cent mille hommes. La seconde est commandée par le maréchal Blücher ; elle a forcé le passage de Mannheim et se jette dans la Lorraine : elle est forte de cent cinquante mille hommes. La troisième, sous les ordres du prince de Suède, renforcée des Russes de Voronzof et des Prussiens de Bulow, après avoir traversé le Hanovre et détruit le royaume de Westphalie, s'est renforcée des Anglais de Graham et a pris la Hollande et la Belgique : elle est forte de deux cent mille hommes. Ces forces rassemblées sont donc de cinq cent cinquante mille hommes, qui, en réunissant leurs réserves, peuvent êtres portées à huit cent mille. — Quelles sont les forces que vous pouvez mettre à ma disposition?

LE MINISTRE.

Quatre vingt mille hommes, à peu près.

NAPOLÉON.

En tout ?

LE MINISTRE.

En tout.

NAPOLÉON.

Ce n'est pas beaucoup. Mais je les battrai séparément. Je tâcherai de ne les avoir que trois contre un. Je les joindrai dans les plaines de la Champagne, à Châlons ou à Brienne. Faites partir le maréchal Victor, et qu'il annonce mon arrivée aux troupes. Je pars cette nuit. — Adieu, monsieur le ministre. Prévenez l'impératrice que je vais passer chez elle, après avoir reçu les chefs de la garde nationale.

L'HUISSIER.

Sire, un homme est entré avec le mot d'ordre. Il dit qu'il faut qu'il vous parle à l'instant même.

NAPOLÉON.

Faites entrer. (Reconnaissant l'Espion.) Ah! c'est toi! Eh bien, qu'y a-t-il?

L'ESPION.

Sire, les ennemis les plus dangereux de Votre Majesté ne sont pas à la frontière.

NAPOLÉON.

Parle vite.

L'ESPION.

Une régence royale vient d'être organisée à Paris.

NAPOLÉON.

Dans quel but?

L'ESPION.

De ramener les Bourbons.

NAPOLÉON.

Comment le sais-tu?

L'ESPION.

J'en suis membre.

NAPOLÉON.

Quels sont les chefs?

L'ESPION.

Voici la liste.

NAPOLÉON.

Où se réunit-on?

L'ESPION.

Au château d'Ussé, en Touraine.

NAPOLÉON.

Les Bourbons! les Bourbons! ils verront, si jamais les Bourbons règnent sur eux!.. Ainsi, ennemi à l'étranger, ennemi au dedans! du sang sur le champ de bataille, du sang sur la

5.

place de Grève : c'est trop à la fois. — Une victoire peut seule nous sauver ; il faut vaincre encore, toujours ! (Écrivant.) Tiens, porte cet ordre à Fouché ; qu'il veille sur eux sans les arrêter... Je ne le veux pas. — Sors par ici. Voilà les chefs de la garde nationale. (Entrent les Chefs de la garde nationale.) Messieurs, je pars avec confiance. Je vais combattre l'ennemi. Je vous laisse ce que j'ai de plus cher : l'impératrice et mon fils. Jurez-vous de les défendre ?

LES CHEFS.

Nous le jurons !

NAPOLÉON.

Des lettres patentes confèrent la régence à l'impératrice ; je lui ai adjoint le prince Joseph comme lieutenant général de l'empire. Vous reconnaîtrez leur pouvoir et leur obéirez ?...

LES CHEFS.

Nous le jurons !...

NAPOLÉON.

Monsieur le prince de Neuchâtel, tout est-il prêt pour mon départ ?

BERTHIER.

Sa Majesté montera en voiture quand elle voudra.

NAPOLÉON.

Allons embrasser ma femme et mon fils — pour la dernière fois peut-être !...

ONZIÈME TABLEAU

Montereau. — Une hauteur sur laquelle se trouve une batterie de canons qui tirent.

SCÈNE UNIQUE

NAPOLÉON, MARÉCHAUX, GÉNÉRAUX, AIDES DE CAMP, ARTILLEURS, ESTAFETTES, COURRIERS.

NAPOLÉON. Il est assis sur l'affût d'un canon. Il fouette sa botte avec une cravache et se parle à lui-même.

Allons, allons, Bonaparte, sauve Napoléon ! (Se levant et courant aux Artilleurs.) Dans les rues, mes amis, dans les rues ; les

Wurtembergeois s'y entassent. Trop haut donc, vous pointez trop haut ! (Il pointe lui-même.) Feu !

(On entend le canon ennemi qui répond et le sifflement des boulets ; quelques Artilleurs tombent.

UN ARTILLEUR.

Sire, éloignez-vous.

NAPOLÉON.

Ne soyez pas jaloux, mes amis : c'est mon ancien métier.

L'ARTILLEUR.

Sire, c'est un véritable ouragan de fer... Éloignez-vous.

NAPOLÉON.

Soyez tranquilles, mes enfants ; le boulet qui me tuera n'est pas encore fondu. Ah ! les voilà qui débouchent au delà de la ville ! (A un Aide de camp.) Courez, monsieur ! Que le général Pajol se porte sur Montereau par la route de Melun. Où donc est le corps du duc de Bellune ? Ah ! je les tiens dans mes deux mains... Je les tiens tous !... Faudra-t-il encore qu'ils me glissent entre les doigts ! Bellune ! pourquoi n'arrive-t-il pas de l'autre côté de la Seine ?

UN AIDE DE CAMP, accourant.

Sire, il est arrivé trop tard pour passer la Seine à temps ; il était fatigué. Il s'est mis à la poursuite de l'ennemi.

NAPOLÉON.

Trop tard !... fatigué ! Suis-je fatigué, moi ? Mes soldats sont-ils fatigués, eux ? Non, nous nous comprenons trop bien pour être fatigués. Courez dire au général Château de prendre deux mille hommes de cavalerie et de couper la retraite.

UN AIDE DE CAMP.

Il est tué.

NAPOLÉON.

Château tué ! C'était un brave. Bellune ! Bellune !... Ils ne veulent plus se battre. Ils sont trop riches, tous ! Je les ai gorgés de diamants ; il leur faut du repos dans leurs terres, dans leurs châteaux ! (A un Aide de camp). Allez dire au général Gérard de prendre le commandement du corps d'armée du général Victor, et à Victor que je lui permets de se retirer dans ses terres... Allez. Que de temps perdu !

LES SOLDATS, arrivant.

Vive l'empereur !

NAPOLÉON, regardant avec sa lorgnette.

Qu'est-ce qu'ils font donc? Comment le général Guyon n'est-il pas là avec ses chasseurs et son artillerie?

UN AIDE DE CAMP.

L'ennemi l'a surpris et a enlevé ses pièces.

NAPOLÉON.

Ses pièces? il a laissé prendre ses pièces? — Allons, voilà qu'ils ne tirent plus maintenant!

UN ARTILLEUR, traversant.

Des munitions! Camarades, avez-vous des munitions?

NAPOLÉON.

Qui t'envoie?

L'ARTILLEUR.

Le général Digeon.

NAPOLÉON.

Comment, Digeon? Digeon, ce brave, lui aussi, les munitions lui manquent? Comment n'a-t-il pas pris ses précautions? Croit-il que mes batailles soient des escarmouches où l'on tire cinq cents coups de canon? Lui! lui! un de mes meilleurs généraux d'artillerie! Allez, allez, il est trop tard. Laisser pour la dixième fois s'échapper l'armée ennemie, que pour la dixième fois je tenais à bras-le-corps!. . (A une Estafette.) D'où arrives-tu, toi?

L'ESTAFETTE.

De la forêt de Fontainebleau.

NAPOLÉON.

Montbrun la défend toujours, j'espère?...

L'ESTAFETTE.

Il a été obligé de l'abandonner aux Cosaques.

NAPOLÉON.

Ainsi, encore une victoire inutile; encore du sang perdu! Et tout cela, parce que Bellune n'a pas marché assez vite!... Fatigué! fatigué! et moi, vais-je en berline? Ah! je ferai juger Digeon par un conseil de guerre, et malheur à lui!

LE GÉNÉRAL SORBIER.

Sire, vous savez que Digeon est un brave.

NAPOLÉON.

Si je le sais! c'est justement parce que je le sais qu'il est plus coupable. Quel exemple pour les autres! Monsieur le général, il y a des exemples qui sont pires que des crimes.

LE GÉNÉRAL.

Rappelez-vous sa belle charge à Champ-Aubert, ses deux chevaux tués à Montmirail, ses habits criblés de balles à Nangis!...

NAPOLÉON.

Oui, oui; au fait, n'en parlons plus.

(Une nouvelle Estafette apporte une lettre.)

NAPOLÉON, après l'avoir lue.

Murat aussi! Murat pour qui je devais être sacré; Murat, mon beau-frère; il se déclare contre moi!... Allons, voilà l'armée de Lyon devenue inutile.

UN AIDE DE CAMP.

Un courrier.

NAPOLÉON.

De qui?

LE COURRIER.

Du duc de Trévise.

NAPOLÉON.

Eh bien, il poursuit l'ennemi du côté de Château-Thierry, n'est-ce pas? et il le reprendra entre lui et Soissons?...

LE COURRIER.

Soissons est rendu.

NAPOLÉON.

Quel est le général qui y commandait?

LE COURRIER.

Le général Moreau.

NAPOLÉON.

Ce nom-là m'a toujours porté malheur. Voilà encore un plan de campagne changé! L'ennemi s'avance sur Paris par Villers-Cotterets et Nanteuil?...

LE COURRIER.

Il est à Dammartin.

NAPOLÉON.

A dix lieues de ma capitale! Pas un instant à perdre pour la sauver... Allons, messieurs... Ah! nous lui ferons payer cher son audace!... Il s'aventure au milieu de nos provinces et nous laisse derrière lui pour lui fermer la retraite. Depuis le commencement de la campagne, j'ai rêvé cette manœuvre. Partez, messieurs, sur toutes les villes de guerre; que les troupes les abandonnent et marchent sur Paris. Faites passer cet ordre par estafettes. Si Paris tient seulement deux jours, nous les prenons entre deux feux ; pas un n'échappe.

TOUS.

Un courrier de Paris ! un courrier de Paris !

NAPOLÉON.

Que m'apportes-tu ?

LE COURRIER.

Une lettre de M. de Lavalette.

NAPOLÉON, lisant.

« Sire, votre présence est nécessaire à Paris, sur lequel l'ennemi marche de tous côtés. Si vous voulez que la capitale ne soit point livrée à l'ennemi, il n'y a pas un instant à perdre... » Oui, je vaudrai mieux qu'une armée au milieu d'eux : ma présence excitera mes braves Parisiens. Monsieur le maréchal, je vous laisse le commandement des troupes. Marchez par Fontainebleau ; faites parvenir des ordres à Raguse et à Trévise ; qu'ils se hâtent, qu'ils marchent sur Paris. Des chevaux à ma voiture ! Il faut que je sois dans ma capitale avant ce soir. Oh ! quelle guerre ! Qu'ils marchent sans retard, à triple étape. Nous nous rallierons tous au canon de Montmartre.

DOUZIÈME TABLEAU

Un salon du faubourg Saint-Germain.

SCÈNE UNIQUE

LE MARQUIS DE LA FEUILLADE, LE BARON, LE VICOMTE.

LE MARQUIS.

Ah ! bonsoir, monsieur le baron. Quelles nouvelles ?

LE BARON.

Mauvaises ! Bonaparte a battu les Prussiens à Champ-Aubert et à Montmirail.

LE MARQUIS.

Est-ce sûr ?

LE BARON.

Tenez, demandez au vicomte.

LE VICOMTE.

Ah! mon cher, cela va mal. Les alliés sont en pleine retraite. On les a poursuivis, sabrés jusqu'à Château-Thierry. Le peuple se lève, il s'est armé avec les fusils prussiens dont les routes sont couvertes ; si Soissons tient, tout est perdu.

LE MARQUIS.

Savez-vous si les souverains alliés ont reçu à temps nos lettres?

LE BARON.

Elles ont été remises à un homme sûr.

LE VICOMTE.

La paix n'est point à craindre alors?

LE MARQUIS.

Non. Les conditions qu'on lui imposera ne sont point acceptables. Il faut qu'il ait l'air de vouloir la guerre. Qu'est-ce que cela?

LE BARON.

Quoi?

LE MARQUIS.

Ce bruit?

LE BARON, de la fenêtre.

Qu'y a-t-il, mon brave?

UN HOMME, de la rue.

Dix mille prisonniers russiens qui passent sur le boulevard. Venez les voir.

UN CRIEUR.

Voilà ce qui vient de paraître! Bulletin de la grande victoire remportée par l'empereur Napoléon à Montmirail et à Champ-Aubert.

LE MARQUIS.

Allons! (Se jetant dans un fauteuil.) Que faire?

LE BARON.

Cela ne peut pas durer. Cet homme les bat partout où il se trouve, c'est vrai ; mais il ne peut pas être partout... Avez-vous reçu des lettres du comte d'Artois?

LE VICOMTE.

Oui... Il est en Franche-Comté, à la suite des Russes.

LE MARQUIS.

Et ses fils?

LE VICOMTE.

Le duc d'Angoulême est au quartier général des Anglais dans le Midi. Le duc de Berry est à Jersey. Tout va bien par là.

LE BARON.

Mais il faudrait le faire savoir aux souverains alliés.

TOUS.

Sans doute, sans doute.

LE MARQUIS.

Avez-vous vu la proclamation de Louis XVIII datée d'Hartwell? Très-bien! des pardons, des places...

LE VICOMTE.

Eh bien, mais il est impossible que Bonaparte avec ses quarante mille hommes, puisse même résister..

LE MARQUIS.

Mais les alliés le croient bien plus puissant.

LE BARON.

Il faudrait les prévenir de sa faiblesse.

TOUS.

Certes!

LE VICOMTE.

Mais il faudrait un homme sûr qui ne craignît point de passer à travers les rangs français... Quant à Paris, il n'y a rien à craindre : la police est pour nous.

LE MARQUIS.

J'irai, moi, si vous voulez.

LE BARON.

Vous ?

LE VICOMTE.

Vous ?

LE MARQUIS.

Oui. Si je suis fusillé, eh bien, vous direz à ma mère : « Il est mort digne de vous, digne de son père; il est mort pour ses princes légitimes. »

LE BARON.

Comment passerez-vous?

LE MARQUIS.

Avec une livrée. J'aurai l'air d'appartenir à quelque général de l'armée. Mais un passe-port?

LE VICOMTE.

J'en ai trois ou quatre en blanc, que la préfecture m'a donnés en cas de besoin.

LE MARQUIS.

Eh bien, vite alors!... car il n'y a pas un instant à perdre... Donnez-moi les lettres... (Appelant.) Germain!

GERMAIN.

Monsieur?

LE MARQUIS.

Donne-moi une de tes redingotes de livrée, et va chercher un cheval de poste. Tu m'attendras au coin de la rue de Rohan et de la rue Saint-Honoré. J'irai à franc étrier jusqu'à Villers-Cotterets; de là, je passerai à pied... Bien! les lettres du comte d'Artois et du duc de Berry. Vous, voyez ici le duc de...

TOUS.

Oui, oui.

LE MARQUIS.

Ne dites pas à ma mère où je suis. Elle aime bien son roi; mais elle aime encore mieux son fils.

TOUS.

Adieu, adieu, mon brave marquis!

LE VICOMTE.

Bonne réussite!

LE BARON.

Bon voyage, mon ami!

LE MARQUIS.

Venez me conduire.

TREIZIÈME TABLEAU

Une rue de Paris.

SCÈNE UNIQUE

LABREDÈCHE, Ouvriers, Gens du peuple, un Armurier, un Élève de l'École polytechnique, une Estafette, un Agent de police.

UN OUVRIER.

Donnez-nous des fusils! des fusils! Nous ne demandons pas mieux que de nous battre, nous! que les riches se cachent, c'est bien; mais qu'on nous donne des armes, puisque les Prussiens sont à Montmartre!

TOUS.
Oui, des armes! des armes!
UN AUTRE OUVRIER.
Dites donc, les autres! j'arrive de la Poudrière. Voilà des cartouches.
LES OUVRIERS.
Des fusils, alors; des fusils!
PREMIER OUVRIER.
Faut aller à la Ville.
UN ARMURIER, ouvrant sa boutique.
Tenez, mes braves, j'en ai, moi, des fusils; des fusils de munition, des fusils de chasse, des carabines! Prenez, prenez tout; laissez-en seulement un pour moi.
LES OUVRIERS.
Ah! bravo! bravo!
LABREDÈCHE.
Ça s'échauffe, ça s'échauffe.
PREMIER OUVRIER.
Mille tonnerres! il y a du son dans les cartouches.
TOUS.
Du son?
PREMIER OUVRIER.
Il y en a dans celle-ci, du moins.
UN ÉLÈVE DE L'ÉCOLE POLYTECHNIQUE.
Camarades, on nous a donné des boulets qui n'étaient pas de calibre, et des gargousses de cendre.
LES OUVRIERS.
On nous trahit! on nous vend!
L'ÉLÈVE.
A l'Arsenal! à l'Arsenal!
(Des Élèves passent au fond, traînant des pièces et portant des boulets.)
LES OUVRIERS.
Vive l'École polytechnique!
LABREDÈCHE.
Quels petits gaillards! Si je leur parlais de mes deux frères gelés en Russie?
TOUS.
A Montmartre! à Montmartre!
PREMIER OUVRIER, à Labredèche.
Viens-tu à Montmartre avec nous, toi?

LABREDÈCHE.

Non, mes braves, non; je reste ici pour faire des barricades.

PREMIER OUVRIER.

Ah çà! est-ce que tu as peur?

LABREDÈCHE.

Moi, peur? Du tout; c'est que je n'ai pas de fusil.

L'ARMURIER.

Tiens, en voilà un, mon brave.

PREMIER OUVRIER.

Mets des cartouches dans tes poches et viens.

LABREDÈCHE.

Dites donc, dites donc, mon ami; faites-moi le plaisir d'éteindre votre cigare. C'est que je sauterais comme une poudrière, moi!

PREMIER OUVRIER.

Ah! bah!

LABREDÈCHE.

Ce n'est pas pour moi, c'est pour les citoyens, que je peux blesser en éclatant.

UN AGENT DE POLICE.

Les rassemblements sont défendus.

DEUXIÈME OUVRIER.

Pardi! si nous nous rassemblons, c'est pour aller nous battre.

DES GENS, se mêlant parmi eux.

Mais vous voyez bien que vous êtes trahis. Allez, croyez-nous, n'allez pas vous faire tuer.

PREMIER OUVRIER, revenant.

Mes amis, on ne veut pas nous laisser sortir de la barrière, mille dieux! Nous sommes plus de dix mille armés. C'est une trahison! tonnerre!...

LES OUVRIERS.

Forçons les portes.

LES FEMMES.

Sonnons le tocsin!

TOUS.

Ah! oui, le tocsin!

(Cris qui se prolongent. — Une Estafette à cheval.)

LES OUVRIERS.

Quelles nouvelles? quelles nouvelles?

L'ESTAFETTE.

L'empereur! l'empereur qui revient du côté de Fontainebleau! il n'est plus qu'à six lieues d'ici. Du courage! du courage!

UN OUVRIER.

Nous en avons; si on voulait nous conduire... Ah! voilà le tocsin! L'empereur revient, sais-tu?

UN AUTRE.

Il est à la barrière de Fontainebleau.

UN AUTRE.

On dit qu'il est entré déguisé.

UN AUTRE.

L'impératrice est partie avec le roi de Rome. (Bruit.) Qu'est-ce que c'est?

UN AUTRE.

Arrêtez! arrêtez! un homme qui a mis la cocarde blanche.

L'HOMME, qui se sauve.

Mes amis! mes amis!

PREMIER OUVRIER.

Canaille! brigand! c'est donc toi qui veux nous ramener les Bourbons?

L'HOMME.

Mes amis, je vous en prie...

PREMIER OUVRIER.

Va-t'en! tu ne vaux pas une balle. A Montmartre, mes amis! à Montmartre!

DEUXIÈME OUVRIER, à Labredèche.

Eh bien, est-ce que tu ne viens pas?

LABREDÈCHE.

Vous voyez bien que je suis en serre-file; je suis en serre-file, file, file.

UN OUVRIER, courant après ceux qui viennent de passer.

Ah! dites donc, dites donc, vous autres! avez-vous un fusil, des cartouches?

LABREDÈCHE.

Mon ami, mon ami, voilà votre affaire; je viens de la barrière, où je me suis battu comme un démon... Voilà le reste de trois cents cartouches, et voilà un fusil qui en a descendu...

L'OUVRIER, prenant le fusil.

Merci; mais vous?

LABREDÈCHE.

Moi, je suis chargé d'une mission importante et dangereuse.

L'OUVRIER.

Allons, bon courage !

LABREDÈCHE.

Et vous aussi. (L'Ouvrier s'en va.) Ramassons cette cocarde. Au fait, ce n'est pas si beau que la cocarde tricolore, mais c'est la couleur de la légitimité. Mettons la légitimité dans une poche, l'usurpation dans l'autre... Dieu décidera la question. Je ne m'en mêle plus, moi, c'est trop embrouillé...

CRIS, dans le lointain.

A Montmartre ! à Montmartre !

QUATORZIÈME TABLEAU

Une salle du palais de Fontainebleau.

SCÈNE PREMIÈRE

NAPOLÉON, Maréchaux, ROUSTAN, un Envoyé, Domestiques, Soldats, puis CAULAINCOURT.

NAPOLÉON, s'élançant dans l'appartement.

Des chevaux ! des chevaux !

ROUSTAN.

On les met à la voiture, sire.

NAPOLÉON.

Quinze lieues !... Quinze lieues de Fontainebleau à Paris : c'est trois heures qu'il me faut. Mes braves Parisiens, comme ils se défendent !

UN DOMESTIQUE.

Les chevaux sont mis.

NAPOLÉON.

Partons.

UN AUTRE DOMESTIQUE.

Un envoyé du duc de Vicence.

NAPOLÉON.

Arrivant de Paris ? (A l'Envoyé.) Qu'y a-t-il, monsieur ?

L'ENVOYÉ.

Paris s'est rendu, sire...

NAPOLÉON.

Qu'est-ce que vous dites? Paris rendu? Cela ne se peut pas.

L'ENVOYÉ.

La capitulation a été signée à deux heures du matin. Et, dans ce moment, les alliés entrent dans la capitale...

NAPOLÉON.

Paris rendu! et, bientôt, les colonnes que je ramène de la Champagne déboucheront par la route de Sens.

L'ENVOYÉ.

Et par la route d'Essonne; vous pouvez voir d'ici l'avant-garde des troupes qui sortent de Paris.

NAPOLÉON.

Paris rendu! en êtes-vous bien sûr?

L'ENVOYÉ.

Demandez aux ducs de Raguse et de Trévise...

NAPOLÉON.

Oh! Raguse, Raguse, est-ce vrai que vous avez rendu Paris?

LE DUC DE RAGUSE.

Un ordre du prince Joseph m'a enjoint de traiter.

NAPOLÉON.

Et l'impératrice? et mon enfant? Vous m'en répondez, maréchal, de mon enfant!

LE DUC DE RAGUSE.

Leurs Majestés se sont retirées sur la Loire avec les ministres.

NAPOLÉON.

Combien me ramenez-vous d'hommes, messieurs?

LE DUC DE RAGUSE.

Moi, neuf mille.

LE DUC DE TRÉVISE.

Moi, six mille.

NAPOLÉON, à Ney.

Prince, où sont les troupes que vous commandiez?

NEY.

Sire, elles rejoignent le quartier général.

NAPOLÉON.

Combien d'hommes? Paris rendu!...

NEY.

Dix mille.

NAPOLÉON.

Et vous, messieurs?

LE DUC DE TARENTE et LE PRINCE DE NEUCHATEL.

Quinze mille, à peu près...

NAPOLÉON.

Ainsi donc, j'ai encore ici quarante mille hommes sous la main?

NEY.

Oui, mais découragés, fatigués...

NAPOLÉON.

Qu'est-ce que vous dites, monsieur le prince?

(Il se montre à la fenêtre.)

LES SOLDATS.

Vive l'empereur! vive l'empereur! Sur Paris! sur Paris! Marchons sur Paris!

NAPOLÉON, revenant.

Vous entendez! eux ne se fatiguent pas, messieurs! Monsieur le duc de Raguse, placez votre quartier général à Essonne. C'est vous qui serez mon avant-garde.

LE DUC DE RAGUSE.

Sire, c'est une grande responsabilité!...

NAPOLÉON.

Si je connaissais un homme plus sûr que toi, mon vieux camarade, c'est à lui que je confierais ton empereur. Je serai tranquille, Marmont, tant que tu veilleras sur moi. Monsieur le maréchal de Trévise, vous établirez votre camp à Mennecy; ce qui viendra de Paris se ralliera derrière votre ligne; ce qui arrivera de Champagne prendra une position intermédiaire du côté de Fontainebleau. Les bagages et le grand parc seront dirigés sur Orléans. Donnez vos ordres.

LE DUC DE TARENTE, à demi-voix.

Il va nous faire marcher sur Paris... Et nos femmes, nos enfants qui y sont en otage!.. Quand finira-t-on?...

NAPOLÉON, se retournant.

Hein! vous m'avez entendu, messieurs.

VOIX, dans l'antichambre.

Le duc de Vicence! le duc de Vicence!

LE DUC DE TARENTE.

Caulaincourt!

NAPOLÉON.

Caulaincourt!

LE DUC DE TARENTE.

Quelles nouvelles? Qu'y a-t-il, monsieur le duc? Eh bien, Paris?

CAULAINCOURT.

Rendu.

LES MARÉCHAUX.

Les alliés?...

CAULAINCOURT.

Y sont entrés ce matin.

NAPOLÉON.

Eh! messieurs, c'est à moi que le duc de Vicence a affaire, je pense; donnez donc vos ordres. Allez, allez. (Ils sortent.) Qu'y a-t-il, Caulaincourt? Voyons, parlez...

CAULAINCOURT.

Sire, le Sénat a proclamé la déchéance...

NAPOLÉON.

De qui?

CAULAINCOURT.

De l'empereur Napoléon...

NAPOLÉON.

Ma déchéance, à moi? le Sénat?... Ah! les malheureux! Avez-vous vu les souverains alliés?

CAULAINCOURT.

Tous...

NAPOLÉON.

Et Alexandre?

CAULAINCOURT.

Oui.

NAPOLÉON.

Eh bien, que disent-ils, eux? Quelles sont les conditions qu'on m'impose? Parlez vite... Ne voyez-vous pas que je brûle?

CAULAINCOURT.

Il y a un parti violent pour les Bourbons...

NAPOLÉON.

Les Bourbons! les Bourbons! C'est moi qui suis l'empereur. Ils m'ont tous reconnu comme tel, ils m'ont appelé leur frère... Les Bourbons! c'est impossible.

CAULAINCOURT.

Sire, il n'y a peut-être qu'un moyen de conserver le trône dans la famille de Votre Majesté: c'est d'abdiquer en faveur du roi de Rome, avec la régence de l'impératrice...

NAPOLÉON.

Mais, monsieur le duc, j'ai ici quarante mille hommes; l'ennemi vient d'en laisser douze mille dans les fossés de Paris. Leurs généraux sont dispersés dans les hôtels. En huit jours, je peux faire marcher cent mille hommes sur la capitale...

CAULAINCOURT.

Sire, on est las de la guerre...

NAPOLÉON.

Les Parisiens se réveilleront au bruit de mon canon!...

CAULAINCOURT.

Sire, des cris de *Vive le roi! vivent les Bourbons!* ont été proférés hier dans les rues; beaucoup de fenêtres étaient pavoisées de drapeaux blancs. Sire, au nom du ciel... il m'en coûte... sire, abdiquez en faveur du roi de Rome...

NAPOLÉON.

Eh! que diraient mes vieux généraux?... (Se tournant vers le fond.) Maréchaux, entrez, entrez tous... Où est Raguse?

UN MARÉCHAL.

A l'avant-garde...

NAPOLÉON.

Savez-vous ce qu'on me propose? Une abdication en faveur du roi de Rome...

LE MARÉCHAL.

Et croyez-vous que les souverains alliés s'en contentent?

NAPOLÉON.

S'en contentent?

LE MARÉCHAL.

Alors, sire...

NAPOLÉON.

Eh bien?...

LE MARÉCHAL.

Il faut abdiquer, puisque le roi de Rome peut être reconnu. S'ils ne reconnaissaient pas le roi de Rome, nous vous dirions: Sire, nous sommes prêts à marcher...

NAPOLÉON.

Ah! c'est votre avis aussi, à vous. Vous voulez du repos! Ayez-en donc. Ah! vous ne savez pas combien de chagrins et de dangers vous attendent sur vos lits de duvet!... Quelques années de cette paix que vous allez payer si cher en moissonneront un plus grand nombre que la guerre la plus désespéréc. Allons... (Il écrit.) « Les puissances ayant proclamé que l'empereur Napoléon était le seul obstacle au rétablissement de la paix en Europe, l'empereur Napoléon, fidèle à son serment, déclare qu'il est prêt à descendre du trône, à quitter la France et même la vie pour le bien de la patrie, inséparable des droits de son fils, de ceux de la régence de l'impératrice, et du maintien des lois de l'empire... Fait en notre palais de Fontainebleau, le 5 avril 1814. NAPOLÉON. » — Tenez, messieurs ; c'est bien ma signature ! vous devez la reconnaître : elle est sur tous vos brevets de maréchaux et sur toutes vos dotations de princes... Partez, monsieur le duc, et portez-leur ce chiffon. C'est la spoliation d'un beau trône. Oh ! si j'avais fait comme eux quand ils étaient comme moi !... Allez, messieurs, et laissez-moi seul. (A Caulaincourt.) Tarente et Trévise vous accompagneront.

SCÈNE II

NAPOLÉON, puis CAULAINCOURT, GOURGAUD, UN SECRÉTAIRE, UN HUISSIER.

NAPOLÉON, prenant un médaillon.

Ah ! mon fils, mon enfant ! pour toi, tout pour toi... Oui je puis tout subir, tout supporter. Ces hommes que j'ai tirés à moi,... que j'ai dorés sur toutes les coutures ! Il n'y a que mes soldats qui me soient restés fidèles et dévoués... Il faut que je les remercie. (Il appelle.) Monsieur le secrétaire...

LE SECRÉTAIRE, entrant

Sire ?

NAPOLÉON.

Écrivez : « L'empereur remercie l'armée pour l'attachement qu'elle lui témoigne ; parce qu'elle reconnaît que la France est en lui, et non dans cet amas de pierres, de rues et de boue qu'on appelle la capitale. Le Sénat s'est permis de disposer du gouvernement français ; il a oublié qu'il doit à l'empereur le pouvoir dont il abuse maintenant. Aussi longtemps que la fortune lui est restée fidèle, le Sénat l'a été. Si l'empereur avait méprisé ces hommes comme on le lui a reproché alors, le monde reconnaîtrait aujourd'hui qu'il a eu des raisons qui motivaient son mépris. Il tenait sa dignité de la nation, la nation seule pouvait l'en priver. Il a toujours... » (Au duc de Vicence, qui entre.) Qu'y a-t-il, Vicence? et pourquoi n'êtes-vous point parti?

CAULAINCOURT.

J'ai rencontré un courrier au moment où j'allais monter en voiture, et il m'a remis cette nouvelle dépêche... Lisez...

NAPOLÉON.

Ah! une formule d'abdication toute faite pour moi... et pour mon fils!... Abdiquer pour mon fils? Jamais...

CAULAINCOURT.

Sire, Louis XVIII a été proclamé roi.

NAPOLÉON.

Que m'importe! n'avez-vous pas entendu tout à l'heure mes maréchaux me dire que, si l'on exigeait que j'abdiquasse pour mon fils, ils seraient prêts à marcher sur Paris? Ah! s'ils sont insensibles aux affronts qu'on fait à leur empereur, il vengeront du moins leur vieux camarade. Duc, appelez-les. Dans six heures, nous serons devant Paris.

CAULAINCOURT.

Il n'y a personne dans l'antichambre.

NAPOLÉON.

Dites à l'huissier de les appeler...

CAULAINCOURT, à un Huissier.

Santini, appelez les maréchaux... Comment! ils n'y sont plus?

NAPOLÉON, se retournant.

Que dit-il? Cet homme se trompe... Je demande mes maréchaux.

SANTINI.

Sire, ils sont montés à cheval tout à l'heure, et sont partis les uns après les autres.

NAPOLÉON.

Pour aller où?

SANTINI.

Ils ont pris la route de Paris.

NAPOLÉON, après un silence.

Oh! je suis donc bien méchant!

CAULAINCOURT.

Vous le voyez, sire; eux aussi vous abandonnent.

NAPOLÉON.

Que m'importe! Il me reste Raguse: Raguse et moi suffirons à notre armée, et notre armée nous suffira, monsieur le duc...

GOURGAUD, entrant.

Sire, sire, toute la route de Fontainebleau est découverte. Le duc de Raguse est passé à l'ennemi avec les dix mille hommes qu'il commandait.

NAPOLÉON.

Et lui aussi! l'ingrat Raguse! l'enfant que j'avais élevé sous ma tente; lui à qui je disais de veiller quand je dormais; lui un trahisseur! Oh! il sera plus malheureux que moi... Laissez-moi seul, messieurs.

CAULAINCOURT.

Sire...

NAPOLÉON.

Laissez-moi seul, je vous en prie.

GOURGAUD.

Sire, Fontainebleau est à découvert du côté de Paris; qu'ordonnez-vous, sire?

NAPOLÉON.

Rien. (Ils sortent.)

SCÈNE III

NAPOLÉON, puis L'ESPION, puis CAULAINCOURT.

NAPOLÉON.

Ah! c'est un infâme abandon... Je le vois bien: les alliés me craignent, autant comme général de mon fils que comme empereur de France... Mon enfant! mon pauvre enfant! lui pour qui j'amassais des couronnes! Et c'est moi qui le prive de la sienne! Tant que je vivrai, ils trembleront! Oh! quelle idée! Oui!... moi mort, mon fils est le légitime héritier de mon empire. Du fond de mon tombeau, je ne suis plus à craindre. Les souverains auraient honte de dépouiller l'orphelin... Que je suis heureux d'avoir conservé le poison de Cabanis! C'est le même qu'il avait préparé pour Condorcet... (Il détache précipitamment de son cou un petit sachet qu'il ouvre et dont il verse le contenu dans un verre.) Ils diront que je n'ai pas eu le courage de supporter la vie... que la mort est une fuite... Que m'importe ce qu'ils diront! N'ai-je pas ma raison en moi? (Coupant de ses cheveux et les mettant dans un papier.) Pour mon fils... Allons, allons ; c'est un toast à sa fortune. (Il boit.) Adieu, mon fils ! adieu, France!

(Il tombe assis, la tête dans ses mains.)

L'ESPION, de la porte.

Que fait-il ?

NAPOLÉON.

Ah! voilà le poison... Eh bien, Cabanis qui m'avait dit que ce poison était rapide comme la pensée... Ah!... depuis quatre ans que je le porte sur moi, il se sera affaibli... Il n'a de force que pour me faire souffrir et pas assez pour me tuer... Ah!

L'ESPION, entrant.

Plus de doute, l'empereur est empoisonné... Sire...

NAPOLÉON.

Silence !

L'ESPION.

Au secours! au secours ! l'empereur se meurt. Roustan Roustan ! Ah ! le misérable ! lui aussi l'a abandonné... Constant ! Personne ! (Il sonne.) Ah ! si le sang était du contre-poison!... Au secours ! au secours !

NAPOLÉON.

Il n'en est pas besoin. Le poison est comme les boulets. La mort ne veut pas de moi...

CAULAINCOURT, entrant.

Qu'y a-t-il ?

L'ESPION.

Ah! monsieur le duc, où est le médecin Ivan?...

CAULAINCOURT.

Il part à l'instant même à cheval... Mais qu'a donc l'empereur?

L'ESPION.

Il s'est...

NAPOLÉON, à l'Espion.

Silence, sur ta tête ! (A Caulaincourt.) Rien, monsieur le duc... Une indisposition... (A part.) Dieu ne le veut pas !

CAULAINCOURT.

Que Votre Majesté est pâle !

NAPOLÉON.

Monsieur le duc, quelle est la résidence qu'on m'accorde si j'abdique ?...

6.

CAULAINCOURT.

Corfou, la Corse ou l'île d'Elbe...

NAPOLÉON.

Je choisis l'île d'Elbe. Me permet-on d'emmener quelqu'un de ma maison ou de mon armée?

CAULAINCOURT.

Quatre cents grenadiers, et les personnes de votre maison que vous désignerez. Si Votre Majesté se décide, Bertrand, Drouot et Cambronne demandent la faveur de vous suivre.

NAPOLÉON.

Eux ne m'ont jamais rien demandé aux jours de ma fortune... La postérité récompensera les courtisans du malheur. (Il s'approche lentement de la table et écrit.) « Les puissances alliées ayant proclamé que l'empereur Napoléon est le seul obstacle au rétablissement de la paix en Europe, l'empereur Napoléon, fidèle à son serment, déclare qu'il renonce pour lui et ses enfants aux trônes de France et d'Italie, et qu'il n'est aucun sacrifice, même celui de sa vie, qu'il ne soit prêt à faire aux intérêts de la France... Le 6 avril 1814. » — Êtes-vous content, monsieur le duc?

CAULAINCOURT.

Je n'ai plus qu'une grâce à vous demander.

NAPOLÉON.

Laquelle?

CAULAINCOURT.

Que Votre Majesté me permette de l'accompagner à l'île d'Elbe.

NAPOLÉON.

Vous, Caulaincourt? Cela ne se peut pas.

CAULAINCOURT.

Sire...

NAPOLÉON.

Retournez à Paris; votre présence y est attendue avec impatience. (A un Huissier.) Allez dire au général Petit de mettre ses soldats sous les armes dans la grande cour... Je veux dire adieu à mes braves pour la dernière fois. Adieu, Caulaincourt; la France me regrettera! et tous ceux qui auront pris part à ma ruine seront un jour maudits par elle. Adieu, Caulaincourt, adieu !

CAULAINCOURT, lui baisant la main.

Adieu, sire !...

(Il sort par le fond. — Napoléon prend son chapeau sur la table, reste un instant pensif et sort par la gauche.)

QUINZIÈME TABLEAU

La cour du Cheval blanc à Fontainebleau.

SCÈNE UNIQUE

LE GÉNÉRAL PETIT, LORRAIN, Soldats, puis NAPOLÉON.

LORRAIN.

Dites donc, hé ! les anciens ! on dit comme ça qu'on va nous renvoyer dans nos foyers respectives !... Ça ne vous va pas, hein ?

TOUS LES SOLDATS.

Non ! non !...

LORRAIN.

Ni à moi non plus. Ils disent encore que l'empereur n'est plus empereur... Ils en ont menti, n'est-ce pas ?

LES SOLDATS.

Oui, oui.

LORRAIN.

Et on ne nous le prendra pas tant que nous resterons quatre hommes pour lui faire un bataillon carré, n'est-ce pas ?

LES SOLDATS.

Nous mourrons tous !

LORRAIN, faisant sonner son fusil.

Cré coquin ! qu'ils y viennent maintenant !

LE GÉNÉRAL PETIT.

Soldats, à vos armes !

LES SOLDATS.

L'empereur! l'empereur! l'empereur!

(Napoléon paraît au fond, sur le grand escalier.)

LES SOLDATS.

Vive l'empereur! à Paris! à Paris!

(Napoléon fait un signe de la main.)

LES SOLDATS.

Chut! silence! il va parler.

NAPOLÉON.

Soldats de ma vieille garde, je vous fais mes adieux. Depuis vingt ans, je vous ai trouvés constamment dans le chemin de l'honneur et de la gloire; dans ces derniers temps comme dans ceux de notre prospérité, vous n'avez cessé d'être des modèles de bravoure et de fidélité. Avec des hommes tels que vous, notre cause n'était pas perdue, mais la guerre était interminable : c'eût été la guerre civile, et la France n'en serait devenue que plus malheureuse. J'ai donc sacrifié tous nos intérêts à ceux de la patrie. Je pars. Vous, mes amis, continuez de servir la France. Son bonheur était mon unique pensée : il sera toujours l'objet de mes vœux! Ne plaignez pas mon sort; si j'ai consenti à me survivre, c'est pour servir encore à votre gloire. Je veux écrire les grandes choses que nous avons faites ensemble! Adieu, mes enfants. Je voudrais vous presser tous sur mon cœur; que j'embrasse au moins votre drapeau...
(Le général Petit saisit l'aigle et la présente à Napoléon, qui l'embrasse.)
Adieu, encore une fois, mes vieux compagnons! que ce baiser passe dans vos cœurs!

ACTE CINQUIÈME

SEIZIÈME TABLEAU

Le ministère de la guerre. — L'antichambre du ministre, un jour d'audience. Deux Huissiers. Solliciteurs au fond.

SCÈNE PREMIÈRE

Deux Huissiers, Solliciteurs, LABREDÈCHE.

UN HUISSIER.

Le numéro 4.

UN SOLLICITEUR.

C'est moi.

LABREDÈCHE, entrant.

Bonjour, mes amis, bonjour.

L'HUISSIER.

Monsieur?...

LABREDÈCHE.

Comment! vous ne me reconnaissez pas?

L'HUISSIER.

Ah! n'est-ce pas monsieur dont le père était fusillé?...

LABREDÈCHE.

Oui, mon ami. Eh bien, il l'est toujours; et je sollicite, vous savez, vous devez le savoir, vous, car voilà huit mois que je vous le répète chaque jour d'audience publique... Ah çà ! vous m'avez gardé mon numéro, n'est-ce pas ?

L'HUISSIER.

Nous en avons toujours de côté pour les habitués.

LABREDÈCHE.

Dites pour les amis, et je suis de vos amis, de vos véritables amis. Numéro 9. Où en est-on ?

L'HUISSIER.

Le numéro 4 vient d'entrer.

LABREDÈCHE.

Bravo! le jour où j'obtiendrai la pension qui m'est si bien due, comme seul et unique rejeton d'une famille qui s'est sacrifiée pour la bonne cause, je n'oublierai pas, mon brave, tout ce que vous avez fait pour moi. Est-ce le journal d'aujourd'hui que vous tenez là?

L'HUISSIER.

Oui, mardi 28 février 1815.

SCÈNE II

Les Mêmes, un Ancien Militaire.

LE MILITAIRE.

Voulez-vous me donner un numéro, s'il vous plait?

L'HUISSIER, à son camarade.

Veux-tu voir s'il reste des numéros?

DEUXIÈME HUISSIER.

Voici le numéro 18.

LE MILITAIRE.

Mon tour sera bien long à venir... Mon ami, n'en auriez-vous pas un plus rapproché? Vous le voyez, nous ne sommes encore que sept ou huit...

DEUXIÈME HUISSIER.

Non.

LE MILITAIRE.

Voilà déjà deux fois que l'heure de l'audience publique se passe avant que mon numéro arrive. Et peut-être qu'aujourd'hui encore Son Excellence...

DEUXIÈME HUISSIER.

Eh bien, vous reviendrez mardi prochain.

LE MILITAIRE, s'asseyant.

Si, d'ici là, je ne suis pas mort de faim.

LABREDÈCHE, au premier Huissier.

J'ai déjà vu cette figure-là ici.

L'HUISSIER.

C'est un solliciteur.

LABREDÈCHE.

Les antichambres sont encombrées de ces gens-là... Et qu'y a-t-il sur le journal?

L'HUISSIER, lisant.

« Le roi a entendu la messe dans ses appartements... »

LABREDÈCHE.

Ah! tant mieux! tant mieux!

L'HUISSIER.

« Le ministre de la guerre a travaillé avec Sa Majesté... »

LABREDÈCHE.

Peut-être aura-t-il mis ma pétition sous les yeux du fils de saint Louis... (Élevant la voix.) C'est un grand homme que votre ministre ! et je dis cela parce qu'il ne peut pas m'entendre... Je ne suis pas flatteur.

L'HUISSIER, lisant.

« Le marquis de la Feuillade vient d'être nommé colonel du 3ᵉ régiment de chasseurs à cheval. »

LE MILITAIRE.

Colonel !... un enfant !

LABREDÈCHE.

C'est un homme dévoué, un royaliste pur, sans doute, qui a des droits acquis, et qui, comme moi, aura été victime ?

L'HUISSIER.

Oui, oui. Son père avait un poste élevé dans la maison de Louis XVI... Il était du gobelet ou de la garde-robe,... je ne sais pas trop.

LABREDÈCHE.

C'est juste. Et dit-on que son régiment prendra le nom des chasseurs la Feuillade ?

LE MILITAIRE, à part, d'une voix sourde.

Sous l'empereur, il s'appelait *l'Intrépide*.

DEUXIÈME HUISSIER, appelant.

Numéro 6.

LABREDÈCHE.

Il a dit numéro 6, n'est-ce pas ? Mon tour approche... Y a-t-il autre chose ?

L'HUISSIER, lisant.

« Sa Majesté a nommé chevaliers de la Légion d'honneur M. le comte de Formont, capitaine des chasses de Son Altesse royale Monsieur ; M. le marquis de Lartigues, troisième valet de chambre de Son Altesse royale monseigneur le duc de Berry ; M. de... » (Le Militaire arrache son ruban.) Ma foi, il y en a trop long... « Son Éminence l'archevêque de Toulouse a été reçu en audience particulière de Sa Majesté... »

DEUXIÈME HUISSIER, appelant.

Numéro 7.

L'HUISSIER.

Pardon, il faut que je vous quitte...

SCÈNE III

Les Mêmes, hors un des Huissiers.

LABREDÈCHE.

Ne vous gênez pas, mon ami, ne vous gênez pas. (Allant à l'Ancien Militaire.) Monsieur sollicite une place, une pension?...

LE MILITAIRE.

Ni l'une ni l'autre; je demande de l'activité.

LABREDÈCHE.

C'est difficile, c'est difficile dans ce moment.

LE MILITAIRE.

J'ai vingt ans de service.

LABREDÈCHE.

Voilà pourquoi : c'est le tour à d'autres... Et vous étiez?...

LE MILITAIRE.

Capitaine.

LABREDÈCHE.

Capitaine... Vous concevez... C'est un grade qui convient à des fils de famille. Nous n'avons plus de guerre; il nous faut des jeunes gens qui sachent soutenir notre ancienne réputation de galanterie et de légèreté dans les salons, qui puissent ouvrir un bal, chanter une romance, broder au tambour... D'ailleurs, vous serviez le tyran.

LE MILITAIRE.

Le tyran?

LABREDÈCHE.

Écoutez, l'ancien gouvernement m'a fait assez de mal, pour que j'aie le droit... D'ailleurs, je ne l'ai jamais flatté, moi! Lorsque l'ogre de Corse était sur le trône, je l'appelais toujours *Buonaparte.*

DEUXIÈME HUISSIER.

Numéro 9.

LABREDÈCHE.

Me voilà! me voilà!

(Il se glisse chez le Ministre.)

SCÈNE IV

Le Militaire, Solliciteurs.

LE MILITAIRE.

On a bien fait de l'appeler... (Il prend le journal.) « Des nouvelles arrivées de l'île d'Elbe annoncent que son souverain paraît n'avoir aucun goût pour les exercices militaires. Depuis son arrivée, il n'a pas passé en revue les six cents hommes qui l'ont suivi. Il s'occupe constamment de botanique. On assure que la plupart des militaires qui sont auprès de lui demandent à revenir en France... » Que n'y suis-je, moi !

SCÈNE V

Les Mêmes, LE MARQUIS DE LA FEUILLADE, en colonel.

LE MARQUIS.
Puis-je parler à Son Excellence ?
L'HUISSIER.
Mais... je ne sais si Son Excellence peut en ce moment...
LE MARQUIS.
Son Excellence peut toujours pour moi. Je suis le marquis de la Feuillade, qui vient d'être nommé colonel.
L'HUISSIER.
Ah ! pardon. Son Excellence...
LE MARQUIS.
Est avec quelqu'un ?
L'HUISSIER.
Non, non, ce n'est pas quelqu'un. Je vais annoncer M. le marquis. (Ouvrant la porte.) M. le marquis de la Feuillade.
LE MINISTRE, de son appartement, à Labredèche, qui sort à reculons.
C'est bien, c'est bien... Écrivez à Sa Majesté ; vous avez des droits à ses bontés, mais sur la liste civile. Tâchez de vous procurer les certificats constatant que votre mère est morte sur l'échafaud, et que votre père a été fusillé... Et alors nous verrons.
LABREDÈCHE.
Votre Excellence n'oubliera pas les persécutions dont j'ai été victime sous l'usurpateur...
LE MINISTRE.
Non, non.
LABREDÈCHE.
Monseigneur voudra bien... (On lui ferme la porte au nez.) Il a raison, je demanderai au roi lui-même ; l'auguste fils de saint Louis ne refusera pas au dernier rejeton d'une famille qui s'est

entièrement sacrifiée à sa dynastie la justice qu'il attend. (A l'Huissier.) Adieu, mon ami, à mardi prochain.

L'HUISSIER.

La voiture de monseigneur !

LE MILITAIRE.

Allons, encore huit jours de retard !... Oh ! il faut que je lui parle... Il m'entendra, dussé-je l'arrêter de force.

SCÈNE VI

Les Mêmes, le Ministre, LE MARQUIS DE LA FEUILLADE.

LE MINISTRE.

Mais comment donc, c'était une justice, mon jeune ami ! je suis enchanté d'avoir fait cela pour vous... Vous concevez : j'aurais voulu vous faire nommer maréchal de camp tout de suite... Mais cela aurait fait crier. Plus tard, quand vous aurez fait trois mois de garnison.

LE MILITAIRE.

Monseigneur...

LE MINISTRE, le regardant par-dessus l'épaule.

Hein ?

LE MILITAIRE.

Je suis ancien militaire... J'ai vingt ans de service. On m'a renvoyé sans pension.

LE MINISTRE.

L'heure de l'audience est passée. Revenez dans huit jours.

LE MILITAIRE.

Voilà deux mois que je viens chaque mardi, et qu'il m'est impossible de parvenir jusqu'à Votre Excellence.

LE MINISTRE.

Ce n'est pas ma faute.

LE MILITAIRE.

Monseigneur, j'ai fait toutes les campagnes de la Révolution et de l'Empire.

LE MINISTRE.

Et vous demandez du service ?... Vous êtes bien heureux de ne pas être exilé...

LE MILITAIRE.

Exilé, pour avoir servi mon pays ?

LE MINISTRE.

Non : pour avoir servi les jacobins et l'usurpateur.

LE MILITAIRE.

Monseigneur, il y avait au moins quelque danger à courir dans ce temps là ; par conséquent, quelque honneur...

LE MINISTRE.

Eh bien, allez demander récompense à ceux que vous avez servis.

LE MILITAIRE.

Sont-ce là les promesses que l'on nous avait faites au retour du roi ?

LE MINISTRE.

S'il fallait que Sa Majesté rendît compte de sa conduite à tous ces...

LE MILITAIRE.

Achevez, monsieur le ministre.

LE MINISTRE.

Allons, allons ; je n'ai pas le temps de vous écouter...

LE MILITAIRE, l'arrêtant.

Vous m'écouterez pourtant! (A la Feuillade, qui porte la main à son épée.) Oh! laissez votre épée où elle est, jeune homme ; elle y est bien. (Au Ministre.) Vous m'écouterez ; car je vous parle au nom de soixante mille braves qui, comme moi, meurent de faim. Vous avez plus fait de mal à la France, depuis un an, que nos ennemis eux-mêmes n'osaient le désirer ; mais prenez-y garde! on n'essaye pas impunément d'avilir une nation, et vous l'avez essayé. Vous avez prodigué à des espions et à des valets cette croix que nous n'osons plus porter, de peur d'être confondus avec eux... Malheur à vous! Vous avez substitué aux enfants de la patrie des hommes qu'elle ne connaît pas... nés à l'étranger, et qui ne sauront pas la défendre contre l'étranger... Malheur à vous! Vous avez débaptisé nos victoires, renversé nos arcs de triomphe et remplacé Kléber et Desaix par Cadoudal et Pichegru... Malheur à vous! Mais le temps n'est pas loin où vous voudrez par toutes vos larmes payer nos larmes. Ce ne sera pas assez ! car nous voudrons du sang. Malheur, malheur à vous !... Allez, allez maintenant.

LE MINISTRE.

Gendarmes, arrêtez cet homme.

LE MILITAIRE.
Au moins me voilà sûr d'avoir du pain...

DIX-SEPTIÈME TABLEAU

L'île d'Elbe. — Porto-Ferrajo, dimanche, 26 février 1815. — En vue, le brick *l'Inconstant.*

SCÈNE PREMIÈRE

NAPOLÉON, LORRAIN, montant la garde.

NAPOLÉON.
Eh bien, mon vieux grognard, tu ne dis rien ?
LORRAIN.
On ne parle pas sous les armes.
NAPOLÉON.
Ah ! ah ! tu es sévère sur la consigne...
LORRAIN.
Il y a quelque part vingt-deux ans, c'était à Toulon, que le duc... je ne me rappelle pas son nom de duc... Junot enfin, me fit faire deux jours de garde du camp pour avoir chanté :

Ah ! le triste état...

Vous n'étiez alors que commandant d'artillerie et moi simple conscrit ; nous avons fait notre chemin depuis ce temps...
NAPOLÉON.
Eh bien, je te relève de ta consigne. T'ennuies-tu ici ? Voyons.
LORRAIN.
Fastidieusement !
NAPOLÉON.
Veux-tu retourner en France ?
LORRAIN.
Avec vous ?
NAPOLÉON.
Avec moi, tu sais bien que c'est impossible. Sans moi ?
LORRAIN.
Sans vous, non.

NAPOLÉON.

Et crois-tu que tes camarades pensent comme toi?

LORRAIN.

Tous.

NAPOLÉON.

Tu as pourtant des parents en France?...

LORRAIN.

Un enfant n'a pas de plus proche parent que son père... et, cré coquin! vous êtes notre père, à nous, ou je ne m'y connais pas. Je crois bien aussi que j'ai quelque part une vieille mère;... y a à peu près quatorze ans que je n'ai reçu de ses nouvelles... J'étais en Italie... Beau pays, mille dieux! pas trop chaud, pas trop froid; et des victoires pour se rafraîchir!... La v'là sa lettre : je me la suis fait lire vingt fois, vu que je ne sais pas lire moi-même... Tant y a que, depuis Marengo, je n'ai plus entendu parler de la vieille. Elle m'aura peut-être bien écrit *poste restante* à Vienne ou à Moscou; mais nous passions toujours si vite, qu'on n'avait pas le temps d'aller au bureau... Je ne sais plus où elle a établi son bivac maintenant; mais, pourvu que le bon Dieu lui envoie tous les jours sa ration de pain et un peu de cendre chaude dans sa chaufferette, elle ira, elle ira la bonne femme... Ah! ne parlons plus de ça! ne parlons plus de ça!

NAPOLÉON.

Nous avons une grande revue sur le port aujourd'hui.

LORRAIN.

Oui, oui; ça fait toujours plaisir. Ah! j'avoue que nous avions besoin que le goût vous en reprît. Sire, je n'étais pas content de vous, moi!

NAPOLÉON.

Bah!

LORRAIN.

Ah! bon, que je disais, le v'là encore dans son jardin, qui bêche et qui greffe! Cré coquin! peut-on oublier comme ça ce qu'on se doit à soi-même... Quand on a été quelque chose enfin!...

NAPOLÉON.

Ah! tu disais cela!... (Se retournant.) Qu'est-ce que c'est donc que cette barque? Peut-être vient-elle de France?

LORRAIN.

Oui, quelque contrebandier de Livourne, quelque pêcheur

de la Spezzia ; mais de la France?... (Il fredonne *Va t'en voir s'ils viennent, Jean,* etc. — S'interrompant.) Qui vive ?

NAPOLÉON.

Attends, attends ; c'est un ami, je crois.

SCÈNE VIII

NAPOLÉON, LORRAIN, L'Espion.

L'ESPION.

Toulon et liberté !

NAPOLÉON, à Lorrain.

Oui ; ne laisse approcher personne : j'ai à parler à cet homme. (A l'Espion.) C'est toi...

L'ESPION.

Oui, sire.

NAPOLÉON.

D'où viens-tu ?

L'ESPION.

De France.

NAPOLÉON.

Directement?

L'ESPION.

Non; par Milan et la Spezzia.

NAPOLÉON.

Qui as-tu vu à Paris?

L'ESPION.

Regnault et...

(Il lui parle bas.)

NAPOLÉON.

Que t'ont-ils donné pour moi?

L'ESPION.

Rien ; ils ont eu peur que je ne fusse pris et fouillé.

NAPOLÉON.

Dis qu'ils m'ont oublié comme les autres.

L'ESPION.

Dites: pas plus que les autres.

NAPOLÉON.

On pense donc encore à moi en France?

L'ESPION.

Toujours.

NAPOLÉON.

On y fait sur moi beaucoup de fables, de mensonges !... Tantôt on dit que je suis fou, tantôt on dit que je suis malade... On prétend qu'on veut me transporter à Sainte-Hélène... Je ne le leur conseille pas... J'ai des vivres pour six mois, des canons et des hommes pour me défendre. Les rois ne voudraient pas se déshonorer. Ils savent bien qu'en deux ans le climat m'y assassinerait. Comment se trouve-t-on en France de Bourbons ?

L'ESPION.

Sire, ils n'ont point réalisé l'attente des Français : chaque jour, le nombre des mécontents augmente.

NAPOLÉON, s'échauffant par degrés.

Je croyais, lorsque j'ai abdiqué, que les Bourbons, instruits et corrigés par le malheur, ne retomberaient pas dans les fautes qui les avaient perdus en 89. J'espérais que le roi gouvernerait en bonhomme. C'était le seul moyen de se faire pardonner les Cosaques. Depuis qu'ils ont remis le pied en France, ils n'ont fait que des sottises. Leur traité du 23 avril m'a profondément indigné ! D'un trait de plume, ils ont dépouillé la France de la Belgique : les limites de la France, c'est le Rhin. C'est Talleyrand qui leur a fait faire cette infamie ! On lui aura donné de l'argent. La paix est facile à ces conditions. Si j'avais voulu comme eux signer la ruine ou la honte de la France, ils ne seraient point sur mon trône ! mais j'aurais mieux aimé me trancher la main ! J'ai préféré renoncer au trône plutôt que de le conserver aux dépens de ma gloire et de l'honneur français. Une couronne déshonorée est un horrible fardeau. Mes ennemis ont dit que je ne voulais pas la paix ; ils m'ont représenté comme un misérable fou, avide de sang et de carnage ; mais le monde connaîtra la vérité : on saura de quel côté fut l'envie de verser le sang. Si j'avais été possédé de la rage de la guerre, j'aurais pu me retirer avec mon armée au delà de la Loire, et savourer à mon aise la guerre des montagnes... Ils m'ont offert l'Italie pour prix de mon abdication ; je l'ai refusée : quand on a régné sur la France, on ne doit pas régner ailleurs. (Une pause.) Mes généraux vont-ils à la cour ? Ils doivent y faire une triste figure !...

L'ESPION.

Ils sont irrités de se voir préférer les émigrés, qui n'ont jamais entendu le bruit du canon.

NAPOLÉON.

Les émigrés seront toujours les mêmes. Tant qu'il ne s'est agi que de faire la belle jambe dans mon antichambre, j'en ai eu plus que je n'en voulais. Quand il a fallu montrer de l'homme, ils se sont sauvés comme des.... J'ai fait une grande faute en rappelant en France cette race antinationale ! Que disent de moi les soldats ?

L'ESPION.

Ils disent que l'on reverra le petit caporal, et, quand on les force de crier : *Vive le roi*, ils ajoutent tout bas : *de Rome...*

NAPOLÉON.

Ils m'aiment donc toujours ! Que disent-ils de nos défaites... je veux dire de nos malheurs ?

L'ESPION.

Ils disent que la France a été vendue.

NAPOLÉON.

Ils ont raison ! Sans l'infâme défection du duc de... je ne lui ferai pas l'honneur de prononcer son nom, les alliés étaient tous perdus... Il n'en serait pas échappé un seul... Ils auraient eu leur vingt-neuvième bulletin ! Le maréchal est un misérable. Il s'est balafré pour jamais; il a perdu son pays et livré son prince; tout son sang ne suffirait pas pour expier le mal qu'il a fait à la France. C'est sa mémoire qu'il me faut ! j'y attacherai le mot *trahison*, et je la dévouerai à l'exécration de la postérité. (Une pause.) D'après ce que tu viens de m'apprendre, je vois que mon opinion sur la France est exacte. La race des Bourbons n'est plus en état de régner; son gouvernement est bon pour les prêtres, les nobles et les vieilles comtesses, et ne vaut rien pour la génération actuelle. Oui, le peuple a été habitué par la Révolution à compter dans l'État... Il ne redeviendra pas le patient de la noblesse et de l'Église. L'armée ne sera jamais aux Bourbons; nos victoires et nos malheurs ont établi entre elle et moi un lien indestructible. Avec moi, elle peut retrouver la puissance et la gloire; avec les Bourbons, elle n'attrapera que des injures et des coups. Les rois ne se soutiennent que par l'amour ou la crainte; et les Bourbons ne sont ni craints ni aimés... Ils se jetteront d'eux-mêmes à bas du trône; mais ils peuvent s'y maintenir longtemps ! Les Français ne savent point conspirer !... Il faut que je les arde; ils n'attendent que moi. J'ai pour moi le peuple, l'armée... et contre moi quelques vieilles marquises dont les carlins n'oseront pas même aboyer à mon ombre... Allons! le jour que j'attendais est levé; l'heure est venue. Le sort en est jeté... (Appelant.) Monsieur le grand maréchal !

SCÈNE IX

Les Mêmes, BERTRAND, puis les Soldats.

BERTRAND.

Sire !

NAPOLÉON.

Mon armée est-elle prête?

BERTRAND.

Elle s'avance, selon l'ordre de Votre Majesté, pour être passée en revue sur le port... On entend le tambour d'ici.

NAPOLÉON, lui donnant de petits soufflets.

Monsieur le maréchal, avez-vous fait vos adieux à votre femme?

BERTRAND.

Et pourquoi, sire? Vous ne me renvoyez pas, j'espère?...

NAPOLÉON.

Non; mais je vous emmène.

BERTRAND.

Puis-je savoir?...

NAPOLÉON.

Tout à l'heure. (Les Soldats arrivent au son de la musique, qui exécute *Veillons au salut de l'empire*. Napoléon fait un signe, la musique se tait.) Soldats! vous avez tout quitté pour suivre votre empereur malheureux... Aussi votre empereur vous aime. Soldats, j'ai encore compté sur vous; nous allons faire une dernière campagne. Depuis un mois, le brick *l'Inconstant* et trois felouques sont préparées par mes soins, armés en guerre, approvisionnés pour huit jours. Mes quatre cents grenadiers monteront le brick avec moi; les deux cents chasseurs corses, les cent chevau-légers polonais feront la traversée sur les felouques. Soldats!... je n'ai plus qu'un mot à vous dire : Nous allons en France, nous allons à Paris.

LES SOLDATS.

En France! à Paris! vive la France! vive l'empereur!

7.

LORRAIN.

Cré coquin !... je suffoque.

(On entend un coup de canon.)

NAPOLÉON.

Voilà le signal du départ. Amis! la première terre que nous verrons sera la terre de France. A vos rangs! grenadiers, en avant, marche !

(La musique exécute l'air *Ah ! ça ira, ça ira,* pendant que l'armée défile.)

LORRAIN.

Eh bien, on m'oublie, moi? je suis sacrifié dans une île déserte ?

L'ESPION.

Donne... J'achèverai ta faction. C'est moi qu'on oublie.

(L'armée descend dans les canots.)

DIX-HUITIÈME TABLEAU

Un salon du faubourg Saint-Germain.

SCÈNE UNIQUE

LA MARQUISE, LABREDÈCHE, LE MARQUIS DE LA FEUILLADE, un Grand Parent, un Abbé, la Petite Cousine, donnant le bras à la Feuillade.

UN VALET, ouvrant la porte du salon.

Madame la marquise de la Feuillade est servie.

LA MARQUISE.

Combien je remercie madame la baronne de Corbelle de m'avoir procuré le plaisir de vous recevoir, monsieur !... et vous d'avoir bien voulu accepter ce petit dîner de famille !...

LABREDÈCHE.

J'étais loin de m'attendre, madame la marquise, quand j'entrevis monsieur, l'autre jour, chez Son Excellence, que j'aurais le plaisir de me trouver avec lui à la table de ses respectables parents... (Lisant les étiquettes.) Le chevalier de Labredèche.

LA MARQUISE.

Madame la baronne de Corbelle n'ayant pu me dire quel

était précisément votre titre, à tout hasard, j'ai mis *chevalier...*

LABREDÈCHE.

Ce n'est pas précisément le mien... Quelque chose de mieux ! Mais j'aime beaucoup ce titre, c'est celui que je portais à l'époque où mon malheureux père !... d'ailleurs, chevalier a quelque chose de léger, de galant, de français enfin... On dit : « Le chevalier de Lauzun... le chevalier de... de... de... » Enfin, nous avons beaucoup de chevaliers...

LE MARQUIS.

Et M. le chevalier espère obtenir ce qu'il sollicite ?

LABREDÈCHE.

Oh ! sans doute ; je suis une victime de l'ancien gouvernement.

UN GRAND PARENT.

A propos ! vous savez marquise : il ne s'appelait pas Napoléon... On a découvert cela.

TOUS.

Et comment s'appelait-il donc ?

LE GRAND PARENT.

Il s'appelait... Nicolas.

LABREDÈCHE.

Vraiment ?

LE GRAND PARENT.

Foi de gentilhomme ! c'était aujourd'hui dans *la Quotidienne...* Il s'appelait Nicolas.

LABREDÈCHE.

Nicolas ! Nicolas ! quel nom roturier !

L'ABBÉ.

C'est celui d'un grand saint.

LABREDÈCHE.

Eh bien, il avait usurpé le nom de votre grand saint ; cet homme-là ne respectait rien.

L'ABBÉ.

Rien !... c'est le mot. Il avait décrété la liberté des cultes.

UN MONSIEUR.

Il ne croyait pas à la médecine.

LABREDÈCHE.

Il dînait en dix minutes... Hein ! quel homme dénaturé ! Je disais donc que le ministre, qui a de grandes bontés pour moi, s'étant assuré que ma famille avait tout perdu à la Révolution, que mon père avait été fusillé, que, moi-même, j'avais pris une part active à la guerre de la Vendée...

LA MARQUISE.

Ah! chevalier, vous étiez dans la Vendée?

LABREDÈCHE.

Oui, madame, à la fameuse bataille de Torfou, où Kléber et ses trente mille Mayençais ont été battus par nous... Il n'en serait pas resté un, madame, si Kléber n'avait pas appelé un de ses aides de camp nommé Schewardin, et ne lui avait pas dit : « Schewardin, prenez deux cents hommes et allez vous faire tuer au pont de Roussay ; vous sauverez l'armée. » Hein! quel despotisme!

LE GRAND PARENT.

Pardieu! s'il m'avait ordonné cela, à moi, je lui aurais répondu : « Je n'ai pas d'ordres à recevoir d'un républicain, d'un bleu, d'un brigand, d'un roturier comme vous... »

LABREDÈCHE.

Eh bien, il n'osa pas lui répondre cela.

LA MARQUISE.

Et?...

LE MARQUIS.

Il répondit : « Oui, général, » et se fit tuer.

LE GRAND PARENT.

Le lâche!...

LABREDÈCHE.

Je disais donc que le ministre, voyant tous mes droits, m'a renvoyé au roi. De sorte que je vais profiter de la première occasion de mettre sous les yeux de Sa Majesté le tableau des pertes que j'ai faites... Mais je ne sais comment arriver jusqu'au pavillon Marsan. Je n'ai pas encore pu obtenir mes entrées à la cour...

LA MARQUISE.

Mais voici mon frère qui est grand maître de la garde-robe et qui fera...

LA PETITE COUSINE.

Ma tante, le grand maître de la garde-robe, n'est-ce pas celui qui...?

LA MARQUISE.

Taisez-vous, petite!... Quand on va se marier, on ne dit pas de ces choses-là.

LABREDÈCHE.
Mademoiselle va se marier! et quel est l'heureux mortel?...
LA MARQUISE.
C'est mon fils. Un mariage de convenance... de fortune. La petite, telle que vous la voyez, a vingt-neuf quartiers.
LABREDÈCHE.
Et M. le marquis?...
LA MARQUISE.
Trente et un.
LABREDÈCHE.
Mais c'est fort joli! vingt-neuf quartiers qui en épousent trente-un, cela fait un total de soixante... Je n'en ai encore que onze, moi.
LE GRAND PARENT.
Mais, monsieur le chevalier, le nom de Labredèche ne m'est pas particulièrement connu... Je sais pourtant mon d'Hozier par cœur.
LABREDÈCHE.
C'est un nom vendéen.
LE GRAND PARENT.
Il y a dans la noblesse vendéenne un Labretèche?...
LABREDÈCHE.
Labredèche.
LE GRAND PARENT.
Tèche?
LABREDÈCHE.
Dèche! dèche! dèche!...
LE GRAND PARENT.
Ah! je me le rappelle, monsieur... Mais il me semble qu'à l'occasion du sacre, l'usurpateur vous avait accordé...
LABREDÈCHE.
Oui, c'est vrai, il m'a flétri d'une pension de douze cents francs... Je l'ai refusée! mais il m'a menacé de me faire fusiller, et vous concevez... C'est à cette même époque, monsieur le baron, qu'il vous imposa le titre de comte...
LE GRAND PARENT.
Oui, oui; mais, heureusement, il est tombé, le despote!
LABREDÈCHE.
Oui, heureusement!
LE GRAND PARENT.
Et j'ai perdu mon titre.

LABREDÈCHE.

Et moi ma pension.

LE GRAND PARENT.

Mais je réclame mon titre.

LABREDÈCHE.

Et moi ma pension...

LE GRAND PARENT.

Nous les aurons, mon ami, nous les aurons.

LABREDÈCHE, à part.

Il m'a appelé *son ami;* son ami! un homme qui voit tous les jours le roi face à face!... (Avec enthousiasme.) Ah! monsieur le grand maître! oui, le bon temps va revenir! D'abord, monsieur le colonel, j'espère bien qu'on ne se battra plus l'hiver; on prendra ses quartiers depuis le mois de septembre ou d'octobre jusqu'au printemps... Quant à nous qui avons émigré, — car j'ai émigré, moi, madame, un des premiers même, — on nous rendra nos biens, que des spoliateurs....

L'ABBÉ.

Et ceux du clergé, j'espère!

LABREDÈCHE.

Comment donc! mais certainement; chaque évêque rentrera dans ses droits de vasselage; chaque...

LA PETITE COUSINE.

Ma tante, qu'est-ce que c'est que le droit de vasselage?

LA MARQUISE.

Chut donc, petite! Vous faites des questions d'une inconvenance...

LABREDÈCHE.

Chaque évêque aura mille paysans, chaque curé sa dîme, et le plus petit abbé ses six mille francs de rente, rien que pour dormir, et le double s'il ronfle...

LE GRAND PARENT.

Ah! monsieur, ce temps est encore bien éloigné...

LABREDÈCHE.

Nous y touchons, monsieur, nous y touchons! Voyez *la Quotidienne, la Gazette,* journaux bien estimables! petit à petit, on fait des empiétements sur la Révolution. La *titus* commence à être de mauvais ton; l'aile de pigeon reprend faveur, et la queue pointe imperceptiblement... Quant à ces dames, elles ont toujours été de l'opposition : elles n'ont pas quitté le rouge.

LA MARQUISE, se levant.

Messieurs, si vous voulez passer au salon, le café nous y attend.

LABREDÈCHE.

Madame la marquise !

LE MARQUIS.

Ma petite cousine !

LE GRAND PARENT.

Ma chère sœur !

LA MARQUISE.

L'abbé, apportez Cocotte.

(L'Abbé prend la perruche sur son bâton et ferme la marche.)

DIX-NEUVIÈME TABLEAU

À bord de *l'Inconstant*. — Le pont du navire.

SCÈNE UNIQUE

NAPOLÉON, BERTRAND, LORRAIN, un Secrétaire, deux Capitaines de vaisseau, Matelots.

NAPOLÉON.

Monsieur le grand maréchal !

BERTRAND.

Sire...

NAPOLÉON.

Je vous ai remis, avant de partir de l'île d'Elbe, un paquet cacheté.

BERTRAND.

Le voici.

NAPOLÉON.

Il contient deux proclamations que j'ai rédigées d'avance. Mettez-vous à cette table avec mon secrétaire, et faites-en des copies...

(Le Secrétaire et Bertrand s'asseyent.)

LORRAIN, passant sa tête par une écoutille.

Pardon, sire ; excuse, sire... ce n'est que pour deux mots.

NAPOLÉON.

Parle, mon brave.

LORRAIN.

Voyez-vous, sire, nous sommes quatre cents dans l'entrepont, où on ne peut tenir que cent cinquante ; ça fait que nous sommes un peu gênés...

NAPOLÉON.

Du courage, mes braves ; la traversée ne sera pas longue maintenant.

LORRAIN.

Quand je dis un peu, c'est une manière de parler : nous sommes gênés beaucoup... Je leur ai bien donné un moyen : c'est de se coucher les uns dessous et les autres en travers ; mais c'est à qui ne voudra pas être dessous...

NAPOLÉON.

Eh bien ?

LORRAIN.

Eh bien, ils demandent à prendre un petit peu d'air sur le pont, parce qu'ils étouffent... Oh ! ma parole d'honneur, c'est qu'on étouffe là dedans... Tenez, en voilà qui sont plus pressés que les autres et qui passent leur tête.

NAPOLÉON, à part.

Pauvres gens !... (Haut.) Mes amis, il est important qu'on prenne ce navire pour un bâtiment marchand, et cela serait impossible si vous étiez tous sur le pont ; mais que la moitié de vous sorte quelques instants, et l'autre moitié lui succédera.

TOUS.

Vive l'empereur !

(Ils sortent.)

UN MATELOT, dans les haubans.

Une voile ! une voile !

NAPOLÉON.

Vient-elle sur nous ?

LE MATELOT.

Droit vent arrière.

NAPOLÉON.

Quelle est-elle ?

LE MATELOT.

Brick.

NAPOLÉON.

Armé en guerre ?

LE MATELOT.

Oui.

NAPOLÉON.

Quel pavillon ?

LE MATELOT.

Français.

NAPOLÉON.

Le reconnais-tu ?

LE MATELOT.

C'est *le Zéphyr,* capitaine Andrieux.

NAPOLÉON.

Canonniers, à vos pièces ! (Aux Soldats.) Tous sur le pont ! que chacun se couche avec son fusil à côté de lui et se tienne prêt. S'il ne nous attaque pas, nous le laisserons passer, enfants ; s'il nous attaque, nous le prendrons... Ah ! ah ! on l'aperçoit. Vrai-Dieu ! il vient à nous comme un cheval de course... Trente-six bouches à feu ! et nous n'en avons que vingt-quatre... Capitaine, qu'en dites-vous ?

LE CAPITAINE DE L'INCONSTANT.

Votre Majesté commande ici.

NAPOLÉON.

Allons, me voilà officier de marine : soit. Donnez-moi votre porte-voix... Silence, enfants ! le voilà qui nous parle.

(On aperçoit le brick *le Zéphyr* qui croise *l'Inconstant.* Le Capitaine est sur le pont avec un porte-voix.)

LE CAPITAINE DU ZÉPHYR.

Hé ! pour quel port faites-vous voile ?

NAPOLÉON.

Golfe Juan.

LE CAPITAINE DU ZÉPHYR.

D'où venez-vous ?

NAPOLÉON.

Ile d'Elbe.

LE CAPITAINE DU ZÉPHYR.

Comment se porte l'empereur ?

NAPOLÉON.

Bien.

LE CAPITAINE DU ZÉPHYR.

Bon voyage !

NAPOLÉON, rendant avec tranquillité le porte-voix au Capitaine de *l'Inconstant.*
Merci. — Eh bien, monsieur le grand maréchal, où en êtes-vous de votre proclamation ?

BERTRAND.

Sire, il est impossible de la lire.

NAPOLÉON.

Donnez. (Essayant de lire.) Maudite écriture ! (Froissant le papier dans sa main et le jetant à la mer.) Écrivez :

Proclamation de Sa Majesté l'empereur à l'armée.

« Au golfe Juan, 1er mars 1815.

» Napoléon, par les constitutions de l'Empire, empereur des Français, roi d'Italie.

» Soldats,

» Nous n'avons pas été vaincus. Deux hommes sortis de nos rangs ont trahi nos lauriers, leur pays, leur bienfaiteur.

» Soldats, dans mon exil, j'ai entendu votre voix ; je suis arrivé à travers tous les obstacles et tous les périls. Votre général, appelé au trône par le choix du peuple et élevé sur votre pavois, vous est rendu. Venez le joindre. Arrachez ces couleurs que la nation a proscrites, et qui, pendant vingt-cinq ans, ont servi de ralliement à tous les ennemis de la France. Arborez cette cocarde tricolore : vous la portiez dans vos grandes journées. Nous devons oublier que nous avons été les maîtres des nations, mais nous ne devons pas souffrir qu'elles se mêlent de nos affaires.

» Qui prétendrait être maître chez nous? qui en aurait le pouvoir? Reprenez ces aigles que vous aviez à Ulm, à Austerlitz, à Iéna, à Eylau, à Friedland, à Tudela, à Eckmühl, à Essling, à Wagram, à Smolensk, à la Moscova, à Lutzen et à Montmirail. Pensez-vous que cette poignée de Français si arrogants puisse en soutenir la vue ? Ils retourneront d'où ils viennent, et, s'ils le veulent, ils régneront comme ils prétendent avoir régné pendant dix-neuf ans.

» Soldats, venez vous ranger sous les drapeaux de votre chef ; son existence ne se compose que de la vôtre ; son intérêt, son honneur, sa gloire, ne sont autres que votre intérêt, votre honneur et votre gloire. La victoire marchera au pas de charge, et l'aigle impériale aux couleurs nationales volera, de clocher en clocher, jusqu'aux tours de Notre-Dame.

» Dans votre vieillesse, entourés et considérés de vos concitoyens, ils vous entendront avec respect raconter vos hauts faits ; vous pourrez dire avec orgueil : « Et moi aussi, je fai-
» sais partie de cette grande armée qui est entrée deux fois
» dans les murs de Vienne, dans ceux de Rome, dans ceux de
» Berlin, de Madrid, de Moscou, et qui a délivré Paris de la
» souillure et de la trahison que la présence de l'ennemi y
» avait empreintes. »

» Honneur à ces braves soldats, la gloire de la patrie ; et honte éternelle aux Français criminels, dans quelque rang que la fortune les ait fait naître, qui combattirent vingt-cinq ans avec l'étranger pour déchirer le sein de la patrie.

» *Signé:* NAPOLÉON. »

LORRAIN.

Si, ma parole d'honneur, c'est bien ! J'en ai les larmes aux yeux, moi !... Et pourtant je n'ai pleuré qu'une fois dans ma vie, quand j'ai quitté ma pauvre mère... Bonne femme !

LE MATELOT, dans les haubans.

Terre !

UN AUTRE MATELOT.

Terre !

NAPOLÉON.

A genoux, enfants !... Et vous, messieurs, découvrez-vous : c'est la France ! (Moment de silence solennel.) Et maintenant, il n'y a plus à nous cacher. Hissez le pavillon tricolore et assurez-le par un coup de canon.

(Tous les Soldats mettent leur bonnet à poil au bout de leur baïonnette, en criant : *Vive la France!*)

NAPOLÉON, au Général.

Général, prenez dix hommes, deux officiers ; allez reconnaître la côte avec la felouque *la Caroline*. Eh bien, oui, mes amis, c'est notre France, notre France chérie. Nous allons la revoir ! Notre Paris si beau, avec ses ponts d'Austerlitz et d'Iéna, son Panthéon et sa Colonne.

LORRAIN.

Cré coquin ! sire, croyez-vous que ces gueux de Cosaques n'ont pas emporté tout cela pour le mettre dans des cabinets de curiosités ?... Ma Colonne surtout !...

NAPOLÉON.

Non, mon ami, sois tranquille ; d'ailleurs, s'ils l'avaient abattue, nous leur reprendrions assez de canons pour en refondre une autre. A la côte ! à la côte ! (Tout le monde s'embarque sur des chaloupes. Napoléon met le pied sur la terre de France.) Salut, sol sacré ! France bien-aimée ! Dieu m'est témoin que je n'aurais jamais remis le pied sur ton rivage, si je ne croyais le faire pour le bonheur de tes fils et le bien du monde ! Monsieur le grand maréchal, laissez approcher ces hommes ; ce sont mes enfants. Venez, mes amis ; c'est moi, votre empereur, votre père, votre Napoléon...

UN PAYSAN, se jetant à ses pieds.

Sire, je suis un vieux soldat. Je ne croyais jamais vous revoir ; je ne vous quitte plus.

NAPOLÉON.

Eh bien, vous le voyez, Bertrand, voilà déjà du renfort. Enfants, nous sommes débarqués au milieu d'un bois d'oliviers, c'est de bon augure... Lorrain, ton fusil ; voilà le seul coup de fusil qui sera tiré d'ici à Paris. En marche, mes enfants ! à Paris !

TOUS.

A Paris ! à Paris !

VINGTIÈME TABLEAU

La salle des Gardes aux Tuileries.

SCÈNE PREMIÈRE

UN AIDE DE CAMP, GARDES DU CORPS.

UN AIDE DE CAMP.

Faites préparer des relais tout le long de la route ; voilà un passe-port. Qu'on n'attende pas un instant. Quelles nouvelles, messieurs ?...

PREMIER GARDE DU CORPS.

Vous le savez mieux que nous : on dit que Monsieur est revenu hier accompagné d'un seul gendarme.

L'AIDE DE CAMP.

C'est vrai ; mais le maréchal Ney ?...

DEUXIÈME GARDE.

Comment ! vous ne savez pas ?

PREMIER GARDE.

Quoi?

DEUXIÈME GARDE.

Il a été abandonné de tous ses soldats, et forcé de se joindre à Bonaparte.

PREMIER GARDE.

Les maires et les officiers municipaux courent à sa rencontre, et, quand on lui refuse les clefs, le peuple brise les portes et les jette à ses pieds.

DEUXIÈME GARDE.

Ah! messieurs!

SCÈNE II

Les Mêmes, LE MARQUIS DE LA FEUILLADE, LABREDÈCHE, puis LE Grand Maitre de la garde-robe, l'Introducteur des ambassadeurs, Courtisans, Valets, puis LOUIS XVIII.

LE MARQUIS.

Bonjour, mes amis!

TOUS.

Des nouvelles? des nouvelles?

LE MARQUIS.

Eh bien, l'empereur vient au pas de charge.

PREMIER GARDE DU CORPS.

Où est-il, à peu près?

LE MARQUIS.

Le sait-on! cet homme va comme le vent.

UN AIDE DE CAMP.

Monsieur le colonel de la Feuillade, le roi veut vous voir... Entrez.

LE MARQUIS.

Adieu.

L'AIDE DE CAMP.

Messieurs, vous ne quitterez pas l'uniforme. Il est possible que vous montiez à cheval d'un moment à l'autre.

DEUXIÈME GARDE.

Ah! voilà Régnier qui passe. (Par la fenêtre.) Quelles nouvelles?

UNE VOIX, de la rue.

On dit que l'empereur a manqué d'être assassiné, mais que l'assassin a été arrêté.

DEUXIÈME GARDE.

C'est une infamie d'avoir mis sa tête à prix comme celle d'un chien enragé.

PREMIER GARDE.

Tous les moyens sont bons pour se débarrasser d'un homme aussi dangereux.

DEUXIÈME GARDE

C'est-à-dire que vous l'assassineriez, vous?

PREMIER GARDE.

Ma foi! je crois que j'aimerais mieux être un assassin qu'un traître.

DEUXIÈME GARDE.

Monsieur, vous allez me rendre raison...

PREMIER GARDE.

Monsieur, vous savez qu'on nous a défendu de sortir.

DEUXIÈME GARDE.

Eh bien, ici.

D'AUTRES GARDES.

Dans ce palais, messieurs! quand le roi a besoin de nous!...

PREMIER GARDE.

Où courez-vous, monsieur le grand maître?

LE GRAND MAITRE.

Porter un ordre du roi... Messieurs, vous servirez d'escorte. (A son Domestique.) Cours chez moi, et prépare mon ancien habit de sénateur. Je tâcherai d'y être dans une heure. Rassure ma femme; dis-lui que je ne me compromettrai pas, qu'elle soit tranquille... (Grand bruit au dehors.) Qu'est cela?

TROISIÈME GARDE.

Un rassemblement.

PREMIER GARDE.

Ah! Régnier, qu'y a-t-il?

UNE VOIX, de la rue.

Un homme qu'on vient d'arrêter avec le drapeau tricolore...

LABREDÈCHE, de la rue.

C'est moi, c'est moi qui l'ai arrêté!

TOUS LES GARDES DU CORPS.

Bien! mon brave, bien!

UN VALET DE PIED, traversant.

Les équipages de madame la duchesse d'Angoulême!

TOUS LES GARDES.

Comment?

LABREDÈCHE, entrant avec un drapeau tricolore.

Me voilà, avec mon trophée !

PREMIER GARDE.

Donnez, donnez.

DEUXIÈME GARDE.

Est-ce que Madame part ?...

LABREDÈCHE.

Tout le monde déménage donc ? J'ai manqué d'être emballé tout vif en traversant le pavillon Marsan... Laissez donc ! laissez donc ! j'ai pris ce drapeau au risque de ma vie, et je ne le lâche pas... (A part.) Cela peut servir : on dit que l'autre a couché à Fontainebleau.

LE CAPITAINE DES GARDES.

A cheval ! messieurs, à cheval !

(Tous les Gardes sortent.)

UN VALET.

Les équipages de M. le comte d'Artois sont prêts.

UN AIDE DE CAMP.

Imbécile !... Où allez-vous, monsieur l'introducteur des ambassadeurs ?

L'INTRODUCTEUR.

Faites agréer mes excuses au roi... J'apprends que ma femme vient d'accoucher... (A part.) Si l'empereur consentait à être le parrain !...

LABREDÈCHE, après avoir déposé son drapeau derrière un meuble.

Ah ! monsieur le maître de la garde-robe, un instant ! Vous ne vous en irez pas comme cela. Ma pétition ! ma pétition ! Ah ! j'ai voulu voir ce que vous pensiez ; vous vous êtes trahi devant moi : c'est un piége que je vous ai tendu... Et vous appelez un brigand, un ogre, Napoléon le Grand, empereur des Français, roi d'Italie, protecteur de la confédération du Rhin, médiateur de la confédération suisse !... Ma pétition !...

LE GRAND MAITRE.

Monsieur, c'est impossible ; je l'ai mise sous les yeux du roi, et Sa Majesté, ayant égard à vos services et aux malheurs de votre famille, vous a accordé une pension de douze cents francs.

LABREDÈCHE.

Une pension de douze cents francs ?

LE GRAND MAITRE.

Elle est enregistrée au grand-livre depuis hier, et en voici le brevet.

LABREDÈCHE, à part.

Le brevet enregistré!... et l'autre qui sera ici dans une demi-heure!... (Haut.) Eh bien, il ne se ruine pas, votre roi!... ses grâces ne lui coûtent pas cher. Il accorde hier, et il s'en va aujourd'hui : sa pension m'aura été payée un jour... Douze cents francs par an, c'est trois livres dix sous que j'ai droit de toucher... Je ne veux rien de la famille des Bourbons! je suis un homme désintéressé... J'aime et j'admire l'empereur, entendez-vous? Je déchire votre brevet... (A part.) Ne jetons pas les morceaux... Cela peut servir... (Haut.) Apprenez, monsieur, que j'ai eu deux frères gelés en Russie... (A part.) Je crois que c'est le moment de replacer mes frères...

UN AIDE DE CAMP.

Factionnaire, ne laissez sortir personne...

LABREDÈCHE.

Eh bien, me voilà enfermé ici, moi? compromis avec la famille royale? (A des Courtisans.) C'est une indignité, messieurs!...

LA SENTINELLE.

Messieurs, on ne passe pas.

PLUSIEURS VOIX.

Comment! pourquoi?

UN COURTISAN.

Mais je serai compromis, moi, si l'empereur me trouve ici...

UN AUTRE COURTISAN.

Si j'avais pu du moins quitter cet habit!...

LABREDÈCHE.

Monsieur le comte... (A part.) Diable! il a des décorations, des crachats pour douze cents francs au moins, une année de ma pension!... (Haut.) Monsieur le comte, si vous voulez le mien, vous pourrez vous mêler dans la foule sans être reconnu.

LE COMTE.

Oh! mon ami, quel service! (Ils changent d'habit.) La! mon chapeau, donnez-moi le vôtre... Je me sacrifie.

DES VOIX.

C'est le roi qui nous perd tous.

D'AUTRES VOIX.

Non, c'est la Chambre...

D'AUTRES.

Si le roi n'avait pas proposé des lois...

LE MARQUIS, rentrant.

Le roi va passer, messieurs; silence, quelles que soient les opinions !... Royalistes, n'oubliez pas qu'il est le fils de saint Louis... Libéraux, souvenez-vous que c'est à lui que vous devez la Charte. Respect au malheur et aux cheveux blancs !...

(Louis XVIII passe : profond silence. Les Courtisans le suivent et parlent en sortant.)

PREMIER COURTISAN.

Vas-tu à Gand?

DEUXIÈME COURTISAN.

Non.

TROISIÈME COURTISAN.

Et M. le vicomte?

QUATRIÈME COURTISAN.

J'accompagne Sa Majesté.

CINQUIÈME COURTISAN.

Et moi, je reste ici. On a dû parler à l'empereur...

LABREDÈCHE, tirant de sa poche une cocarde tricolore.

Arborons les couleurs nationales !.. Maintenant, l'autre peut venir.

UN DES COURTISANS QUI SONT RESTÉS.

Oh ! monsieur, où vous êtes-vous procuré cette cocarde? Si je pouvais en avoir une !...

UN DEUXIÈME COURTISAN.

Et moi !

UN TROISIÈME.

Et moi aussi !

UN QUATRIÈME.

On ne nous en vendrait pas, peut-être ?...

LABREDÈCHE.

J'en ai, messieurs! j'en ai pour nous tous! Il y a longtems que je conspire ! J'avais des correspondances avec l'île d'Elbe. Il y a trois mois que je sais que notre grand empereur va revenir... Quel homme !

UN AUTRE.

Et on l'appelait un tyran!

LABREDÈCHE.

Un tyran, lui !... Lui si bon, qui m'avait donné une pension parce que mes deux frères avaient été gelés en Russie. (A part.)

Ce n'est plus le moment de parler de mon père... (Haut.) Ah! messieurs, qu'est-ce qu'on entend?

PLUSIEURS PERSONNES, survenant.

L'empereur vient d'entrer à Paris.

LABREDÈCHE, à un Huissier.

Mon ami, voilà cinq francs... Courez chez moi, rue de la Harpe, au cinquième; faites mettre quatre lampions sur ma croisée... Un jour de fête, morbleu!... Vive l'empereur!

CRIS dans le lointain.

Ah! ah! le voilà!... le voilà!

LABREDÈCHE.

Entendez-vous, messieurs? le voilà, le conquérant du monde! il s'approche; nous allons le voir face à face.

UN AUTRE.

Quel bonheur

CRIS, plus rapprochés.

Vive l'empereur! vive l'empereur!

(Des Officiers généraux entrent.)

LABREDÈCHE.

Soyez les bienvenus, messieurs! nous vous attendons, nous attendons l'empereur.

UN OFFICIER.

Il nous suit, messieurs...

VOIX, au dehors.

Le voilà! Vive l'empereur!... Sire... Non! nous vous porterons. C'est dans nos bras que Votre Majesté doit rentrer dans son palais...

SCÈNE III

Les Mêmes, NAPOLÉON, BERTRAND, Suite.

NAPOLÉON, entrant.

Oui, mes enfants, oui, je vous remercie. Oui, je suis votre père, votre empereur... Votre joie me va au cœur. Mes amis, vous savez, quand l'empereur revient aux Tuileries, on remet le drapeau...

DES VOIX.

Un drapeau! un drapeau!

LABREDÈCHE, à part.

Quel trait de lumière! (Haut.) Un drapeau? Moi, j'en ai un, drapeau... que j'ai apporté au milieu de mille dangers! un drapeau que je conservais caché depuis huit mois, pour cette mémorable journée! Le voilà, sire. Je suis heureux d'être le premier à offrir à Votre Majesté cette preuve de dévouement à son auguste personne.

PLUSIEURS VOIX.

Arborons-le! arborons-le!

NAPOLÉON, à Labredèche.

Je vous ai déjà vu.

LABREDÈCHE.

Sire, Votre Majesté m'avait accordé une pension de douze cents francs...

DES COURTISANS.

Votre Majesté veut-elle recevoir nos félicitations!

TOUS.

Sire... Votre Majesté...

NAPOLÉON.

Oui, messieurs; mais n'oublions pas que c'est une révolution de soldats et de sous-lieutenants; d'autres en profiteront peut-être, mais c'est le peuple qui a tout fait, c'est à lui que je dois tout.

L'HUISSIER.

Sire, les envoyés de la chambre des députés sont là...

NAPOLÉON.

Faites entrer.

UN AUTRE HUISSIER.

Les envoyés de la chambre des pairs!

NAPOLÉON.

Messieurs les envoyés de la chambre des députés! la Chambre s'est rendue indigne de la confiance de la nation en faisant payer au peuple les dettes contractées à l'étranger pour répandre le sang français. J'abolis la chambre des députés. Messieurs les envoyés de la chambre des pairs! la Chambre est composée en partie d'hommes qui ont porté les armes contre la patrie; ils ont intérêt au rétablissement des droits féodaux et à l'annulation des ventes nationales. Je casse la chambre des pairs. J'appellerai les électeurs au champ de mai, et, là, je consacrerai les droits du peuple; car le trône est fait pour la nation et non la nation pour le trône. J'espère la paix, je ne crains pas la guerre; mes aigles ont toujours les ailes déployées, et ma devise est celle des preux : « Fais ce que dois, advienne que pourra... »

TOUS.

Vive l'empereur!

BERTRAND

Sire, vous êtes plus grand que jamais!

NAPOLÉON, à part.

Puissé-je un jour ne pas regretter l'île d'Elbe!

ACTE SIXIÈME

VINGT ET UNIÈME TABLEAU

Sainte-Hélène, 1821. — La vallée de James-Town. Point de vue d'où Napoléon considérait la rade, sur le versant de la chaîne de montagnes opposé à Longwood, et qui regarde Plantation-House. Le chemin, large d'abord et bifurqué, se rétrécit ensuite et disparaît à son point de jonction sur le plan incliné de la côte, au bas de laquelle se laissent apercevoir quelques sommités d'édifices. C'est la ville de James-Town, au delà de laquelle on découvre la mer. La scène est encaissée à droite et à gauche de roches escarpées où les deux branches de chemin disparaissent et s'enfoncent : l'une, à la droite du spectateur, mène à Longwood; l'autre, à sa gauche, conduit à Briars.

SCÈNE UNIQUE

NAPOLÉON, SIR HUDSON LOWE, SANTINI, UN SOUS-OFFICIER ANGLAIS.

Napoléon est sur la cime d'un rocher, regardant l'Océan.

SIR HUDSON LOWE, sur le devant, parlant à un Sous-Officier.

Si le général Bonaparte veut sortir à cheval aujourd'hui, comme j'ai reçu de nouveaux ordres de mon gouvernement, vous l'accompagnerez à dix pas de distance; jamais plus loin.

LE SOUS-OFFICIER.

Yes, sir Hudson Lowe.

(Napoléon, pensif, descend du rocher et s'éloigne lentement par la gauche.)

SIR HUDSON LOWE.

Rappelez-vous, monsieur, que quiconque essayera de favoriser l'évasion du général sera puni de mort. Je vous rappelle cela, parce que vous n'êtes dans l'île que depuis un mois.

LE SOUS-OFFICIER.

Yes, sir.

(Hudson Lowe s'éloigne. Santini paraît du côté opposé, met le Gouverneur en joue; mais, apercevant le Sous-Officier anglais, il abaisse son fusil.

SANTINI, à part.

Demonio d'Inglese!...

(Il se rapproche en chantant.)

Ma tu chi sai
Si soverrai di me...

LE SOUS-OFFICIER, qui l'a vu mettre en joue Hudson Lowe.

Ah! voï chassez, sir?...

SANTINI.

Oui, l'empereur est si mal nourri, que je veux ajouter quelque chose à son dîner.

LE SOUS-OFFICIER.

Et qu'est-ce que voï chassez?

SANTINI.

Des petits oiseaux, des alouettes.

LE SOUS-OFFICIER.

Yes! yes! des alouettes! Voï avez un bel fousil...

SANTINI.

C'est un fusil de France.

LE SOUS-OFFICIER.

Montrez.

SANTINI.

Pourquoi?

LE SOUS-OFFICIER.

Jé voulé voir s'il être bien en joue... Jy être chassir aussi...

SANTINI.

Ah! ah!

LE SOUS-OFFICIER.

Yes, yes. (Mettant en joue.) Bien. (Il tire dans un tronc d'arbre; la balle fait sauter des éclats. Il va à l'arbre, et, avec un couteau, il retire la balle; puis, revenant à Santini.) Ah! voilà le petit plomb avec lequel vous tirez les alouettes?... Vous tirez bien, mon ami, si vous tuez à tout coup.

8.

SANTINI.

Que veut dire cela?

LE SOUS-OFFICIER.

Et pour qui était cette balle?

SANTINI.

Pour le gouverneur, et celle qui reste pour moi.

LE SOUS-OFFICIER.

Pour tuer le gouverneur?

SANTINI.

Vous n'êtes donc pas Anglais?

LE SOUS-OFFICIER.

Imbécile!

SANTINI.

Comment êtes-vous ici?

LE SOUS-OFFICIER.

Pour sauver l'empereur.

SANTINI.

Vos moyens?

LE SOUS-OFFICIER.

Il les saura.

SANTINI.

Se fiera-t-il à vous?

LE SOUS-OFFICIER.

Oui.

SANTINI.

Il vous connaît donc?

LE SOUS-OFFICIER.

Oui.

SANTINI.

Depuis longtemps?

LE SOUS-OFFICIER.

Avant que tu eusses entendu prononcer son nom.

SANTINI.

Je le sers depuis sept ans, moi.

LE SOUS-OFFICIER.

Et moi depuis trente, entends-tu?

SANTINI.

Et comment lui parlerez-vous?

LE SOUS-OFFICIER.

Je l'accompagnerai à cheval.

SANTINI.

Il ne voudra pas sortir.

LE SOUS-OFFICIER.

Alors j'entrerai.

SANTINI.

Il ne reçoit pas d'officiers anglais.

LE SOUS-OFFICIER.

Tu lui diras que j'ai le mot d'ordre.

SANTINI.

Il n'en donne pas.

LE SOUS-OFFICIER.

Il m'en a donné un, à moi.

SANTINI.

Lequel ?

LE SOUS-OFFICIER.

Toulon et liberté.

SANTINI.

Vous êtes Français ?

LE SOUS-OFFICIER.

Aussi vrai que tu es Corse.

SANTINI.

Quelle est votre famille ?

LE SOUS-OFFICIER.

Je n'en ai pas.

SANTINI.

Êtes vous soldat ?

LE SOUS-OFFICIER.

Non.

SANTINI.

Mais qui êtes-vous ?

LE SOUS-OFFICIER.

Un espion. Va.

SANTINI.

Adieu.

L'ESPION.

Au revoir.

VINGT-DEUXIÈME TABLEAU

Le cabinet de Napoléon à Longwood.

SCÈNE PREMIÈRE

LAS CASES, MARCHAND, puis NAPOLÉON.

LAS CASES, feuilletant une brochure.

Quel est cet infâme libelle !

MARCHAND.

Encore contre l'empereur?

LAS CASES.

Cet archevêque de Malines! cet aumônier du dieu Mars, écrire l'ambassade de Varsovie! Aussi quelle hâte sir Hudson Lowe a mise à nous l'envoyer!... tandis qu'hier il a retenu l'ouvrage de ce membre du parlement anglais...

MARCHAND.

Songez donc, monsieur le comte, qu'il y avait en lettres d'or, sur la couverture : *A Napoléon le Grand*...

LAS CASES.

L'adresse était bien mise !

MARCHAND.

Aussi l'empereur ne l'a-t-il pas reçu.

LAS CASES.

Opprobre et pitié!

MARCHAND.

L'empereur! l'empereur!

NAPOLÉON, entrant.

Vous cachez quelque chose, Las Cases.

LAS CASES.

Rien... Un nouveau libelle contre Votre Majesté.

NAPOLÉON.

Donnez, donnez donc, enfant; est-ce que vous croyez que je suis sensible à leurs coups d'épingle?... Ah! c'est de ce pauvre abbé! il calomnie, il injurie!... Ce que c'est que d'avoir perdu une ambassade!

LAS CASES.

Sire...

NAPOLÉON.

Laissez-les tirer à poudre et mordre sur le granit. Quand ils voudront être lus, ils seront justes; quand ils voudront être beaux, ils me loueront. Donnez-moi le *Morning-Chronicle* et le *Statesman*.

MARCHAND.

Le gouverneur les a supprimés.

NAPOLÉON.

Ah! c'est bien.

LAS CASES.

Votre Majesté a abrégé sa promenade aujourd'hui.

NAPOLÉON.

Oui. (A Marchand.) Faites-moi donner du café. (A Las Cases.) Ils m'ont parqué, mon cher. Sainte-Hélène, avec ses huit lieues de tour, est trop étendue! moi qui me trouvais à l'étroit en Europe!... ou plutôt, l'air des montagnes est trop pur... Il me faut ma vallée malsaine... On me toise l'espace, et un soldat anglais me couche en joue quand j'approche des limites... Comment les souverains d'Europe peuvent-ils laisser polluer en moi le caractère sacré de souveraineté?... Ne voient-ils pas qu'ils se tuent de leurs propres mains à Sainte-Hélène?... Toutefois, je ne me plaindrai pas; les plaintes sont au-dessous de ma dignité et de mon caractère... J'ordonne ou je me tais.

LAS CASES.

Le monde vous vengera, sire; et vous êtes plus grand ici qu'aux Tuileries.

NAPOLÉON.

Je le sais bien, et cela me fait passer sur beaucoup de choses!... Mais, si c'est à ce prix qu'on devient un homme de Plutarque!... Au moins, Régulus n'a souffert que trois jours.

MARCHAND.

Voici votre café, sire. Il y avait là le médecin de sir Hudson Lowe...

NAPOLÉON.

Et pourquoi le médecin de sir Hudson Lowe?

MARCHAND.

Le gouverneur a appris que Votre Majesté était souffrante.

NAPOLÉON.

Et il m'envoie son médecin?...

(Il flaire son café et le jette.)

MARCHAND.

Est-ce que ce café est mauvais, sire?

NAPOLÉON.

Non; mais Corvisart m'a toujours dit de me défier du café qui sent l'ail. Il me semble pourtant que du café m'aurait fait du bien... Mais je n'en ai encore pris de bon qu'une fois depuis que je suis ici, et j'ai été mieux pendant trois jours... Marchand, il faudra vous en procurer, à quelque prix que ce soit.

MARCHAND.

Sire, nous n'avons pas d'argent.

NAPOLÉON.

Vous le troquerez contre un bijou quelconque à moi. (Bruit au dehors.) Eh bien, qu'y a-t-il? quel est ce bruit? Voyez; c'est la voix de Santini... Voyez.

SIR HUDSON LOWE, dans la coulisse.

French dog!

SANTINI.

Birbone!

NAPOLÉON.

Oh! une dispute entre Santini et le gouverneur.

SCÈNE II

Les Mêmes, SIR HUDSON LOWE.

MARCHAND, de la porte.

On n'entre pas.

SIR HUDSON LOWE.

Il faut que je lui parle.

NAPOLÉON, à Marchand.

Laissez!... laissez!... Je vous écoute, sir Hudson! mais parlez de la porte; c'est de là que me parlent mes valets.

SIR HUDSON LOWE.

Général Bonaparte...

NAPOLÉON.

D'abord, je ne suis pas pour vous le général Bonaparte : je suis l'empereur Napoléon. Nommez-moi du titre qui m'appartient, ou ne me nommez pas.

SIR HUDSON LOWE.

J'ai reçu l'ordre de mon gouvernement de ne vous appeler que...

NAPOLÉON.

Ah! oui, de lord Castlereagh, de lord Bathurst! Qu'ils m'appellent comme ils voudront! ils ne m'empêcheront pas d'être moi. Eux tous, et vous qui me parlez, vous serez oubliés avant que les vers aient eu le temps de digérer vos cadavres ; ou, si vous êtes connus, ce sera pour les indignités que vous aurez exercées contre moi; tandis que l'empereur Napoléon demeurera toujours l'étoile des peuples civilisés! Parlez maintenant; que voulez-vous?

SIR HUDSON LOWE.

Que le Corse Santini soit remis entre mes mains.

NAPOLÉON.

Et qu'a fait le Corse Santini?

SIR HUDSON LOWE.

Il a frappé l'un des soldats anglais qui abattaient les arbres qui sont sur le chemin de Plantation-House.

LAS CASES.

Et pourquoi abattait-on ces arbres?

NAPOLÉON.

Pourquoi, mon pauvre Las Cases? pourquoi? Parce que l'empereur Napoléon aimait à se reposer sous leur ombre, qui seule brisait la force de leur soleil du tropique... S'ils pouvaient faire rougir la terre, ils le feraient.

SIR HUDSON LOWE.

Le gouvernement ignorait...

NAPOLÉON.

Vous ne l'ignoriez pas, vous! vous qui m'avez vu vingt fois m'y asseoir, sous cette ombre qui me rappelait mes hêtres d'Europe.

SIR HUDSON LOWE.

On en plantera d'autres.

NAPOLÉON, se levant.

Malheureux!... Et que voulez-vous faire de Santini?

SIR HUDSON LOWE.

Le renvoyer en France.

NAPOLÉON.

Oh! je vous le livre alors, et de grand cœur!... Seulement, je demande à lui dire adieu... Vous le fouillerez en sortant... Si c'est tout ce que vous aviez à me dire, allez!

SIR HUDSON LOWE.

J'ai reçu des ordres de mon gouvernement pour restreindre la dépense de votre table.

NAPOLÉON.

Je ne croyais pas que ce fût possible. Et que m'accorde-t-on?

SIR HUDSON LOWE.

A compter d'aujourd'hui, vous n'aurez qu'une table de quatre personnes; une bouteille de vin par tête, et un dîner prié par semaine.

NAPOLÉON.

C'est bien : vous pouvez restreindre encore, et, si j'ai trop faim, j'irai m'asseoir à la table du 53º. Ce sont des braves; ils ont reçu le baptême de feu... Ils ne repousseront pas le plus vieux soldat de l'Europe. Est-ce tout?

SIR HUDSON LOWE.

J'ai à vous demander compte du refus que vous avez fait de recevoir mon médecin... Les vôtres peuvent mourir ou retourner en France, et alors qui prendra soin de votre santé?

NAPOLÉON.

J'ai refusé votre médecin, parce qu'il est le vôtre, et que nous vous croyons capable de tout... mais vous entendez, *de tout!* Et, tant que vous resterez avec votre haine, nous resterons avec notre pensée.

SIR HUDSON LOWE.

Vous avez tort. Moi qui ai demandé pour vous en Angleterre un palais de bois et des meubles...

NAPOLÉON.

Je n'ai besoin ni de meubles ni de palais; je ne demande qu'un bourreau et un linceul. Marchand, mes bottes : je vais monter à cheval.

MARCHAND.

Les voilà, sire.

NAPOLÉON.

Ce sont des bottes neuves?...

MARCHAND.

Oui.

NAPOLÉON.

Où les as-tu eues?

MARCHAND.

Sire...

NAPOLÉON.

Où les as-tu eues? J'espère que tu ne te serais pas abaissé à ne demander à ce gouverneur!...

MARCHAND.

Non, sire!... non! mais il y a longtemps que, sans le dire à Votre Majesté,... j'essaye,... je tente... Enfin... c'est moi qui les ai faites.

NAPOLÉON, lui serrant la main.

Mon ami!... — Voyez ceci, sir Hudson Lowe! et rendez-en compte à votre gouvernement.

SIR HUDSON LOWE.

Vous êtes décidé à monter à cheval?

NAPOLÉON.

Oui.

SIR HUDSON LOWE.

Je vais donc donner l'ordre au sous-officier qui vous servira d'escorte...

NAPOLÉON.

Ah! j'aurai un geôlier cavalcadour!... Otez mes bottes, Marchand; je ne monterai pas à cheval. Je prendrai un bain.

SIR HUDSON LOWE.

Vous en avez déjà pris un ce matin, et l'eau est rare dans l'île...

NAPOLÉON, après une pause.

Écrivez, Las Cases. (A sir Hudson Lowe.) Restez, monsieur. (Dictant.) « Ce qui fera la honte du gouvernement anglais, ce ne sera pas de m'avoir envoyé à Sainte-Hélène, mais d'en avoir donné le commandement à sir Hudson Lowe. Quant à lui,... à compter d'aujourd'hui, je voue son nom à l'exécration des peuples; et, quand on voudra dire un peu plus qu'un geôlier, un peu moins qu'un bourreau,... on dira : *Sir Hudson Lowe...* » (Il pousse avec violence la porte, qui se ferme sur le Gouverneur.)... Ah! je sentais que je prenais ma figure d'ouragan, et je ne voulais pas compromettre ma colère avec cet homme... Eh bien, quand vous vous plaigniez du brave amiral George Cockburn!... C'était un homme un peu massif, un peu brusque, un peu requin! mais celui-ci... c'est un fléau plus grand que toutes les misères de cet affreux rocher!...

LAS CASES.

Sire, il fallait toujours sortir. Le docteur O'Meara vous a prescrit l'exercice du cheval.

NAPOLÉON.

Oui, oui, je sais bien que j'en aurais besoin; mais comment voulez-vous que je me trouve bien d'une promenade limitée comme un manége,... moi qui faisais tous les jours quinze ou vingt lieues à cheval ! moi que mes ennemis avaient surnommé *le cent mille hommes!* Marchand, donnez-moi mes éperons. (A Las Cases.) Tenez, Las Cases, voilà les éperons que je portais à Dresde et à Champ-Aubert ; je vous les donne, mon ami ; gardez-les ; je ne monterai plus à cheval.

LAS CASES, à genoux.

Votre Majesté me fait chevalier, sans que j'aie mérité de l'être...

NAPOLÉON.

Prenez, mon ami!... c'est un monument... et vous êtes curieux de monuments, je le sais... Il fallait venir me voir quand je possédais l'épée de François Ier et celle du grand Frédéric!

LAS CASES.

Il me semble qu'à la place de Votre Majesté, j'aurais voulu porter l'une ou l'autre.

NAPOLÉON, lui pinçant l'oreille.

Niais! j'avais la mienne...

LAS CASES.

Que Votre Majesté me pardonne!... je suis quelquefois d'une bétise!...

SCÈNE III

Les Mêmes, SANTINI.

NAPOLÉON.

Ah! c'est toi, Santini... (avec gaieté.) Comment, brigand, tu te permets de battre un soldat anglais... et cela parce qu'il abat un arbre au pied duquel j'aimais à me reposer?... Est-ce vrai?

SANTINI.

Sire, outré des mauvais traitements du gouverneur...

NAPOLÉON.

Il avoue!... Voyez-vous le misérable qui avoue?...

SANTINI.

Ah! s'ils ne m'avaient pas arraché mon fusil!

NAPOLÉON.

Eh bien?

SANTINI.

J'aurais envoyé ce chien d'Anglais...

NAPOLÉON.

Eh bien, qu'une pareille idée te revienne, et tu verras comme je te traiterai !... Messieurs, voilà Santini qui voulait tuer le gouverneur... Il me ferait de belles affaires ! Vilain... (cherchant un mot) Corse !

SANTINI.

Oui, il fallait que l'île fût débarrassée du gouverneur ou de moi : le malheur veut que ce soit moi qui parte, sire ! moi qui comptais mourir près de Votre Majesté !

NAPOLÉON.

Oui, c'est vrai. Tu pars, mon pauvre Santini...

SANTINI.

Ah ! si Votre Majesté le permettait, je resterais malgré eux ; il faudrait qu'ils m'emportassent par morceaux.

NAPOLÉON.

Non pas ! ce n'est pas un séjour regrettable que Sainte-Hélène... Dépêche-toi d'en sortir, puisque tu le peux... Quant à moi, ils me feront mourir ici, c'est certain.

SANTINI.

Votre Majesté est sortie de l'île d'Elbe aussi !...

NAPOLÉON.

Sainte-Hélène me gardera... Va, mon ami, pars ! l'air de la mer est pur, l'Océan est immense. Il doit être doux de respirer l'air de la mer et d'être bercé par les vagues de l'Océan... Dans quelques jours, tu verras succéder à ce ciel ardent un ciel semé de nuages... (Allant à la fenêtre.) Oh ! des nuages ! des nuages !

SANTINI.

Sire, n'avez-vous aucun message, aucune lettre à me donner ?... Je retourne en France.

NAPOLÉON.

Non... Ils te l'enlèveraient d'ailleurs... Seulement, si ton destin te conduit du côté de Vienne, tâche de voir mon fils, mon pauvre enfant. Tu lui diras : « J'ai quitté votre père mourant, exilé du monde, jeté sur un rocher, au milieu de l'Océan. De tous les biens qu'il a perdus, il ne regrette que vous : c'est vous qu'il appelle quand il parle seul, vous qu'il nomme quand il rêve la nuit. Les seuls portraits qui décorent sa chambre sont les vôtres... Et, lorsqu'il mourra, il se fera apporter votre buste et mourra les yeux fixés sur lui... » Voilà ce que tu diras à mon fils, Santini ; puis tu ajouteras que je t'ai embrassé et que tu es parti...

SANTINI, embrassant l'empereur.

Sire, vous le reverrez...

NAPOLÉON.

Comment?

SANTINI.

Il y a un officier anglais dans l'antichambre... Il faut que vous le voyiez.

NAPOLÉON.

Jamais.

SANTINI.

Il m'a dit de vous répéter ces deux mots : *Toulon et liberté.*

NAPOLÉON, tressaillant.

C'est bien, je lui parlerai. Et maintenant, mon ami, as-tu de l'argent?

SANTINI.

Non, sire; mais qu'importe!

NAPOLÉON.

As-tu quelques bijoux?

SANTINI.

J'ai été obligé de les vendre tous depuis que je suis dans l'île.

NAPOLÉON, fouillant dans ses poches.

Marchand, apportez-moi quelques couverts d'argent.

SANTINI.

Pourquoi, sire?

NAPOLÉON.

Bien. Brisez-les maintenant. Ils les lui enlèveraient en disant qu'il m'a volé... (Écrivant quelque mots.) Prends, mon ami, prends aussi ce papier...

SANTINI.

Une pension, sire!

NAPOLÉON.

Maintenant, adieu!... laisse-moi... N'oublie pas mon fils. Adieu! Suivez-le, messieurs, et envoyez-moi l'officier anglais qui est dans l'antichambre...(Ils sortent en pleurant.—L'Espion entre.)

SCÈNE IV

NAPOLÉON, L'ESPION, puis SIR HUDSON LOWE, puis MARCHAND et ANTOMARCHI.

NAPOLÉON.

Ah! c'est toi; je m'étonnais de ne pas t'avoir vu plus tôt.

L'ESPION.

Merci ; ce mot est déjà une récompense. . Je n'ai pas pu,

sire. Lorsqu'un congrès vous déporta en 1815, j'eus la pensée de vous accompagner. On ne voulut pas de moi sur *le Bellérophon*; on ne voulut pas de moi sur *le Northumberland*. J'offris d'être soldat, matelot, valet... On me refusa. Or, depuis 1815, il ne s'est pas écoulé un jour, une heure, une minute, sans que je fusse tourmenté de la pensée de votre évasion. Je me fis naturaliser Anglais, je m'engageai ; je passai à l'île de France, aux grandes Indes... Puis, un jour on m'embarqua pour Sainte-Hélène, et, depuis un mois, je suis près de vous, sans que vous ayez pu vous douter qu'un cœur dévoué à l'empereur et à la France battait sous cet uniforme rouge...

NAPOLÉON.

Eh bien?

L'ESPION.

Sire, peut-être avez-vous remarqué un vaisseau à l'ancre, si loin, que ses voiles semblent les ailes étendues d'un goëland?

NAPOLÉON.

Oui, et je me suis étonné qu'il restât toujours à la même place.

L'ESPION.

C'est qu'il vous attend, sire...

NAPOLÉON.

Et comment m'y rendre?...

L'ESPION.

Dans une barque qui est cachée à l'autre extrémité de l'île.

NAPOLÉON.

Et ne suis-je pas toujours accompagné d'un officier anglais?

L'ESPION.

Et ne suis-je pas l'officier qui vous accompagne?

NAPOLÉON.

C'est vrai... Et quand pourrai-je partir?

L'ESPION.

Quand vous aurez dit : « Je le veux. » Le vaisseau restera là jusqu'à ce que j'allume un amas de branches sèches au haut de ce rocher. Ils sauront alors que l'entreprise a échoué, et ils partiront. Mais les moments sont précieux, sire. Il m'a fallu cinq ans pour obtenir cette minute... Faites qu'elle ne soit pas perdue.

NAPOLÉON.

Tu m'es dévoué : je le savais. (Lui présentant sa tabatière.) **Prends ceci comme un souvenir...**

L'ESPION.

De l'or !...

NAPOLÉON.

C'est une tabatière.

L'ESPION.

Mais en or !

NAPOLÉON, gravant son chiffre dessus avec un poinçon.

Tiens : mon chiffre est dessus... gravé par moi...

L'ESPION.

Oh ! maintenant !...

NAPOLÉON.

Maintenant, monte sur la barque, et va-t'en.

L'ESPION.

Sans vous?

NAPOLÉON.

Sans moi.

L'ESPION.

C'est vous que je suis venu chercher; je ne partirai pas sans vous; il faut que je vous rende à la France; il faut que je vous restitue au monde. Une grande idée m'est venue; il faut que je l'accomplisse; il faut que je délivre l'empereur Napoléon, ou que j'y meure ! Dans l'un ou l'autre cas, mon nom est fait ! il vivra...

NAPOLÉON.

Ah ! de l'ambition ! je te croyais dévoué. Je me trompais...

L'ESPION.

Un soir, à Saint-Cloud, cessa mon dévouement, qui avait commencé à Toulon. Vous m'aviez laissé la vie, je sauvai la vôtre; nous étions quittes. De ce jour où je cessai d'être votre obligé, je devins votre enthousiaste. Sire, rappelez-vous l'île d'Elbe, vous m'y reçûtes mieux, et vous revîntes en France...

NAPOLÉON.

Eh bien, c'est pour cela. Je ne ferais que ce que j'ai déjà fait : et à quoi bon?

L'ESPION.

Sire, vous continuerez votre histoire.

NAPOLÉON.

Et quel chapitre y ajouterais-je? Ma carrière regorge... En sortant d'ici, je risque de tomber; en restant, je puis monter encore...

L'ESPION.

Je te devine, et je t'écoute à genoux. Parle! parle!

NAPOLÉON, le regardant.

C'est cela, tu m'as compris. Vois-tu, ce qui n'est qu'admiration vulgaire deviendra culte. Jésus-Christ n'eût pas fondé une croyance, s'il n'avait eu ses quarante jours de passion... Or, ma passion à moi,... ma croix, c'est Sainte-Hélène : je la garde, il me la faut.

L'ESPION.

Kléber avait raison : tu es grand comme le monde !

NAPOLÉON.

M'évader! m'enfuir! manquer ma mort, pour quelques jours, quelques heures peut-être qui me restent à vivre... Car je sens là, vois-tu, tout ce qu'on sent quand on va mourir... Où trouverai-je un tombeau plus imposant à ton avis? Sainte-Hélène, taillée à pic, n'est-elle point un magnifique piédestal pour la statue colossale que m'élèveront un jour les peuples?

L'ESPION.

Mais votre fils! votre fils!

NAPOLÉON.

Eh bien, mon nom n'est-il pas un assez bel héritage?

L'ESPION.

C'est bien; tout est dit.

NAPOLÉON.

Où vas-tu?

L'ESPION, sortant.

Je reviens...

NAPOLÉON, pensif.

Cet homme avait l'instinct des bonnes choses : pourquoi a-t-il marché à côté de sa voie! (Se retournant.) Qu'est cela? le feu? un incendie?

L'ESPION, rentrant.

Rien ; c'est moi qui ai mis le feu au signal.

NAPOLÉON.

Et le vaisseau va partir?

L'ESPION.

Oui.

NAPOLÉON.

Et toi ?

L'ESPION.

Moi, je reste.

NAPOLÉON.

Oh! malheureux!... voilà le gouverneur. Qu'as-tu fait?

SIR HUDSON LOWE, de la porte.

Pourquoi ce feu? est-ce un signal?

L'ESPION.

Oui.

SIR HUDSON LOWE.

Pourquoi ?

L'ESPION.

Pour correspondre avec le vaisseau qui est à l'ancre, en mer.

SIR HUDSON LOWE.

Et que fait là ce vaisseau ?

L'ESPION.

Il attendait l'empereur, si l'empereur eût voulu fuir.

SIR HUDSON LOWE.

Et l'empereur ?

L'ESPION.

N'a pas voulu.

SIR HUDSON LOWE, étonné.

N'a pas voulu ?...

L'ESPION.

Non. Vous ne pouvez pas comprendre...

SIR HUDSON LOWE.

Et qui avait fait ce complot ?

L'ESPION.

Moi.

SIR HUDSON LOWE.

Vous?... un Anglais ?...

L'ESPION, jetant son chapeau.

Moi! un Français !

SIR HUDSON LOWE, après une pause.

Vous connaissez le bill?

L'ESPION.

Oui.

SIR HUDSON LOWE.

La peine ?

L'ESPION.

Oui.

SIR HUDSON LOWE.

Êtes-vous prêt?

L'ESPION.

Oui.

SIR HUDSON LOWE.

Votre procès ne sera pas long.

L'ESPION.

Je le sais.

SIR HUDSON LOWE.

La grande vergue.

L'ESPION.

Soit!... j'aurai les honneurs du coup de canon. (A Napoléon.) Adieu, sire. Vous entendez? je vais être pendu. C'est un peu de votre faute : vous pouviez me faire fusiller à Toulon... Adieu!

(Il sort avec le Gouverneur.)

NAPOLÉON.

Au revoir!... à bientôt!... Je sens... Mon Dieu! Ah! ah!

(Il se couche sur son canapé et reste sans connaissance.)

MARCHAND, de la porte.

Peut-on entrer? sire, peut-on entrer? L'empereur couché! pâle, ne répondant pas! Oh! venez, docteur, et voyez...

ANTOMARCHI.

Il est évanoui! Transportons-le dans son lit; l'air du soir lui fera du bien.

VINGT-TROISIÈME TABLEAU

La chambre à coucher.

SCÈNE UNIQUE

MARCHAND, LAS CASES, BERTRAND, ANTOMARCHI, puis **NAPOLÉON,** puis **SIR HUDSON LOWE, LE DOCTEUR ARNOTT, MADAME BERTRAND** et ses Enfants.

MARCHAND, frappant à la porte.

Monsieur de Las Cases!... monsieur de La Cases!

9.

LAS CASES.

Eh bien, comment va l'empereur ?

MARCHAND.

Il s'affaiblit de plus en plus. Savez-vous quelque chose de cet espion français, et pourquoi, depuis huit jours, il n'a pas été exécuté, quand le bill porte que tout Français qui essayera de favoriser la fuite de l'empereur sera exécuté à l'instant même ?

LAS CASES.

Il était porteur d'un brevet de sous-officier anglais, et, considéré comme tel, il n'a pu être jugé que par un conseil de guerre ; mais cela ne le sauvera pas. Antomarchi est allé à la ville pour en savoir des nouvelles.

MARCHAND.

Son arrestation a fait plus de mal à l'empereur qu'une année de souffrance.

LAS CASES.

Oh ! Marchand ! le voir ainsi s'éteindre jour par jour, heure par heure, et ne pas pouvoir lui porter secours au prix de mon sang, de ma vie ! Il me semble que l'Europe nous dira à tous : « Vous étiez là, près de lui, et vous l'avez laissé mourir ! »

BERTRAND, de la porte.

L'empereur demande son testament ; il veut y ajouter quelques legs.

LAS CASES.

Je le lui porte. Marchand, tâchez de savoir où en est la procédure du Français. Je donnerais dix années de ma vie pour apprendre à l'empereur qu'il est sauvé.

MARCHAND, le suivant jusqu'à la porte.

Oh ! si l'empereur était plus mal, rappelez-moi. Son testament !... Il craint d'avoir oublié quelqu'un... Le monde qui le calomnie saura s'il était bon !

UN SOLDAT ANGLAIS.

Une lettre du gouverneur pour le général Bonaparte.

MARCHAND.

Bien. Dois-je la lui remettre ? Peut-être contient-elle quelque nouvelle de France... C'est le cachet de sir Hudson Lowe ; cela ne promet rien de bon.

BERTRAND, de la porte.

Marchand, l'empereur a vu par la fenêtre un soldat anglais porteur d'une lettre; il la demande.

MARCHAND.

Monsieur le maréchal, elle est du gouverneur; oserez-vous la lui remettre?

BERTRAND.

Il la veut.

(Il rentre.)

MARCHAND.

Ah! voilà le docteur Antomarchi. Eh bien, quelles nouvelles?

ANTOMARCHI.

Condamné.

MARCHAND.

A mort?

ANTOMARCHI.

A mort.

(On entend sonner violemment dans la chambre.)

MARCHAND.

Désespoir! qu'est-cela?

LAS CASES, sortant.

Antomarchi! Antomarchi! Oh! docteur, venez, venez, l'empereur a une crise affreuse! Une lettre qu'on lui a remise contenait l'arrêt du conseil de guerre...

NAPOLÉON, dans la coulisse.

Laissez-moi! laissez-moi!

ANTOMARCHI.

Sire...

NAPOLÉON.

Arrière!

LAS CASES.

Ah! voyez, voyez! qu'il est pâle!

NAPOLÉON.

Écoutez, écoutez tous mon dernier legs!... et je voudrais que l'univers tout entier fût là pour l'entendre... Je lègue l'opprobre de ma mort à la maison régnante d'Angleterre!... Et maintenant, j'en ai fini avec le monde. Venez, mes amis, mes enfants, je ne suis plus l'empereur... Je suis un homme mourant, qui souffre!...un père qui vous bénit! Ah! si Larrey était ici, mon brave Larrey! il ne me guérirait pas, je le sens bien, mais peut-être qu'il déplacerait mon mal; et souffrir autre part, ce serait presque du repos. Cela me mord, cela me ronge! c'est comme un couteau dont la lame se serait brisée dans les chairs Oh! cela est atroce!... Fermez cette fenêtre. Oui, oui, mon pauvre Marchand ; comme cela... Merci. Que je ne voie plus ce ciel ardent! c'est le ciel qui me tue. Oh! mes amis!... où sont les nuages de Charleroi?... Mon enfant...

ANTOMARCHI.

Portons l'empereur dans son lit.

NAPOLÉON.

Non ; je souffre trop. Prenez ce manteau, couvrez-moi de ce manteau. Il ne me quittera plus... C'est celui que je portais à Marengo... Ah! mes amis, que je vous donne de peine, et qu'on a de mal à mourir!...

ANTOMARCHI.

Que faites-vous, sire?

NAPOLÉON.

Je prie! Tout le monde n'a pas l'avantage d'être athée, ou médecin, docteur... Maintenant, je voudrais voir mon fils de plus près... Oh! mon fils, mon enfant! s'il savait que son père est ici mourant, gardé par des geôliers!... Mais il ne sait rien... Il est heureux, il joue... Pauvre petit! N'est-ce pas qu'il saura un jour ce que j'ai souffert... par vous, mes amis ; par ce bon Las Cases; par mes Mémoires, si l'Angleterre ne les détruit pas?... Ah! si mon fils ne portait pas bien le nom de son père!... si ces Autrichiens qui l'entourent allaient lui inspirer de l'horreur pour moi! Mon fils me haïr, mon Dieu! Ah! dites-moi que mon fils ne me haïra pas! qu'il ne haïra pas son père! (Entre le Gouverneur, suivi du docteur Arnott.) Oh! que me veut encore cet homme?...

LAS CASES, à sir Hudson Lowe.

Sortez, monsieur, sortez.

SIR HUDSON LOWE.

J'ai ordre de mon gouvernement de ne pas quitter le général Bonaparte, du moment que l'on pourra craindre...

LAS CASES, levant une cravache.

Silence!

NAPOLÉON.

Laisse, laisse cet homme, Las Cases!... Je ne le verrai pas, je regarde mon fils... Ouvrez la fenêtre. L'air du soir me fera du bien peut-être... Le soleil se couche, s'éteint; et moi aussi,

je m'éteins! Ah! un nuage! un nuage qui ait passé sur la France!... France! ma chère France!... Mon enfant! Donnez-moi un de ses portraits : celui qui est brodé par Marie-Louise... Je ne puis plus voir son buste, mais je le sentirai encore dans mes mains. Merci!... Ah! s'il était là! si je sentais ses petites mains!... si je voyais ses beaux cheveux blonds!... Mais rien!... rien! à deux mille lieues!... Oh! ma poitrine!... On dirait qu'on me tenaille... Oh! ces rois! qu'ils viennent voir leur patient!... Cet uniforme me fait mal! Mon épée!... donnez-moi mon épée!... A moi!... à moi mes grandes batailles!... Marengo! Austerlitz! Iéna! Waterloo! Waterloo!...
(Il tombe sur le lit. — Entrent madame Bertrand et ses Enfants, toute la Maison.)

BERTRAND.

Secourez l'empereur, secourez-le, monsieur Antomarchi! ne voyez-vous pas qu'il se meurt?...

NAPOLÉON.

Pour mon fils... mon nom... rien que mon nom... (Une pause.) Tête d'armée!... Mon Dieu! mon Dieu!... Nation française!
(Il meurt.)

ANTOMARCHI, mettant sa main sur le cœur de Napoléon.

L'empereur est mort.

(On s'agenouille.)

SIR HUDSON LOWE, tirant sa montre.

Six heures moins dix minutes... Bien.

(On entend un coup de canon.)

LE DOCTEUR ARNOTT, se retournant.

Qu'est cela?

SIR HUDSON LOWE.

Rien : un espion qu'on vient de pendre...

ANTONY

DRAME EN CINQ ACTES, EN PROSE

Porte Saint-Martin. — 3 mai 1831.

« Ils ont dit que Child Harold, c'était moi...
Que m'importe! »
          BYRON.

Voici des vers que j'ai faits il y a deux ans. Si je connaissais une meilleure explication de mon drame, je la donnerais.

A ***

Que de fois tu m'as dit aux heures du délire,
Quand mon front tout à coup devenait soucieux:
« Sur ta bouche pourquoi cet effrayant sourire?
    Pourquoi ces larmes dans tes yeux? »

Pourquoi? C'est que mon cœur, au milieu des délices,
D'un souvenir jaloux constamment oppressé,
Froid au bonheur présent, va chercher ses supplices
    Dans l'avenir et le passé!

Jusque dans tes baisers je retrouve des peines.
Tu m'accables d'amour... L'amour, je m'en souviens,
Pour la première fois s'est glissé dans tes veines
    Sous d'autres baisers que les miens!

Du feu des voluptés vainement tu m'enivres.
Combien, pour un beau jour, de tristes lendemains!

Ces charmes qu'à mes mains, en palpitant, tu livres,
  Palpiteront sous d'autres mains.

Et je ne pourrai pas, dans ma fureur jalouse,
De l'infidélité te réserver le prix ;
Quelques mots à l'autel t'ont faite son épouse,
  Et te sauvent de mon mépris.

Car ces mots pour toujours ont vendu tes caresses ;
L'amour ne les doit plus donner ni recevoir ;
L'usage des époux a réglé les tendresses,
  Et leurs baisers sont un devoir.

Malheur, malheur à moi que le ciel en ce monde
A jeté comme un hôte à ses lois étranger !
A moi qui ne sais pas, dans ma douleur profonde,
  Souffrir longtemps sans me venger !

Malheur ! car une voix qui n'a rien de la terre
M'a dit : « Pour ton bonheur, c'est sa mort qu'il te faut ! »
Et cette voix m'a fait comprendre le mystère
  Et du meurtre et de l'échafaud...

Viens donc, ange du mal dont la voix me convie ;
Car il est des instants où, si je te voyais,
Je pourrais, pour son sang, t'abandonner ma vie
  Et mon âme... si j'y croyais !

ALEX. DUMAS.

DISTRIBUTION

ANTONY	M.	BOCAGE.
ADÈLE D'HERVEY	Mme	DORVAL.
EUGÈNE D'HERVILLY, jeune poëte	MM.	CHÉRI.
OLIVIER DELAUNAY, médecin		ÉDOUARD.
LA VICOMTESSE DE LACY	Mme	ZÉLIE PAUL.
LE BARON DE MARSANNE, abonné du *Constitutionnel*.	MM.	MOESSARD.
FRÉDÉRIC DE LUSSAN		MONVAL.
LE COLONEL D'HERVEY		WALTER.
MADAME DE CAMPS	Mlle	MÉLANIE.
CLARA, sœur d'Adèle	Mmes	CAUMONT.
L'HOTESSE d'une petite auberge aux environs de Strasbourg		SIMON.
LOUIS, domestique d'Antony	MM.	HÉRET.
HENRI, domestique chez M. d'Hervey		LAISNÉ.
UN DOMESTIQUE de la vicomtesse de Lacy		BOUQUET.
LA FEMME DE CHAMBRE d'Adèle	Mme	AUBÉ.

ACTE PREMIER

Un salon du faubourg Saint-Honoré.

SCÈNE PREMIÈRE

ADÈLE, CLARA, LA VICOMTESSE DE LACY, debout et prenant congé de ces dames.

LA VICOMTESSE, à Adèle.

Adieu, chère amie ! soignez bien votre belle santé ; nous avons besoin de vous cet hiver, et, pour cela, il faut être fraîche et gaie, entendez-vous ?

ADÈLE.

Soyez tranquille, je ferai de mon mieux pour cela ; adieu ! Clara, sonne un domestique ; qu'il fasse avancer la voiture de madame la vicomtesse.

LA VICOMTESSE.

Entendez-vous bien ? la campagne, le lait d'ânesse et l'exercice du cheval, voilà mon ordonnance. — Adieu, Clara.

(Elle sort.)

SCÈNE II

ADÈLE, CLARA, puis UN DOMESTIQUE.

ADÈLE, se resseyant.

Sais-tu pourquoi la vicomtesse ne parle plus que de médecine ?

CLARA.

Sais-tu pourquoi, il y a un an, la vicomtesse, ne parlait que de guerre ?

ADÈLE.

Méchante !

CLARA.

Oui, le colonel Armand est parti, il y a un an, pour la guerre d'Alger. M. le docteur Olivier Delaunay a été présenté en son absence à la vicomtesse. La guerre et la médecine se donnent la main. Et tu sais que notre chère vicomtesse est le reflet exact de la personne qui a le bonheur de lui plaire. Dans trois mois, vienne un jeune et bel avocat, et elle donnera des consultations, comme elle traçait des plans de bataille, comme elle vient de te prescrire un régime.

ADÈLE.

Et qui vous a conté tout cela, belle provinciale arrivée depuis quinze jours ?

CLARA.

Est-ce que je ne la connaissais pas avant de quitter Paris ? Et puis madame de Camps est venue hier pendant que tu n'y étais pas ; elle m'a fait la biographie de la vicomtesse.

ADÈLE.

Oh ! que je suis aise de ne pas m'être trouvée chez moi ! Cette femme me fait mal avec ses éternelles calomnies.

CLARA, à un Domestique qui entre.

Qu'y a-t-il ?

LE DOMESTIQUE.

Une lettre.

CLARA, la prenant.

Pour moi, ou pour ma sœur ?

LE DOMESTIQUE.

Pour madame la baronne.

ADÈLE.

Donne... C'est sans doute de mon mari.

(Le Domestique sort.)

CLARA, remettant la lettre à Adèle.

Ce n'est point son écriture ; d'ailleurs, la lettre est timbrée de Paris, et le colonel est à Strasbourg.

ADÈLE, regardant le cachet, puis l'écriture.

Dieu !

CLARA.

Qu'as-tu donc ?

ADÈLE.

J'espérais ne revoir jamais ni ce cachet ni cette écriture.
(Elle s'assied et froisse la lettre entre ses mains.)

CLARA.

Adèle!... calme-toi...Tu es toute tremblante!... Et de qui est donc cette lettre?

ADÈLE.

Oh! c'est de lui!... c'est de lui!...

CLARA, cherchant.

De lui?...

ADÈLE.

Voilà bien sa devise, que j'avais prise aussi pour la mienne... *Adesso e sempre*...« Maintenant et toujours. »

CLARA.

Antony!

ADÈLE.

Oui, Antony de retour! et qui m'écrit,... qui ose m'écrire!...

CLARA.

Mais c'est à titre d'ancien ami, peut-être?

ADÈLE.

Je ne crois pas à l'amitié qui suit l'amour.

CLARA.

Mais rappelle-toi, Adèle, la manière dont il est parti tout à coup, aussitôt que le colonel d'Hervey te demanda en mariage, lorsqu'il pouvait s'offrir à notre père, qui lui rendait justice... Jeune, paraissant riche,... aimé de toi?... car tu l'aimais!... il pouvait espérer d'obtenir la préférence... Mais point du tout, il part, te demandant quinze jours seulement... Le délai expire... on n'entend plus parler de lui, et trois ans se passent sans qu'on sache en quel lieu de la terre l'a conduit son caractère inquiet et aventureux... Si ce n'est une preuve d'indifférence, c'en est au moins une de légèreté.

ADÈLE.

Antony n'était ni léger ni indifférent... Il m'aimait autant qu'un cœur profond et fier peut aimer ; et, s'il est parti, c'est qu'il y avait sans doute, pour qu'il restât, des obstacles qu'une volonté humaine ne pouvait surmonter... Oh! si tu l'avais suivi comme moi au milieu du monde, où il semblait étranger, parce qu'il lui était supérieur; si tu l'avais vu triste et sévère au milieu de ces jeunes fous, élégants et nuls;... si, au milieu de ces regards qui, le soir, nous entourent, joyeux et petillants,... tu avais vu ses yeux constamment arrêtés sur toi, fixes et sombres, tu aurais deviné que l'amour qu'ils exprimaient ne se laissait pas abattre par quelques difficultés... Et, lorsqu'il serait parti, tu te serais dit la première : « C'est qu'il était impossible qu'il restât. »

CLARA.

Mais peut-être que cet amour, après trois ans d'absence...

ADÈLE.

Regarde comme sa main tremblait en écrivant cette adresse.

CLARA.

Oh! moi, je suis sûre que nous n'allons retrouver qu'un ami bien dévoué, bien sincère...

ADÈLE.

Eh bien, ouvre donc cette lettre, alors!... car, moi,... je ne l'ose pas...

CLARA, lisant.

« Madame... » Tu vois : *madame*...

ADÈLE, vivement.

Il n'a jamais eu le droit de me donner un autre nom.

CLARA, lisant.

« Madame, sera-t-il permis à un ancien ami, dont vous avez peut-être oublié jusqu'au nom, de déposer à vos pieds ses hommages respectueux? De retour à Paris, et devant repartir bientôt, souffrez qu'usant des droits d'une ancienne connaissance, il se présente chez vous ce matin.

» Daignez, etc.

» ANTONY. »

ADÈLE.

Ce matin!... Il est onze heures... Il va venir...

CLARA.

Eh bien, je ne vois là qu'une lettre très-froide, très-mesurée...

ADÈLE.

Et cette devise?...

CLARA.

C'était la sienne avant qu'il te connût, peut-être; il l'a conservée... Mais sais-tu qu'il y a vraiment de l'amour-propre... car qui te dit qu'il t'aime encore?

ADÈLE, mettant la main sur son cœur.

Je le sens là...

CLARA.

Il annonce son départ...

ADÈLE.

Si nous nous revoyons, il restera... Écoute: je ne veux pas le revoir, je ne le veux pas... Ce n'est point à toi, Clara, ma sœur, mon amie... à toi qui sais que je l'ai aimé... que j'essayerai de cacher un seul sentiment de mon cœur... Oh! non, je crois bien que je ne l'aime plus... D'Hervey est si bon, si digne d'être aimé, que je n'ai conservé aucun regret d'un autre temps... Mais il ne faut pas que je revoie Antony... Si je le revois, s'il me parle, s'il me regarde... Oh! c'est qu'il y a dans ses yeux une fascination, dans sa voix un charme... Oh! non, non. — Tu allais sortir, c'est moi qui sortirai. Tu le recevras, toi, Clara ; tu lui diras que j'ai conservé pour lui tous les sentiments d'une amie;... que, si le colonel d'Hervey était ici, il se ferait, comme moi, un vrai plaisir de le recevoir; mais qu'en l'absence de mon mari,... pour moi, ou plutôt pour le monde, je le supplie de ne pas essayer de me revoir... Qu'il parte!... et tout ce qu'une amie peut faire de vœux accompagnera son départ... Qu'il parte! ou, s'il reste, c'est moi qui partirai... Montre-lui ma fille ; dis-lui que je l'aime passionnément, que cette enfant est ma joie, mon bonheur, ma vie. Il te demandera si parfois j'ai parlé de lui avec toi...

CLARA.

Je lui dirai la vérité... Jamais.

ADÈLE.

Au contraire, dis-lui : « Oui quelquefois... » Si tu lui disais non, il croirait que je l'aime encore, et que je crains jusqu'à son souvenir.

CLARA.

Sois tranquille!... tu sais comme il m'écoutait. Je te promets d'obtenir de lui qu'il parte sans te revoir.

LE DOMESTIQUE, à Clara.

La voiture de madame est prête.

ADÈLE.

C'est bien. Adieu, Clara... Cependant sois bonne avec Antony; adoucis, par des paroles d'amitié, ce qu'il y a d'amer dans ce que j'exige de lui... et, s'il a pleuré, ne me le dis pas à mon retour... Adieu...

CLARA.

Tu te trompes, ce chapeau est le mien.

ADÈLE.

C'est juste ! N'oublie rien de ce que je t'ai dit.

(Elle sort.)

CLARA.

Oh ! non. (A elle-même.) Pauvre Adèle ! je savais bien qu'elle n'était pas heureuse. Mais n'est-ce pas à tort que cette lettre l'inquiète? Enfin, mieux vaut qu'elle l'évite. (Elle va au balcon et parle à sa sœur.) Prends bien garde, Adèle ! ces chevaux m'épouvantent... A quelle heure rentreras-tu ?

ADÈLE, de la rue.

Mais peut-être pas avant le soir.

CLARA.

Bien ; adieu ! (Appelant un Domestique.) Henri, défendez la porte pour tout le monde, excepté pour un étranger, M. Antony; allez... (Le Domestique sort.) Quel est ce bruit ?

VOIX, dans la rue.

Arrêtez ! arrêtez !

CLARA, allant à la fenêtre.

La voiture... Ma sœur!... mon Dieu!... Oh ! oui, arrêtez, arrêtez ! Ah ! je n'y vois plus... Au nom du ciel, arrêtez ! c'est ma sœur, ma sœur ! (Bruit et cris dans la rue. Clara jette un cri et vient retomber sur un fauteuil.) Oh ! grâce, grâce, mon Dieu !

LE DOMESTIQUE, rentrant.

Madame, ne craignez rien, les chevaux sont arrêtés ; un jeune homme s'est jeté au-devant d'eux... Il n'y a plus de danger.

CLARA.

Oh ! merci, mon Dieu !

(Bruit dans la rue.)

PLUSIEURS VOIX.

Il est tué... Non !... Si... Blessé !... Où le transporter ?

ADÈLE, dans la rue.

Chez moi ! chez moi !

CLARA.

C'est la voix de ma sœur !... Il ne lui est rien arrivé ?... Mon Dieu !... mes genoux tremblent, je ne puis marcher... Adèle !...

(Elle va pour sortir.)

UN DOMESTIQUE.

Qu'y a-t-il, madame ?

CLARA.

C'est ma sœur, ma sœur! une voiture! — Ah! c'est toi!

ADÈLE, entrant pâle.

Clara!... ma sœur!... sois tranquille, je ne suis pas blessée. (Au Domestique.) Courez chercher un médecin... M. Olivier Delaunay, c'est le plus voisin... Ou plutôt, passez d'abord chez la vicomtesse de Lacy, il y sera peut-être... Faites déposer le blessé en bas, dans le vestibule; allez. (Le Domestique sort.) Clara! Clara!... sais-tu que c'est lui... lui... Antony!.

CLARA.

Antony!... Dieu!...

ADÈLE.

Et quel autre que lui aurait osé se jeter au-devant de deux chevaux emportés?

CLARA.

Et comment?

ADÈLE.

Ne comprends-tu pas? Il venait ici, le malheureux! il aura eu le front brisé.

CLARA.

Mais es-tu sûr que ce soit lui?

ADÈLE.

Oh! si j'en suis sûr! Et n'ai-je pas eu le temps de le voir tandis qu'ils l'entraînaient? n'ai-je pas eu le temps de le reconnaître tandis qu'ils le foulaient aux pieds?

CLARA.

Oh!...

ADÈLE.

Écoute: va près de lui, ou plutôt, envoie quelqu'un; et, si tu doutes encore, dis qu'on m'apporte les papiers qu'il a sur lui, afin que je sache qui il est; car il est évanoui, vois-tu, évanoui, peut-être mort! Mais va donc! va donc! et fais-moi donner de ses nouvelles. (Clara sort.)

SCÈNE III

ADÈLE, puis UN DOMESTIQUE.

ADÈLE.

De ses nouvelles! oh! c'est moi qui devrais en aller chercher!... c'est moi qui devrais être là pour lire dans les yeux du médecin sa mort ou sa vie ? Son cœur devrait recommencer à battre sous ma main, mes yeux devraient être les premiers qu'il rencontrât. N'est-ce pas pour moi ?... n'est-ce pas en me sauvant la vie ?... Oh ! mon Dieu !... il y aurait là des étrangers, des indifférents, des gens au cœur froid qui épieraient ! Oh ! mon Dieu ! ne viendra-t-on pas me dire s'il est mort ou vivant. (A un Domestique qui entre.) Eh bien ?

LE DOMESTIQUE, lui remettant un portefeuille et un petit poignard.
Pour madame.

ADÈLE.
Donnez. Comment va-t-il ? a-t-il ouvert les yeux ?

LE DOMESTIQUE.
Pas encore ; mais M. Delaunay vient d'arriver, il est près de lui.

ADÈLE.
Bien. Vous lui direz de monter, que je sache de lui-même... Allez.

SCÈNE IV

ADÈLE, seule.

Si pourtant je m'étais trompée, si ce n'était pas lui... (Ouvrant le portefeuille.) Dieu ! que j'ai bien fait !... mon portrait ! Si un autre que moi avait ouvert ce portefeuille !... Mon portrait qu'il a fait de souvenir... Pauvre Antony, je ne suis plus si jolie que cela, va !... Dans ta pensée, j'étais belle,... j'étais heureuse ;... tu me retrouveras bien changée... J'ai tant souffert ! (Continuant ses recherches.) Une lettre de moi !... la seule que je lui aie écrite. (Lisant.) Je lui disais que je l'aimais... Le malheureux !... l'imprudent !... Si je la reprenais ?... C'est le seul témoignage... Il n'a qu'elle ; sans doute il l'a relue mille fois ;... c'est son bien, sa consolation... Et je la lui ravirais ! et quand, les yeux à peine rouverts,... mourant pour moi,... il portera la main à sa poitrine,... ce ne sera pas sa blessure qu'il cherchera, ce sera cette lettre : il ne la trouvera plus !... et c'est moi qui la lui aurai soustraite ! Oh ! ce serait affreux !... qu'il la garde... D'ailleurs, n'ai-je pas gardé les siennes, moi ?... Son poignard, que je m'effrayais de lui voir porter toujours,... j'ignorais que ce fût son pommeau qui lui servît de cachet et de devise... Je le reconnais bien à ces idées d'amour et de mort constamment mêlées... Antony !... Je n'y puis résister,... il faut que j'aille,... que je voie moi-même... Ah! monsieur Olivier, venez, venez! Eh bien?

SCÈNE V

ADÈLE, OLIVIER.

OLIVIER.

Rassurez-vous, madame : l'accident, quoique grave, n'est point dangereux.

ADÈLE.

Dites-vous vrai?

OLIVIER.

Je réponds du blessé... Vous en rapportez-vous à ma parole?... Mais vous-même, la frayeur, le saisissement...

ADÈLE.

Est-il revenu à lui?

OLIVIER.

Pas encore. Mais votre pâleur?...

ADÈLE.

Pourquoi donc l'avez-vous quitté?...

OLIVIER.

Un de mes amis est près de lui... On m'a dit que vous désiriez avoir des nouvelles sûres... Puis j'ai pensé que vous aviez peut-être besoin...

ADÈLE.

Moi ?... moi ?... Il s'agit bien de moi !... Mais qu'a-t-il enfin ?... Qu'avez-vous fait ?

OLIVIER.

Les termes scientifiques vous effrayeront peut-être !

ADÈLE.

Oh ! non, non, pourvu que je sache... Vous comprenez, il m'a sauvé la vie... C'est tout simple...

OLIVIER, avec quelque étonnement.

Oui, sans doute, madame... Eh bien, le timon, en l'atteignant, a causé une forte contusion au côté droit de la poitrine. La violence du coup a amené l'évanouissement ; j'ai opéré à l'instant une saignée abondante;... et maintenant, du repos et de la tranquillité feront le reste... Mais il ne pouvait rester dans le vestibule, entouré de domestiques, de curieux; j'ai donné, en votre nom, l'ordre qu'on le transportât ici.

ADÈLE.

Ici!... Était-il donc trop faible pour être conduit chez lui?...

OLIVIER.

Il n'y aurait eu à cela aucun inconvénient, à moins que l'appareil ne se dérangeât; mais j'ai pensé qu'une reconnaissance, que vous paraissez si bien sentir, avait besoin de lui être exprimée...

ADÈLE.

Oui, certes. (Bas.) Et s'il allait parler, si mon nom prononcé par lui... (Haut.) Oui, oui, sans doute, vous avez bien fait... Mais il faut qu'il soit seul, n'est-ce pas?... tout à fait seul quand il rouvrira les yeux... Vous-même passerez dans une autre chambre, car la vue d'un étranger...

OLIVIER.

Cependant...

ADÈLE.

Ah! vous avez dit que la moindre émotion lui serait funeste... Vous l'avez dit, ou, du moins, je le crois, n'est-ce pas?

OLIVIER, la regardant.

Oui, madame,... je l'ai dit,... c'est nécessaire... Mais cette précaution n'est pas pour moi... pour moi, médecin.

ADÈLE.

Le voilà... Écoutez, je vous prie... Dites qu'il a besoin d'être seul;... que c'est vous qui ordonnez que personne ne reste près de lui. (Clara entre avec des Domestiques portant Antony.) Déposez-le sur ce sofa... Clara, M. Olivier dit qu'il faut laisser le malade seul... que nous devons sortir tous... Vous voyez, docteur, que je donne l'exemple... Clara, tu tiendras compagnie à M. Olivier; moi, je vais donner quelques ordres...

(Adèle sort.)

OLIVIER, à Clara.

Pardon, je m'assurais... Le pouls recommence à battre... Me voici.

(Ils sortent. Antony reste seul un instant; puis une petite porte se rouvre, et Adèle entre avec précaution.)

SCÈNE VI

ANTONY, ADÈLE.

ADÈLE.

Il est seul enfin!...Antony!...Voilà donc comme je devais le revoir... pâle, mourant... La dernière fois que je le vis... il était aussi près de moi plein d'existence, calculant pour tous deux un même avenir... « Quinze jours d'absence, disait-il, et une réunion éternelle!... » Et, en partant, il pressait ma main sur son cœur. « Vois comme il bat, disait-il; eh bien, c'est de joie, c'est d'espérance. » Il part, et trois ans, minute par minute, jour par jour, s'écoulent lentement, séparés... Il est là près de moi... comme il y était alors;...c'est bien lui,... c'est bien moi;... rien n'est changé en apparence; seulement, son cœur bat à peine, et notre amour est un crime, Antony!...
(Elle cache sa tête entre ses mains. Antony rouvre les yeux, voit une femme, la regarde fixement et rassemble ses idées.)

ANTONY.

Adèle?...

ADÈLE, laissant tomber ses mains.

Ah!

ANTONY.

Adèle!

(Il fait un mouvement pour se lever.)

ADÈLE.

Oh! restez, restez... Vous êtes blessé, et le moindre mouvement, la moindre tentative...

ANTONY.

Ah! oui, je le sens; en revenant à moi, en vous retrouvant près de moi, j'ai cru vous avoir quittée hier, et vous revoir aujourd'hui. Qu'ai-je donc fait des trois ans qui se sont passés? Trois ans, et pas un souvenir!

ADÈLE.

Oh! ne parlez pas.

ANTONY.

Je me rappelle maintenant: je vous ai revue pâle, effrayée... J'ai entendu vos cris, une voiture, des chevaux... Je me suis jeté au devant... Puis tout a disparu dans un nuage de sang, et j'ai espéré être tué...

ADÈLE.

Vous n'êtes que peu dangereusement blessé, monsieur, et bientôt, j'espère...

ANTONY.

Monsieur!... Oh! malheur à moi, car ma mémoire revient... *Monsieur!...* Eh bien, moi aussi, je dirai *madame;* je désapprendrai le nom d'Adèle pour celui de d'Hervey... Madame d'Hervey! et que le malheur d'une vie tout entière soit dans ces deux mots!...

ADÈLE.

Vous avez besoin de soins, Antony, et je vais appeler.

ANTONY.

Antony, c'est mon nom, à moi,... toujours le même... Mille souvenirs de bonheur sont dans ce nom... Mais madame d'Hervey!...

ADÈLE.

Antony!

ANTONY.

Oh! redis mon nom ainsi, encore!... et j'oublierai tout... Oh! ne t'éloigne pas, mon Dieu!... reviens, reviens, que je te revoie... Je ne vous tutoierai plus, je vous appellerai madame... Venez, venez, je vous supplie! Oui, c'est bien vous, toujours belle,... calme,... comme si, pour vous seule, la vie n'avait pas de souvenirs amers... Vous êtes donc heureuse, madame?...

ADÈLE.

Oui, heureuse...

ANTONY.

Moi aussi, Adèle, je suis heureux!...

ADÈLE.

Vous?...

ANTONY.

Pourquoi pas?.... Douter, voilà le malheur; mais, lorsqu'on n'a plus rien à espérer ou à craindre de la vie, que notre jugement est prononcé ici-bas comme celui d'un damné,... le cœur cesse de saigner : il s'engourdit dans sa douleur;... et le désespoir a aussi son calme, qui, vu par les gens heureux, ressemble au bonheur... Et puis, malheur, bonheur, désespoir, ne sont-ce pas de vains mots, un assemblage de lettres qui représente une idée dans notre imagination, et pas ailleurs;... que le temps détruit et recompose pour en former d'autres... Qui donc, en me regardant, en me voyant vous sourire comme je vous souris en ce moment, oserait dire: « Antony n'est pas heureux !... »

ADÈLE.

Laissez-moi...

ANTONY, poursuivant son idée.

Car voilà les hommes... Que j'aille au milieu d'eux, qu'écrasé de douleurs, je tombe sur une place publique, que je découvre à leurs yeux béants et avides la blessure de ma poitrine et les cicatrices de mon bras, ils diront: « Oh! le malheureux, il souffre! » car, là, pour leurs yeux vulgaires, tout sera visible, sang et blessures... Et ils s'approcheront;... et, par pitié pour une souffrance qui demain peut être la leur, ils me secourront... Mais que, trahi dans mes espérances les plus divines;... blasphémant Dieu, l'âme déchirée et le cœur saignant, j'aille me rouler au milieu de leur foule, en leur disant: « Oh! mes amis, pitié pour moi, pitié! je souffre bien !... je suis bien malheureux !... » ils diront: « C'est un fou, un insensé! » et ils passeront en riant...

ADÈLE, essayant de dégager sa main.

Permettez...

ANTONY.

Et c'est pour cela que Dieu a voulu que l'homme ne pût pas cacher le sang de son corps sous ses vêtements, mais a permis qu'il cachât les blessures de son âme sous un sourire. (Lui écartant les mains.) Regarde-moi en face, Adèle... Nous sommes heureux, n'est-ce pas?

ADÈLE.

Oh ! calmez-vous; agité comme vous l'êtes, comment vous transporter chez vous?

ANTONY.

Chez moi, me transporter?... Vous allez donc...? Ah! oui, je comprends...

ADÈLE.

Vous ne pouvez rester ici dès lors que votre état n'offre plus aucune inquiétude; tous mes amis qui vous connaissent savent que vous m'avez aimée;... et pour moi-même...

ANTONY.

Oh! dites pour le monde,... madame!... Il faudrait donc que je fusse mourant pour que je restasse ici... Ce serait dans les

convulsions de l'agonie seulement que ma main pourrait serrer la vôtre. Ah! mon Dieu! Adèle, Adèle!
ADÈLE.
Oh! non; si le moindre danger existait, si le médecin n'avait pas répondu de vous, oui, je risquerais ma réputation, qui n'est plus à moi, pour vous garder... J'aurais une excuse aux yeux de ce monde... Mais...
ANTONY, déchirant l'appareil de sa blessure et de sa saignée.
Une excuse, ne faut-il que cela?
ADÈLE.
Dieu! oh! le malheureux! il a déchiré l'appareil... Du sang! mon Dieu! du sang! (Elle sonne.) Au secours!... Ce sang ne s'arrêtera-t-il pas?... Il pâlit!...ses yeux se ferment...
ANTONY, retombant presque évanoui sur le sofa.
Et maintenant, je resterai, n'est-ce pas?...

ACTE DEUXIÈME

Même appartement qu'au premier acte.

SCÈNE PREMIÈRE

ADÈLE, la tête appuyée sur ses deux mains; CLARA, entrant.
CLARA.
Adèle!...
ADÈLE.
Eh bien?
CLARA.
Je quitte Antony.
ADÈLE.
Antony! toujours Antony!... Eh bien, que me veut-il?
CLARA.
Il va s'en aller aujourd'hui.
ADÈLE.
Il est tout à fait rétabli?

CLARA.

Oui ; mais il est si triste...

ADÈLE.

Mon Dieu !

CLARA.

Tu as été bien cruelle envers lui. Depuis cinq jours qu'il t'a sauvée, à peine si tu l'as revu, et toujours devant M. Olivier... Tu as peut-être raison. Oui, c'est un devoir que t'imposent les titres d'épouse et de mère... Mais, Adèle, ce malheureux souffre tant !... il a droit de se plaindre. Un étranger eût obtenu de toi plus d'égards, plus de soins... Ne crains-tu pas que tant de réserve ne lui fasse soupçonner que c'est pour toi-même que tu crains de le revoir ?

ADÈLE.

Le revoir ! oh ! mon Dieu ! où est donc la nécessité de le revoir ? Oh ! vous me perdrez tous deux ; et alors, toi aussi, tu me diras comme les autres : « Pourquoi l'as-tu revu ?... » Clara, toi qui es heureuse près d'un mari qui t'aime et que tu as épousé d'amour, toi qui craignais de le quitter quinze jours pour les venir passer près de moi, je conçois que mes craintes te paraissent exagérées... Mais moi, seule avec ma fille, isolée avec mes souvenirs, parmi lesquels il en est un qui me poursuit comme un spectre... Oh ! tu ne sais pas ce que c'est que d'avoir aimé et de n'être pas à l'homme qu'on aimait !... Je le retrouve partout au milieu du monde... Je le vois là, triste, pâle, regardant le bal. Je fuis cette vision, et j'entends à mon oreille une voix qui bourdonne... C'est la sienne. Je rentre, et, jusqu'auprès du berceau de ma fille... mon cœur bondit et se serre... et je tremble de me retourner et de le voir... Cependant, oui, en face de Dieu, je n'ai à me reprocher que ce souvenir... Eh bien, il y a quelques jours encore, voilà ce qu'était ma vie... Je le redoutais absent ; maintenant qu'il est là, que ce ne sera plus une vision, que ce sera bien lui que je verrai, que ce sera sa voix que j'entendrai... Oh ! Clara, sauve-moi ! dans tes bras, il n'osera pas me prendre... S'il est permis à notre mauvais ange de se rendre visible, Antony est le mien.

CLARA.

Écoute, et toutes tes craintes cesseront bientôt. Il quitte Paris ; seulement, je te le répète, il veut te revoir auparavant, te confier un secret duquel dépend son repos, son honneur... Puis il s'éloignera pour toujours, il l'a juré sur sa parole...

ADÈLE.

Eh bien, non! non! ce n'est pas lui qui doit partir, c'est moi... Ma place, à moi, est près de mon mari : c'est lui qui est mon défenseur et mon maître ;... il me protégera, même contre moi ; j'irai me jeter à ses pieds, dans ses bras... Je lui dirai : « Un homme m'a aimée avant que je fusse à toi;...il me poursuit... Je ne m'appartiens plus, je suis ton bien, je ne suis qu'une femme ; peut-être seule n'aurais-je pas eu de force contre la séduction... Me voilà, ami, défends-moi ! défends-moi ! »

CLARA.

Adèle, réfléchis. Que dira ton mari? comprendra-t-il ces craintes exagérées?... Que risques-tu de rester encore quelque temps?... Eh bien, alors...

ADÈLE.

Et, si alors le courage de partir me manque ; si, quand j'appellerai la force à mon aide, je ne trouve plus dans mon cœur que de l'amour,... la passion et ses sophismes éteindront un reste de raison, et puis... Oh! non, ma résolution est prise ; c'est la seule qui puisse me sauver... Clara, prépare tout pour ce départ.

CLARA.

Eh bien, laisse-moi t'accompagner ; je ne veux pas que tu partes seule.

ADÈLE.

Non, non, je te laisse ma fille ; la route est longue et fatigante : je ne dois pas exposer cette enfant ; reste près d'elle. Il est neuf heures et demie : qu'à onze heures ma voiture soit prête ; surtout le plus grand secret... Oui, je le recevrai, maintenant, je ne le crains plus... Ma sœur, mon amie, je me confie à toi ; tu auras aidé à me sauver... Oh! dis-moi donc que j'ai raison.

CLARA.

Je ferai ce que tu voudras.

ADÈLE.

Bien... Laisse-moi seule à présent... Rentre à onze heures... Je saurai, en te voyant, que tout est prêt, et tu n'auras besoin de me rien dire : pas un signe, pas un mot qui puisse lui faire soupçonner... Oh! tu ne le connais pas !

CLARA.
Tout sera prêt.

ADÈLE.
A onze heures ?

CLARA.
A onze heures.

ADÈLE.
Je ne te demande plus maintenant que le temps d'écrire quelques lignes.

SCÈNE II

ADÈLE, seule, écrivant.

« Monsieur, l'opiniâtreté que vous mettez à me poursuivre, quand tout me fait un devoir de vous éviter, me force à quitter Paris... Je m'éloigne, emportant pour vous les seuls sentiments que le temps et l'absence ne peuvent altérer, ceux d'une véritable amitié.

» ADÈLE D'HERVEY. »

Oh ! mon Dieu ! que ce soit le dernier sacrifice ; j'ai encore assez de force... mais qui sait ?...

UN DOMESTIQUE.
M. Antony.

ADÈLE, cachetant la lettre.
Un instant... Bien ! faites entrer...

SCÈNE III

ADÈLE, ANTONY.

ADÈLE.
Vous avez désiré me voir avant de vous éloigner ; malgré le besoin que j'éprouvais de vous exprimer ma reconnaissance, j'ai hésité quelque temps à recevoir M. Antony... Vous avez insisté, et je n'ai pas cru devoir refuser une si légère faveur à l'homme sans lequel je n'aurais jamais revu peut-être ni ma fille ni mon mari.

ANTONY.
Oui, madame, je sais que c'est pour eux seuls que je vous ai conservée... Quant à cette reconnaissance que vous éprouvez,

dites-vous, le besoin de m'exprimer, ce que j'ai fait en mérite-t-il la peine? Un autre, le premier venu, l'eût fait à ma place... Et, s'il ne s'était rencontré personne sur votre route, le cocher eût arrêté les chevaux, ou ils se seraient calmés d'eux-mêmes... Le timon eût donné dans un mur tout aussi bien que dans ma poitrine, et le même effet était produit... Qu'importent donc les causes!... c'est le hasard, le hasard seul dont vous devez vous plaindre, et qu'il faut que je remercie.

ADÈLE.

Le hasard!... Et pourquoi m'ôter le seul sentiment que je puisse avoir pour vous? Est-ce généreux?... Je vous le demande!

ANTONY.

Ah! c'est que le hasard semble, jusqu'à présent, avoir seul régi ma destinée... Si vous saviez combien les événements les plus importants de ma vie ont eu des causes futiles!... Un jeune homme, que je n'ai pas revu deux fois depuis, peut-être, me conduisit chez votre père... J'y allai, je ne sais pourquoi, comme on va partout. Ce jeune homme, je l'avais rencontré au bois de Boulogne; nous nous croisions sans nous parler; un ami commun passe et nous fait faire connaissance. Eh bien, cet ami pouvait ne point passer, ou mon cheval prendre une autre allée, et je ne le rencontrais pas, il ne me conduisait pas chez votre père, les événements qui depuis trois ans ont tourmenté ma vie faisaient place à d'autres; je ne venais pas, il y a cinq jours, pour vous voir, je n'arrêtais pas vos chevaux, et, dans ce moment, ne m'ayant jamais connu, vous ne seriez pas obligée d'avoir pour moi un seul sentiment, celui de la reconnaissance. Si vous ne la nommez pas hasard, comment donc appellerez-vous cette suite d'infiniment petits événements qui, réunis, composent une vie de douleur ou de joie, et qui, isolés, ne valent ni une larme ni un sourire?

ADÈLE.

Mais n'admettez-vous pas, Antony, qu'il existe des prévisions de l'âme, des pressentiments?

ANTONY.

Des pressentiments!... Et ne vous est-il jamais arrivé d'apprendre tout à coup la mort d'une personne aimée, et de vous dire: « Que faisais-je au moment où cette partie de mon âme est morte?... Ah ! je m'habillais pour un bal, ou je riais au milieu d'une fête. »

ADÈLE.

Oui, c'est affreux à penser... Aussi l'homme n'a-t-il pas eu le sentiment de cette faiblesse, lorsqu'en prenant congé d'un ami, il créa pour la première fois le mot *adieu*. N'a-t-il pas voulu dire à la personne aimée: « Je ne suis plus là pour veiller sur toi ; mais je te recommande à Dieu, qui veille sur tous! » Voilà ce que j'éprouve chaque fois que je prononce ce mot en me séparant d'un ami ; voilà les mille pensées qu'il éveille en moi. Direz-vous aussi qu'il a été créé par le hasard ?

ANTONY.

Eh bien, puisqu'un mot, un seul mot éveille en vous tant de pensées différentes,...lorsque vous entendiez autrefois prononcer le nom d'Antony... mon nom... au milieu des noms nobles, distingués, connus, ce nom isolé d'Antony n'éveillait-t-il pas pour celui qui le portait une idée d'isolement?.ne vous êtes-vous point dit quelquefois que ce ne pouvait être le nom de mon père, celui de ma famille? n'avez-vous pas désiré savoir quelle était ma famille, quel était mon père?

ADÈLE.

Jamais... Je croyais votre père mort pendant votre enfance, et je vous plaignais. Je n'avais connu de votre famille que vous ; toute votre famille pour moi était donc en vous... Vous étiez là... Je vous appelais Antony, vous me répondiez ; qu'avais-je besoin de vous chercher d'autres noms?

ANTONY.

Et, lorsqu'en jetant les yeux sur la société, vous voyez chaque homme s'appuyer, pour vivre, sur une industrie quelconque, et donner pour avoir le droit de recevoir, vous êtes-vous demandé pourquoi, seul, au milieu de tous, je n'avais ni rang qui me dispensât d'un état, ni état qui me dispensât d'un rang?

ADÈLE.

Jamais... Vous me paraissiez né pour tous les rangs, appelé à remplir tous les états ; je n'osais rien spécialiser à l'homme qui me paraissait capable de parvenir à tout.

ANTONY.

Eh bien, madame, le hasard, avant ma naissance, avant que je pusse rien pour ou contre moi, avait détruit la possibilité que cela fût; et, depuis le jour où je me suis connu, tout ce qui eût été pour un autre positif et réalité n'a été pour moi que rêve et déception. N'ayant point un monde à moi, j'ai été obligé de m'en créer un; il me faut, à moi, d'autres douleurs, d'autres plaisirs, et peut-être d'autres crimes !

ADÈLE.

Et pourquoi donc ? pourquoi cela?

ANTONY.

Pourquoi cela!... vous voulez le savoir?... Et si ensuite, comme les autres, vous alliez... Oh! non, non! vous êtes bonne... Adèle, oh !

ADÈLE.

On sonne... Silence!... une visite...Ne vous en allez pas; demain, peut-être, il serait trop tard...

ANTONY.

Oh! malédiction sur le monde qui vient me chercher jusqu'ici !...

UN DOMESTIQUE, entrant.

Madame la vicomtesse de Lacy... M. Olivier Delaunay...

ADÈLE.

Oh! calmez-vous par grâce !... qu'ils ne s'aperçoivent de rien.

ANTONY.

Me calmer?... Je suis calme... Ah! c'est la vicomtesse et le docteur... Eh! de quoi voulez-vous que je leur parle? des modes nouvelles? de la pièce qui fait fureur? Eh bien, mais tout cela m'intéresse beaucoup.

SCÈNE IV

Les Mêmes, LA VICOMTESSE DE LACY, OLIVIER.

LA VICOMTESSE.

Bonjour, chère amie... J'apprends par M. Olivier qu'à compter d'aujourd'hui vous recevez, et j'accours... Mais savez-vous que j'en frémis encore?... Vous avez couru un véritable danger...

ADÈLE.

Oh! oui, et sans le courage de M. Antony...

LA VICOMTESSE.

Ah! voilà votre sauveur?... Vous vous rappelez, monsieur,

que nous sommes d'anciennes connaissances... J'ai eu le plaisir de vous voir chez Adèle avant son mariage ; ainsi, à ce double titre, recevez l'expression de ma reconnaissance bien sincère. (Elle tend la main à Antony.) Voyez donc, docteur, monsieur est tout à fait bien, un peu pâle encore ; mais le mouvement du pouls est bon. Savez-vous que vous avez fait là une cure dont je suis presque jalouse ?

ADÈLE.

Aussi monsieur me faisait-il sa visite d'adieu.

LA VICOMTESSE.

Vous continuez vos voyages ?

ANTONY.

Oui, madame.

LA VICOMTESSE.

Et où allez-vous ?...

ANTONY.

Oh ! je n'en sais encore rien moi-même... Dieu me garde d'avoir une idée arrêtée ! j'aime trop, quand cela m'est possible, charger le hasard du soin de penser pour moi ; une futilité me décide, un caprice me conduit, et, pourvu que je change de lieu, que je voie de nouveaux visages, que la rapidité de ma course me débarrasse de la fatigue d'aimer ou de haïr, qu'aucun cœur ne se réjouisse quand j'arrive, qu'aucun lien ne se brise quand je pars, il est probable que j'arriverai comme les autres, après un certain nombre de pas, au terme d'un voyage dont j'ignore le but, sans avoir deviné si la vie est une plaisanterie bouffonne ou une création sublime...

OLIVIER.

Mais que dit votre famille de ces courses continuelles ?

ANTONY.

Ma famille ?... Ah ! c'est vrai... Elle s'y est habituée. (A Adèle.) N'est-ce pas, madame ? vous qui connaissez ma famille...

LA VICOMTESSE, à demi-voix.

Mais vraiment, Adèle, j'espère bien que ce n'est pas vous qui exigez qu'il parte ; les traitements pathologiques laissent toujours une grande faiblesse, et ce serait l'exposer beaucoup. Oh ! c'est qu'il m'est revenu des choses prodigieuses... On m'a dit que vous n'aviez pas voulu le recevoir pendant tout le temps de sa convalescence, parce qu'il vous avait aimée autrefois.

ADÈLE.

Oh ! silence !

LA VICOMTESSE.

Ne craignez rien, ils sont à cent lieues de la conversation, ils parlent littérature : moi, je déteste la littérature.

ADÈLE, essayant de parler avec gaieté.

Mais que je vous gronde aussi!...je vous ai vue passer aujourd'hui sous mes fenêtres, et vous n'êtes pas entrée.

LA VICOMTESSE.

J'étais trop pressée; en ma qualité de dame de charité, j'allais visiter l'hospice des Enfants-Trouvés... Eh! mais, au fait, j'aurais dû vous prendre; cela vous aurait distraite un instant...

ANTONY.

Et moi, j'aurais demandé la permission de vous accompagner; j'aurais été bien aise d'étudier l'effet que produit sur des étrangers la vue de ces malheureux.

LA VICOMTESSE.

Oh ! cela fait bien peine!... mais ensuite on a le plus grand soin d'eux, ils sont traités comme d'autres enfants..

ANTONY.

C'est bien généreux à ceux qui en prennent soin.

ADÈLE.

Comment y a-t-il des mères qui peuvent...?

ANTONY.

Il y en a, cependant; je le sais, moi.

ADÈLE.

Vous ?

LA VICOMTESSE.

Puis, de temps en temps, des gens riches, qui n'ont pas d'enfants, vont en choisir un là... et le prennent pour eux.

ANTONY.

Oui, c'est un bazar comme un autre.

ADÈLE, avec expression.

Oh! si je n'avais pas eu d'enfants,... j'aurais voulu adopter un de ces orphelins...

ANTONY.

Orphelins!... que vous êtes bonne !...

LA VICOMTESSE.

Eh bien, vous auriez eu tort : là, ils passent leur vie avec des gens de leur espèce...

ADÈLE.

Oh! ne me parlez pas de ces malheureux, cela me fait mal...

ANTONY.

Eh! que vous importe, madame!... (A la Vicomtesse.) Parlez-en, au contraire. (Changeant d'expression.) Vous disiez donc qu'ils étaient là avec des gens de leur espèce, et que madame aurait eu tort?...

LA VICOMTESSE.

Sans doute! l'adoption n'aurait pas fait oublier la véritable naissance ; et, malgré l'éducation que vous lui auriez donnée, si c'eût été un homme, quelle place pouvait-il occuper

ANTONY.

En effet, à quoi peut parvenir...?

LA VICOMTESSE.

Si c'est une femme, comment la marier?

ANTONY.

Sans doute, qui voudrait épouser une orpheline?... Moi... peut-être, parce que je suis au-dessus des préjugés... Ainsi, vous le voyez, l'anathème est prononcé... Il faut que le malheureux reste malheureux ; pour lui, Dieu n'a pas de regard, et les hommes de pitié... Sans nom!... Savez-vous ce que c'est que d'être sans nom?... Vous lui auriez donné le vôtre? Eh bien, le vôtre, tout honorable qu'il est, ne lui aurait pas tenu lieu de père... et, en l'enlevant à son obscurité et à sa misère, vous n'auriez pu lui rendre ce que vous lui ôtiez.

ADÈLE.

Ah! si je connaissais un malheureux qui fût ainsi, je voudrais, par tous les égards, toutes les prévenances, lui faire oublier ce que sa position a de pénible !... car maintenant, oh! maintenant, je la comprendrais!

LA VICOMTESSE.

Oh! et moi aussi.

ANTONY.

Vous aussi, madame?... Et si un de ces malheureux était assez hardi pour vous aimer?...

ADÈLE.

Oh! si j'avais été libre!...

ANTONY.

Ce n'est pas à vous, c'est à madame...

LA VICOMTESSE.

Il comprendrait, je l'espère, que sa position...

ANTONY.

Mais, s'il l'oubliait enfin?...

LA VICOMTESSE.

Quelle est la femme qui consentirait à aimer...?

ANTONY.

Ainsi, dans cette situation, il reste... le suicide?

LA VICOMTESSE.

Mais qu'avez-vous donc?.., Vous êtes tout bizarre.

ANTONY.

Moi? Rien... J'ai la fièvre...

LA VICOMTESSE.

Allons, allons, n'allez-vous pas retomber dans vos accès de misanthropie!... Oh! je n'ai pas oublié votre haine pour les hommes...

ANTONY.

Eh bien, madame, je me corrige. Je les haïssais, dites-vous?... Je les ai beaucoup vus depuis, et je ne fais plus que les mépriser; et, pour me servir d'un terme familier à la profession que vous affectionnez maintenant, c'est une maladie aiguë qui est devenue chronique.

ADÈLE.

Mais, avec ces idées, vous ne croyez donc ni à l'amitié, ni...?

(Elle s'arrête.)

LA VICOMTESSE.

Eh bien, ni à l'amour.

ANTONY, à la Vicomtesse.

A l'amour, oui; à l'amitié, non... C'est un sentiment bâtard dont la nature n'a pas besoin, une convention de la société que le cœur a adoptée par égoïsme, où l'âme est constamment lésée par l'esprit, et que peut détruire du premier coup le regard d'une femme ou le sourire d'un prince.

ADÈLE.

Oh! vous croyez?

ANTONY.

Sans doute! l'ambition et l'amour sont des passions... L'amitié n'est qu'un sentiment...

LA VICOMTESSE.

Et, avec ces principes-là, combien de fois avez-vous aimé?...

ANTONY.
Demandez à un cadavre combien de fois il a vécu...
LA VICOMTESSE.
Allons, je vois bien que je suis indiscrète... Quand vous me connaîtrez davantage, vous me ferez vos confidences... Je donne de temps en temps quelques soirées ; mes flatteurs les disent jolies... Si vous restez, le docteur vous amènera chez moi, ou plutôt, présentez-vous vous-même... Je n'ai pas besoin de vous dire que, si votre mère ou votre sœur sont à Paris, ce sera avec le même plaisir que je les recevrai... Adieu, chère Adèle... Docteur, voulez-vous descendre, que je n'attende pas?... (A Adèle.) Eh bien, il est mieux que lorsque je l'ai connu,...beaucoup plus gai!... Il doit vous amuser prodigieusement. Adieu, adieu.

(Elle fait un dernier signe de la main à Antony et sort.)

ANTONY, après lui avoir rendu son salut, à part.
Malheur!..

SCÈNE V

ADÈLE, ANTONY.

ADÈLE, revenant.
Antony!
ANTONY.
Voulez-vous que je vous dise mon secret, maintenant?...
ADÈLE.
Oh! je le sais, je le sais maintenant... Que cette femme m'a fait souffrir!
ANTONY.
Souffrir, bah!... c'est folie ; tout cela n'est que préjugés ; et puis je commence à me trouver bien ridicule.
ADÈLE.
Vous?
ANTONY.
Certes! quand je pourrais vivre avec des gens de mon espèce, avoir eu l'impudence de croire qu'avec une âme qui sent, une tête qui pense, un cœur qui bat,...on avait tout ce qu'il fallait pour réclamer sa place d'homme dans la société, son rang social dans le monde... Vanité!...
ADÈLE.
Oh! je comprends maintenant tout ce qui m'était demeure

obscur;... votre caractère sombre, que je croyais fantasque;... tout, tout... même votre départ, dont je ne me rendais pas compte ! Pauvre Antony !

ANTONY, abattu.

Oui, pauvre Antony ! car qui vous dira, qui pourra peindre ce que je souffris lorsque je fus obligé de vous quitter ? J'avais perdu mon malheur dans votre amour : les jours, les mois s'envolaient comme des instants, comme des songes ; j'oubliais tout près de vous... Un homme vint, et me fit souvenir de tout... Il vous offrit un rang, un nom dans le monde... et me rappela, à moi, que je n'avais ni rang ni nom à offrir à celle à qui j'aurais offert mon sang.

ADÈLE.

Et pourquoi... pourquoi alors ne dîtes-vous pas cela ?... (Elle regarde la pendule.) Dix heures et demie ; le malheureux !... le malheureux !...

ANTONY.

Dire cela !... oui, peut-être vous qui, à cette époque, croyiez m'aimer, auriez-vous oublié un instant qui j'étais pour vous en souvenir plus tard... Mais à vos parents il fallait un nom... et quelle probabilité qu'ils préférassent à l'honorable baron d'Hervey le pauvre Antony !... C'est alors que je vous demandai quinze jours ; un dernier espoir me restait. Il existe un homme chargé, je ne sais par qui, de me jeter tous les ans de quoi vivre un an ; je courus le trouver, je me jetai à ses pieds, des cris à la bouche, des larmes dans les yeux ; je l'adjurai par tout ce qu'il avait de plus sacré, Dieu, son âme, sa mère... il avait une mère, lui ! de me dire ce qu'étaient mes parents, ce que je pouvais attendre ou espérer d'eux ! Malédiction sur lui ! et que sa mère meure ! je n'en pus rien tirer... Je le quittai, je partis comme un fou, comme un désespéré, prêt à demander à chaque femme : « N'êtes-vous pas ma mère ?... »

ADÈLE.

Mon ami !

ANTONY.

Les autres hommes, du moins, lorsqu'un événement brise leurs espérances, ils ont un frère, un père, une mère !... des bras qui s'ouvrent pour qu'ils viennent y gémir. Moi ! moi ! je n'ai pas même la pierre d'un tombeau où je puisse lire un nom et pleurer.

ADÈLE.

Calmez-vous, au nom du ciel! calmez-vous!

ANTONY.

Les autres hommes ont une patrie; moi seul, je n'en ai pas!... car qu'est-ce que la patrie? Le lieu où l'on est né, la famille qu'on y laisse, les amis qu'on y regrette... Moi, je ne sais pas même où j'ai ouvert les yeux... Je n'ai point de famille, je n'ai point de patrie, tout pour moi était dans un nom; ce nom, c'était le vôtre, et vous me défendez de le prononcer.

ADÈLE.

Antony, le monde a ses lois, la société ses exigences; qu'elles soient des devoirs ou des préjugés, les hommes les ont faites telles, et, eussé-je le désir de m'y soustraire, il faudrait encore que je les acceptasse.

ANTONY.

Et pourquoi les accepterais-je, moi?... Pas un de ceux qui les ont faites ne peut se vanter de m'avoir épargné une peine ou rendu un service; non, grâce au ciel, je n'ai reçu d'eux qu'injustice, et ne leur dois que haine... Je me détesterais du jour où un homme me forcerait à l'aimer... Ceux à qui j'ai confié mon secret ont renversé sur mon front la faute de ma mère... Pauvre mère!... Ils ont dit : « Malheur à toi qui n'as pas de parents!... » Ceux à qui je l'ai caché ont calomnié ma vie... Ils ont dit : « Honte à toi qui ne peux pas avouer à la face de la société d'où te vient ta fortune!... » Ces deux mots, honte et malheur, se sont attachés à moi comme deux mauvais génies... J'ai voulu forcer les préjugés à céder devant l'éducation... Arts, langues, science, j'ai tout étudié, tout appris... Insensé que j'étais d'élargir mon cœur pour que le désespoir pût y tenir! Dons naturels ou sciences acquises, tout s'effaça devant la tache de ma naissance : les carrières ouvertes aux hommes les plus médiocres se fermèrent devant moi; il fallait dire mon nom, et je n'avais pas de nom. Oh! que ne suis-je né pauvre et resté ignorant! perdu dans le peuple, je n'y aurais pas été poursuivi par les préjugés; plus ils se rapprochent de la terre, plus ils diminuent, jusqu'à ce que, trois pieds au-dessous, ils disparaissent tout à fait.

ADÈLE.

Oui, oui, je comprends... Oh! plaignez-vous! plaignez-vous!... car ce n'est qu'avec moi que vous pouvez vous plaindre!

ANTONY.

Je vous vis, je vous aimai ; le rêve de l'amour succéda à celui de l'ambition et de la science; je me cramponnai à la vie, je me jetai dans l'avenir, pressé que j'étais d'oublier le passé... Je fus heureux... quelques jours... les seuls de ma vie!... Merci, ange ! car c'est à vous que je dois cet éclair de bonheur, que je n'eusse pas connu sans vous... C'est alors que le colonel d'Hervey... Malédiction!... Oh ! si vous saviez combien le malheur rend méchant! combien de fois, en pensant à cet homme, je me suis endormi la main sur mon poignard!... et j'ai rêvé de Grève et d'échafaud!

ADÈLE.

Antony!... vous me faites frémir...

ANTONY.

Je partis, je revins; il y a trois ans entre ces deux mots... Ces trois ans se sont passés je ne sais où ni comment; je ne serais pas même sûr de les avoir vécus, si je n'avais le souvenir d'une douleur vague et continue... Je ne craignais plus les injures ni les injustices des hommes;... je ne sentais plus qu'au cœur, et il était tout entier à vous... Je me disais : « Je la reverrai... Il est impossible qu'elle m'ait oublié... je lui avouerai mon secret... et peut-être qu'alors elle me méprisera, me haïra. »

ADÈLE.

Antony, oh ! comment l'avez-vous pu penser ?

ANTONY.

Et moi, à mon tour, moi, je la haïrai aussi comme les autres;... ou bien, lorsqu'elle saura ce que j'ai souffert, ce que je souffre,... peut-être elle me permettra de rester près d'elle... de vivre dans la même ville qu'elle!

ADÈLE.

Impossible.

ANTONY.

Oh! il me faut pourtant haine ou amour, Adèle! je veux l'un ou l'autre... J'ai cru un instant que je pourrais repartir; insensé!... je vous le dirais, qu'il ne faudrait pas le croire; Adèle, je vous aime, entendez-vous?... Si vous vouliez un amour ordinaire, il fallait vous faire aimer par un homme heureux!... Devoirs et vertu!... vains mots!...Un meurtre peut vous rendre veuve... Je puis le prendre sur moi, ce meurtre; que mon sang coule sous ma main ou sous celle du bourreau, peu m'importe!... il ne rejaillira sur personne et ne tachera que le pavé... Ah! vous avez cru que vous pouviez m'aimer, me le dire, me montrer le ciel... et puis tout briser avec quelques paroles dites par un prêtre... Partez, fuyez, restez, vous êtes à moi, Adèle!... à moi, entendez-vous? je vous veux, je vous aurai... Il y a un crime entre vous et moi?... Soit, je le commettrai... Adèle, Adèle! je le jure par ce Dieu que je blasphème! par ma mère, que je ne connais pas!...

ADÈLE.

Calmez-vous, malheureux!... vous me menacez!... vous menacez une femme...

ANTONY, se jetant à ses pieds.

Ah! ah!... grâce, grâce, pitié, secours!... Sais-je ce que je dis? Ma tête est perdue, mes paroles sont de vains mots qui n'ont pas de sens... Oh! je suis si malheureux!... que je pleure... que je pleure comme une femme... Oh! riez, riez!... un homme qui pleure, n'est-ce pas?... J'en ris moi-même... ah! ah!

ADÈLE.

Vous êtes insensé et vous me rendez folle.

ANTONY.

Adèle! Adèle!...

ADÈLE.

Oh! regarde cette pendule; elle va sonner onze heures.

ANTONY.

Qu'elle sonne un de mes jours à chacune de ses minutes, et que je les passe près de vous...

ADÈLE.

Oh! grâce! grâce! à mon tour, Antony... Je n'ai plus de courage.

ANTONY.

Un mot, un mot, un seul!... et je serai votre esclave, j'obéirai à votre geste, dût-il me chasser pour toujours... Un mot, Adèle; des années se sont passées dans l'espoir de ce mot!... si vous ne laissez pas en ce moment tomber de votre cœur cette parole d'amour,... quand vous reverrai-je, quand serai-je aussi malheureux que je le suis?... Oh! si vous n'avez pas amour de moi, ayez pitié de moi!

11.

ADÈLE.

Antony! Antony!

ANTONY.

Ferme les yeux, oublie les trois ans qui se sont passés, ne te souviens que de ces moments de bonheur où j'étais près de toi, où je te disais : « Adèle!... mon ange!... ma vie! encore un mot d'amour!... » et où tu me répondais : « Antony!... mon Antony!... oui, oui! »

ADÈLE, égarée.

Antony! mon Antony, oui, oui, je t'aime...

ANTONY.

Oh! elle est à moi!... je l'ai reprise; je suis heureux.

(Onze heures sonnent.)

ADÈLE.

Heureux!... pauvre insensé!... Onze heures!... onze heures, et Clara qui vient!... il faut nous quitter...

SCÈNE VI

Les Mêmes, CLARA.

ANTONY.

Oh! dans ce moment, j'aime mieux vous quitter que de vous voir devant quelqu'un.

ADÈLE.

Sois la bienvenue, Clara.

ANTONY.

Oh! je m'en vais!... Merci... J'emporte là du bonheur pour une éternité... Adieu, Clara... ma bonne Clara!... Adieu, madame. (Bas.) Quand vous reverrai-je?

ADÈLE.

Le sais-je!...

ANTONY.

Demain, n'est-ce pas?... Oh! que c'est loin, demain!...

ADÈLE.

Oui, demain... bientôt... plus tard.

ANTONY.

Toujours... adieu...

(Antony sort.)

ADÈLE, le suivant des yeux et courant à la porte.

Antony...

SCÈNE VII

ADÈLE, CLARA.

CLARA.

Que fais-tu? Du courage, du courage!

ADÈLE.

Oh! j'en ai, ou plutôt, j'en ai eu; car il s'est usé dans mes dernières paroles. Oh! si tu savais comme il m'aime, l'insensé!

CLARA.

As-tu préparé une lettre pour lui?

ADÈLE.

Une lettre? Oui, la voici.

CLARA.

Donne.

ADÈLE.

Qu'elle est froide, cette lettre!.. qu'elle est cruellement froide! Il m'accusera de fausseté. Eh! le monde ne veut-il pas que je sois fausse? C'est ce que la société appelle devoir, vertu. Elle est parfaite, cette lettre. Tu la lui remettras...

CLARA.

Viens, viens, tout est prêt; le domestique qui doit t'accompagner t'attend.

ADÈLE.

Bien. Par où faut-il que j'aille?... Conduis-moi; tu vois bien que suis prête à tomber, que je n'ai pas de forces, que je n'y vois plus.

(Elle tombe sur une chaise.)

CLARA.

Oh! ma sœur! songe à ton mari.

ADÈLE.

Je ne puis songer qu'à *lui*.

CLARA.

Songe à ta fille.

ADÈLE.

Ah! oui, ma fille!

(Elle entre dans le cabinet.)

CLARA.

Embrasse-la, pense à elle; et maintenant, maintenant, pars.

ADÈLE, se jetant dans les bras de Clara.

Oh ! Clara, Clara ! que tu dois me mépriser !... Ne me reconduis pas ; je te parlerais encore de lui... Adieu, adieu ; prends soin de ma fille.

CLARA.

Le ciel te garde !

ACTE TROISIÈME

Une auberge à Ittenheim, à deux lieues en deçà de Strasbourg.

SCÈNE PREMIÈRE

ANTONY, LOUIS, L'HOTESSE.

Antony entre couvert de poussière et suivi de son Domestique.

ANTONY, appelant.

La maîtresse de l'auberge ?

L'HOTESSE, sortant de la pièce voisine.

Voilà, monsieur.

ANTONY.

Vous êtes la maîtresse de cette auberge ?

L'HOTESSE.

Oui, monsieur.

ANTONY.

Bien... Où sommes-nous ?... le nom de ce village ?

L'HOTESSE.

Ittenheim.

ANTONY.

Combien de lieues d'ici à Strasbourg ?

L'HOTESSE.

Deux.

ANTONY.

Il ne reste, par conséquent, qu'une poste d'ici à la ville ?

L'HOTESSE.

Oui, monsieur.

ANTONY, à part.

Il était temps. (Haut.) Combien de voitures ont relayé chez vous aujourd'hui?

L'HOTESSE.

Deux seulement.

ANTONY.

Quels étaient les voyageurs?

L'HOTESSE.

Dans la première, un homme âgé avec sa famille.

ANTONY.

Dans l'autre?

L'HOTESSE.

Un jeune homme avec sa femme ou sa sœur.

ANTONY.

C'est tout?

L'HOTESSE.

Oui, tout.

ANTONY, à lui-même.

Alors, c'est bien elle que j'ai rejointe et dépassée à deux lieues de ce village, en sortant de Vasselonne... Dans une demi-heure ou trois quarts d'heure, elle sera ici ; c'est bon.

L'HOTESSE.

Monsieur repart-il?

ANTONY.

Non, je reste. Combien y a-t-il maintenant de chevaux de poste dans votre écurie?

L'HOTESSE.

Quatre.

ANTONY.

Et, quand vous en manquez, est-il possible de s'en procurer dans ce village?

L'HOTESSE.

Non, monsieur.

ANTONY.

J'ai aperçu sous la remise, en entrant, une vieille berline; est-elle à vous?

ANTONY.

Un voyageur nous a chargé de la vendre.

ANTONY.

Combien?

L'HOTESSE.

Mais...

ANTONY.

Faites vite, je n'ai pas le temps.

L'HOTESSE.

Vingt louis.

ANTONY.

Les voici ; rien n'y manque ?

L'HOTESSE.

Non.

ANTONY.

Combien de chambres vacantes dans votre auberge ?

L'HOTESSE.

Deux au premier étage.

ANTONY.

Celle-ci ?

L'HOTESSE, ouvrant la porte de communication.

Et celle-là.

ANTONY.

Je les retiens.

L'HOTESSE.

Toutes deux ?

ANTONY.

Oui. Si cependant un voyageur était obligé de rester ici cette nuit, vous me le diriez, et peut-être en céderais-je une.

L'HOTESSE.

Monsieur a-t-il autre chose à commander ?

ANTONY.

Qu'on mette à l'instant même, vous entendez, à l'instant, les quatre chevaux à la berline que je viens d'acheter, et que le postillon soit prêt dans cinq minutes.

L'HOTESSE.

C'est tout ?

ANTONY.

Oui, pour le moment ; d'ailleurs, j'ai mon domestique, et, si j'avais besoin de quelque chose, je vous ferais appeler...

(L'Hôtesse sort.)

SCÈNE II

LOUIS, ANTONY.

ANTONY.

Louis !

LOUIS.

Monsieur ?

ANTONY.

Tu me sers depuis dix ans ?

LOUIS.

Oui, monsieur.

ANTONY.

As-tu jamais eu à te plaindre de moi

LOUIS.

Jamais.

ANTONY.

Crois-tu que tu trouverais un meilleur maître ?

LOUIS.

Non, monsieur.

ANTONY.

Alors tu m'es dévoué, n'est-ce pas ?

LOUIS.

Autant qu'on peut l'être.

ANTONY.

Tu vas monter dans la berline qu'on attelle, et tu partiras pour Strasbourg.

LOUIS.

Seul ?

ANTONY.

Seul... Tu connais le colonel d'Hervey ?

LOUIS.

Oui.

ANTONY.

Tu prendras un habit bourgeois... Tu te logeras en face de lui... Tu te lieras avec ses domestiques... Si, dans un mois, deux mois, trois mois, n'importe à quelle époque, tu apprends qu'il va revenir à Paris, tu partiras à franc étrier pour le dépasser... Si tu apprends qu'il est parti, rejoins-le, dépasse-le pour m'en avertir ; tu auras cent francs pour chaque heure que tu auras d'avance sur lui... Voici ma bourse; quand tu n'auras plus d'argent, écris-moi.

LOUIS.

Est-ce tout ?

ANTONY.

Non... Tu retiendras le postillon en le faisant boire, de manière qu'il ne revienne avec les chevaux que demain matin, ou du moins fort avant dans la nuit... Et maintenant, pas un instant de retard... Sois vigilant, sois fidèle... Pars!...

(Louis sort.)

SCÈNE III

ANTONY, seul.

Ah! me voilà seul enfin!... Examinons... Ces deux chambres communiquent entre elles... Oui, mais de chaque côté la porte se ferme en dedans... Enfer!... Ce cabinet?... Aucune issue! Si je démontais ce verrou?... On pourrait le voir... Cette croisée?... Ah! le balcon sert pour les deux fenêtres... Une véritable terrasse. (Il rit.) Ah! c'est bien... Je suis écrasé. (Il s'assied.) Oh! comme elle m'a trompé! je ne la croyais pas si fausse... Pauvre sot, qui te fiais à son sourire, à sa voix émue, et qui, un instant, comme un insensé, t'étais repris au bonheur, et qui avais pris un éclair pour le jour!... Pauvre sot, qui ne sais pas lire dans un sourire, qui ne sais rien deviner dans une voix, et qui, la tenant dans tes bras, ne l'as pas étouffée, afin qu'elle ne fût pas à un autre... (Il se lève.) Et si elle allait arriver avant que Louis, qu'elle connaît, fût parti avec les chevaux... Malheur!... Non, l'on n'aperçoit pas encore la voiture. (Il s'assied.) Elle vient, s'applaudissant de m'avoir trompé, et, dans les bras de son mari, elle lui racontera tout;... elle lui dira que j'étais à ses pieds... oubliant mon nom d'homme et rampant; elle lui dira qu'elle m'a repoussé; puis, entre deux baisers, ils riront de l'insensé Antony, d'Antony le bâtard!... Eux rire!... mille démons! (Il frappe la table de son poignard, et le fer y disparaît presque entièrement. Riant.) Elle est bonne, la lame de ce poignard! (Se levant et courant à la fenêtre.) Louis part enfin... Qu'elle arrive maintenant... Rassemblez donc toutes les facultés de votre être pour aimer; créez-vous un espoir de bonheur, qui dévore à jamais tous les autres; puis venez, l'âme torturée et les yeux en pleurs, vous agenouiller devant une femme! voilà tout ce que vous en obtiendrez... Dérision et mépris... Oh! si j'allais devenir fou avant qu'elle arrivât!... Mes pensées se heurtent, ma tête brûle... Où y a-t-il du marbre pour poser mon front?... Et quand je pense qu'il ne faudrait, pour sortir de l'enfer de cette vie, que la résolution d'un moment, qu'à l'agitation de la frénésie peut succéder en une seconde le repos du néant, que rien ne peut, même la puissance de Dieu, empêcher que cela ne soit, si je le veux... Pourquoi donc ne le voudrais-je pas?... est-ce un mot qui m'arrête?... Suicide!... Certes, quand Dieu a fait, des hommes, une loterie au profit de la mort, et qu'il n'a donné à chacun d'eux que la force de supporter une certaine quantité de douleurs, il a dû penser que cet homme succomberait sous le fardeau, alors que le fardeau dépasserait ses forces... Et d'où vient que les malheureux ne pourraient pas rendre malheur pour malheur?... Cela ne serait pas juste, et Dieu est juste!... Que cela soit donc; qu'elle souffre et pleure comme j'ai pleuré et souffert!... Elle, pleurer!... elle souffrir, ô mon Dieu!... elle, ma vie, mon âme!... c'est affreux!... Oh! si elle pleure, que ce soit ma mort du moins... Antony pleuré par Adèle... Oui, mais aux larmes succéderont la tristesse, la mélancolie, l'indifférence... Son cœur se serrera encore de temps en temps, lorsque par hasard on prononcera mon nom devant elle;... puis on ne le prononcera plus... l'oubli viendra... l'oubli, ce second linceul des morts!... Enfin, elle sera heureuse... Mais pas seule!... un autre partagera son bonheur... Cet autre, dans deux heures, elle sera près de lui... pour la vie entière... et moi, pour la vie entière, je serai loin... Ah! qu'il ne la revoie jamais!... N'ai-je pas entendu? Oui, oui... le roulement d'une voiture... La nuit vient... C'est heureux qu'il fasse nuit!... Cette voiture,... c'est la sienne... Oh! cette fois encore, je me jetterai au-devant de toi, Adèle!... mais ce ne sera pas pour te sauver... Cinq jours sans me voir, et elle me quitte le jour où elle me voit... et, si la voiture m'eût brisé le front contre la muraille, elle eût laissé le corps mutilé à la porte, de peur qu'en entrant chez elle, ce cadavre ne la compromît. Elle approche... Viens, viens, Adèle!... car on t'aime... et on t'attend ici... La voilà... De cette fenêtre, je pourrais la voir... Mais sais-je en la voyant ce que je ferais?... Oh! mon cœur, mon cœur... Elle descend... C'est sa voix, sa voix si douce qui disait hier : « A demain, demain, mon ami... » Demain est arrivé, et je suis au rendez-vous... On monte... C'est l'hôtesse.

(Il s'assied, avec une tranquillité apparente, sur un meuble près de la porte.)

SCÈNE IV

L'HOTESSE, ANTONY.

L'HOTESSE entre, deux flambeaux à la main; elle en pose un sur la table.

Monsieur, une dame, forcée de s'arrêter ici, a besoin d'une chambre; vous avez eu la bonté de me dire que vous céderiez une de celles que vous avez retenues. Si monsieur est toujours dans les mêmes intentions, je le prierais de me dire de laquelle des deux il veut bien disposer en ma faveur...

ANTONY, d'un air d'indifférence.

Mais de celle-ci : c'est, je crois, la plus grande et la plus commode... Je me contenterai de l'autre.

L'HOTESSE.

Et quand, monsieur?

ANTONY.

Tout de suite... (L'Hôtesse porte le second flambeau dans la pièce voisine et revient en scène tout de suite.) La porte ferme en dedans... Cette dame sera chez elle.

L'HOTESSE.

Je vous remercie, monsieur. (Elle va à la porte de l'escalier.) Madame!... madame!... vous pouvez monter... Par ici!... la!...

ANTONY, entrant dans l'autre chambre.

La voilà...

(Il ferme la porte de communication au moment où Adèle paraît.)

SCÈNE V

L'HOTESSE, ADÈLE.

ADÈLE.

Et vous dites qu'il est impossible de se procurer des chevaux?

L'HOTESSE.

Madame, les quatre derniers sont partis il n'y a pas un quart d'heure.

ADÈLE.

Et quand reviendront-ils?

L'HOTESSE.

Cette nuit.

ADÈLE.

Oh! mon Dieu! au moment d'arriver!... quand il n'y a plus, d'ici à Strasbourg, que deux lieues. Ah! cherchez, cherchez s'il n'y a pas quelque moyen.

L'HOTESSE.

Je n'en connais pas... Ah! cependant, si le postillon qui a amené madame était encore en bas, peut-être consentirait-il à doubler la poste.

ADÈLE.

Oui, oui, c'est un moyen... Courez, dites-lui que ce qu'il demandera, je le lui donnerai... Allez, allez. (L'Hôtesse sort.) Oh! il y sera encore,... il consentira... et, dans une heure, je serai près de mon mari... Ah! mon Dieu! je n'entends rien, je ne vois rien... Ce postillon sera reparti, peut-être... (A l'Hôtesse, qui rentre.) Eh bien?

L'HOTESSE.

Il n'y est déjà plus... L'étranger qui vous a cédé cette chambre lui a dit quelques mots de sa fenêtre, et il est reparti à l'instant.

ADÈLE.

Que je suis malheureuse!

L'HOTESSE.

Madame paraît bien agitée?

ADÈLE.

Oui. Encore une fois, il n'y a aucun moyen de partir avant le retour des chevaux?

L'HOTESSE.

Aucun, madame.

ADÈLE.

Laissez-moi alors, je vous prie.

L'HOTESSE.

Si madame a besoin de quelque chose, elle sonnera.

SCÈNE VI

ADÈLE, seule.

D'où vient que je suis presque contente de ce retard? Oh! c'est qu'à mesure que je me rapproche de mon mari, il me semble entendre sa voix, voir sa figure sévère.. Que lui dirai-je pour motiver ma fuite?... Que je craignais d'en aimer un autre...? Cette crainte seule, aux yeux de la société, aux siens, est presque un crime... Si je lui disais que le seul désir de le voir?... Ah! ce serait le tromper... Peut-être suis-je partie trop tôt, et le danger n'était-il pas aussi grand que je le croyais... Oh! avant de le revoir, lui, je n'étais pas heureuse, mais du moins j'étais calme;... chaque lendemain ressemblait à la veille... Dieu! pourquoi cette agitation, ce trouble... quand je vois tant de femmes...? Oh! c'est qu'elles ne sont point aimées par Antony... L'amour banal de tout autre homme m'eût fait sourire de pitié... Mais son amour à lui, son amour... Ah! être aimée ainsi et pouvoir l'avouer à Dieu et au monde;... être la religion, l'idole, la vie d'un homme comme lui.... si supérieur aux autres hommes;... lui rendre tout le bonheur que je lui devrais, et puis des jours nombreux qui passeraient comme des heures... Ah! voilà pourtant ce qu'un préjugé m'a enlevé!... voilà cette société juste qui punit en nous une faute que ni l'un ni l'autre de nous n'a commise... Et, en échange, que m'a-t-elle donné? Ah! c'est à faire douter de la bonté céleste!... Dieu! qu'ai-je entendu? Du bruit dans cette chambre... C'est un étranger, un homme que je ne connais pas qui l'habite,... cette chambre... (Elle se précipite vers la porte, qu'elle ferme au verrou.) Et j'avais oublié... Cette chambre est sombre... Pourquoi donc tremblé-je comme cela?... (Elle sonne.) Des chevaux! des chevaux! au nom du ciel!... Je meurs ici!... (A la porte de l'escalier.) Quelqu'un! madame!...

SCÈNE VII

L'HOTESSE, ADÈLE.

L'HOTESSE, en dehors.

Voilà! voilà! (Entrant.) Madame appelle?

ADÈLE.

Je veux partir... Les chevaux sont-ils revenus?

L'HOTESSE.

Ils partaient à peine quand madame est arrivée, et je ne les attends que dans deux ou trois heures... Madame devrait se reposer.

ADÈLE.

Où?

L'HOTESSE.

Dans ce cabinet, il y a un lit.

ADÈLE.

Il ne ferme pas, ce cabinet.

L'HOTESSE.

Les deux portes de cette chambre ferment en dedans.

ADÈLE.

C'est juste. Je puis être sans crainte ici, n'est-ce pas?

L'HOTESSE, portant le flambeau dans le cabinet.

Que pourrait craindre madame?

ADÈLE.

Rien... Je suis folle. (L'Hôtesse sort du cabinet.) Venez, au nom du ciel! me prévenir... aussitôt que les chevaux seront de retour.

L'HOTESSE.

Aussitôt, madame.

ADÈLE, entrant dans le cabinet.

Jamais il n'est arrivé d'accident dans cet hôtel?

L'HOTESSE.

Jamais... Si madame veut, je ferai veiller quelqu'un?

ADÈLE, à l'entrée du cabinet.

Non, non, au fait... Pardon!... laissez-moi...

(Elle rentre dans le cabinet et ferme la porte. Antony paraît sur le balcon, derrière la fenêtre, casse un carreau, passe son bras, ouvre l'espagnolette, entre vivement, et va mettre le verrou à la porte par laquelle est sortie l'Hôtesse.)

ADÈLE, sortant du cabinet.

Du bruit... Un homme!... Ah!...

ANTONY.

Silence!... (La prenant dans ses bras et lui mettant un mouchoir sur la bouche. C'est moi!... moi, Antony!...

(Il l'entraîne dans le cabinet.)

ACTE QUATRIÈME

Un boudoir chez la vicomtese de Lacy; au fond, une porte ouverte donnant sur un salon élégant préparé pour un bal; à gauche, une porte dans un coin.

SCÈNE PREMIÈRE

LA VICOMTESSE DE LACY, puis EUGÈNE.

LA VICOMTESSE, à plusieurs Domestiques.

Allez, et n'oubliez rien de ce que j'ai dit... L'ennuyeuse chose qu'une soirée pour une maîtresse de maison qui est seule ! à peine ai-je eu le temps d'achever ma toilette, et, si cet excellent Eugène ne m'avait aidée dans mes invitations et mes préparatifs, je ne sais comment je m'en serais tirée... Mais il avait promis d'être ici le premier.

UN DOMESTIQUE, annonçant.

M. Eugène d'Hervilly.

LA VICOMTESSE, saluant.

Monsieur...

EUGÈNE, lui rendant son salut.

Madame...

(Le Domestique sort.)

LA VICOMTESSE, changeant de manières.

Ah! vous voilà... (Se coiffant d'une main et donnant l'autre à baiser.) Vous êtes charmant et d'une exactitude qui ferait honneur à un algébriste; c'est beau pour un poëte.

EUGÈNE.

Il y a des circonstances où l'exactitude n'est pas une vertu bien surprenante.

LA VICOMTESSE.

Vrai?... Tant mieux !... Ma toilette est-elle de votre goût?

EUGÈNE.

Charmante !

LA VICOMTESSE.

Flatteur!... Reconnaissez-vous cette robe?

EUGÈNE.

Cette robe?...

LA VICOMTESSE.

Oublieux!... c'est celle que j'avais la première fois que je vous vis...

EUGÈNE.

Ah! oui, chez...

(Il cherche.)

LA VICOMTESSE, avec impatience.

Chez madame Amédée de Vals... Il n'y a que les femmes pour avoir ce genre de mémoire... Ce devrait être le beau jour, le grand jour de votre existence... Vous rappelez-vous cette dame qui ne nous a pas quittés des yeux?

EUGÈNE.

Oui, madame de Camps!... cette prude... dont on heurte toujours le pied, et qui, lorsqu'on lui fait des excuses, fait semblant de ne pas comprendre, et répond : « Oui, monsieur, pour la première contredanse. »

LA VICOMTESSE.

A propos, je l'ai vue depuis que vous m'avez quittée, et je me suis disputée avec elle, oh! mais disputée à m'enrouer.

EUGÈNE.

Ah! bon Dieu! et sur quoi donc?

LA VICOMTESSE.

Sur la littérature... Vous savez que je ne parle plus que littérature?... C'est vraiment à me compromettre... C'est votre faute cependant... Si vous me rendiez en amour ce que je risque pour vous, au moins...

EUGÈNE.

Comment! est-ce que je ne vous aimerais pas comme vous voulez être aimée?

LA VICOMTESSE.

Il le demande!... Quand j'ai vu un poëte s'occuper de moi, j'ai été enchantée; je me suis dit : « Oh! je vais trouver une âme ardente, une tête passionnée, des émotions nouvelles et profondes. » Pas du tout! vous m'avez aimée comme aurait fait un agent de change... Voulez-vous me dire où vous prenez ces scènes de feu qui vous ont fait réussir au théâtre? car, vous avez beau dire, c'est là qu'est le succès de vos pièces, et non dans l'historique, les mœurs, la couleur locale...

que sais-je, moi? Oh ! je vous en veux mortellement de m'avoir trompée... et de rire encore.

EUGÈNE.

Écoutez... Moi aussi, madame, j'ai cherché partout cet amour délirant dont vous parlez;... moi aussi, je l'ai demandé à toutes les femmes... Dix fois j'ai été sur le point de l'obtenir d'elles;... mais, pour les unes, je ne faisais pas assez bien le nœud de ma cravate; pour les autres, je sautais trop en dansant et pas assez en valsant... Une dernière allait m'aimer à l'adoration, lorsqu'elle s'est aperçue que je ne dansais pas le galop... Bref, il m'a toujours échappé au moment où je croyais être sûr de l'avoir inspiré. C'est le rêve de l'âme tant qu'elle est jeune et naïve... Tout le monde a fait ce rêve... pour le voir s'évanouir lentement; j'ai commencé ainsi que les autres, et fini comme eux; j'ai accepté de la vie ce qu'elle donne, et l'ai tenue quitte de ce qu'elle promet; j'ai usé cinq ou six ans à chercher cet amour idéal au milieu de notre société élégante et rieuse, et j'ai terminé ma recherche par le mot *impossible.*

LA VICOMTESSE.

Impossible !... Voyez comme aime Antony... Voilà comme j'aurais voulu être aimée...

EUGÈNE.

Oh ! c'est autre chose ; prenez-y garde, madame : un amour comme celui d'Antony vous tuerait, du moment que vous ne le trouveriez pas ridicule; vous n'êtes pas, comme madame d'Hervey, une femme au teint pâle, aux yeux tristes, à la bouche sévère... Votre teint est rosé, vos yeux sont petillants, votre bouche est rieuse... De violentes passions détruiraient tout cela, et ce serait dommage ; vous, bâtie de fleurs et de gaze, vous voulez aimer et être aimée d'amour? Ah ! prenez-y garde, madame !

LA VICOMTESSE.

Mais vous m'effrayez!... Au fait, peut-être cela vaut-il mieux comme cela est.

EUGÈNE, avec gaieté.

Oh ! sans doute; vous commandez une robe, vous me dites que vous m'aimez, vous allez au bal, vous revenez avec la migraine; le temps se passe, votre cœur reste libre, votre tête est folle; et, si vous avez à vous plaindre d'une chose, c'est de ce que la vie est si courte et de ce que les jours sont si longs.

LA VICOMTESSE.

Silence, fou que vous êtes! voilà du monde qui nous arrive.

LE DOMESTIQUE.

Madame de Camps.

LA VICOMTESSE.

Votre antipathie.

EUGÈNE.

Je l'avoue : méchante et prude.

LA VICOMTESSE.

Chut!... (A madame de Camps.) Ah! venez donc...

SCÈNE II

Les Mêmes, MADAME DE CAMPS

MADAME DE CAMPS.

J'arrive de bonne heure, chère Marie; il est si embarrassant pour une veuve de se présenter seule au milieu d'un bal! on sent tous les regards se fixer sur vous.

LA VICOMTESSE.

Mais il me semble que c'est un malheur que moins que tout autre vous devez craindre.

MADAME DE CAMPS.

Vous me flattez; est-ce que vous m'en voulez encore de notre petite querelle littéraire?... (A Eugène.) C'est vous qui la rendez romantique, monsieur; c'est un péché duquel vous répondrez au jour du jugement dernier.

EUGÈNE.

Je ne sais trop, madame, par quelle influence je pourrais...

MADAME DE CAMPS.

Oh! ni moi non plus; mais le fait est qu'elle ne dit plus un mot de médecine, et que Bichat, Broussais, Gall et M. Delaunay sont complétement abandonnés pour Shakspeare, Schiller, Gœthe et vous.

LA VICOMTESSE.

Mais, méchante que vous êtes, vous feriez croire à des choses...

MADAME DE CAMPS.

Oh! ce n'est qu'une plaisanterie... Et qui aurons-nous à notre belle soirée?... tout Paris?...

LA VICOMTESSE.

D'abord... Puis nos amis habituels, quelques présentations de jeunes gens qui dansent; c'est précieux, l'espèce en devient de jour en jour plus rare... Ah! Adèle d'Hervey, qui rentre dans le monde.

MADAME DE CAMPS.

Oui, qu'elle avait quitté sous prétexte de mauvaise santé, depuis trois mois, depuis son départ, depuis son aventure dans une auberge;... que sais-je, moi!... Comment, chère Marie, vous recevez cette femme?... Eh bien, vous avez tort... Vous ne savez donc pas?...

LA VICOMTESSE.

Je sais qu'on dit mille choses dont pas une n'est vraie peut-être... Mais Adèle est une ancienne amie à moi.

MADAME DE CAMPS.

Oh! ce n'est point non plus un reproche que je vous fais... Vous êtes si bonne, vous n'aurez vu dans cette invitation qu'un moyen de la réhabiliter; mais ce serait à elle à comprendre qu'elle est déplacée dans un certain monde, et, si elle ne le comprend pas, ce serait charité que de le lui faire sentir. Si son aventure n'avait pas fait tant d'éclat encore... Mais pourquoi sa sœur se presse-t-elle de dire qu'elle est partie pour rejoindre son mari? Puis, quelques jours après, on la voit revenir! M. Antony, absent avec elle, revient en même temps qu'elle... Vous l'avez sans doute invité aussi, M. Antony?

LA VICOMTESSE.

Certes!

MADAME DE CAMPS.

Je serai enchantée de le voir, M. Antony; j'aime beaucoup les problèmes.

LA VICOMTESSE.

Comment?

MADAME DE CAMPS.

Sans doute; n'est-ce point un problème... vivant au milieu de la société, qu'un homme riche, dont on ne connaît ni la famille ni l'état? Quant à moi, je ne sais qu'un métier qui dispense d'un état et d'une famille.

EUGÈNE.

Ah! madame!

MADAME DE CAMPS.

Sans doute! rien n'est dramatique comme le mystérieux au théâtre ou dans un roman... Mais dans le monde!

LE DOMESTIQUE, annonçant.

M. le baron de Marsanne... M. Frédéric de Lussan... M. Darcey.

(Entrent en même temps quelques autres personnes qu'on ne nomme pas.)

SCÈNE III

Les Mêmes, FRÉDÉRIC, LE BARON DE MARSANNE, Invités

LA VICOMTESSE, à M. de Marsanne.

Ah! c'est bien aimable à vous, monsieur le baron. (Avec familiarité, à Frédéric.) Vous êtes un homme charmant; vous danserez, n'est-ce pas?

FRÉDÉRIC.

Mais, madame, je serai à vos ordres, aujourd'hui comme toujours.

LA VICOMTESSE.

Faites attention, j'ai des témoins... Monsieur Darcey, je vous avais promis à ces dames. (A une Jeune Fille qui entre avec sa Mère.) Oh! comme vous êtes jolie! venez ici, mon bel ange! (A la Maman.) Vous nous la laisserez, n'est-ce pas? bien tard! bien tard!

LA MAMAN.

Mais, madame la vicomtesse...

LA VICOMTESSE.

J'ai trois personnes pour faire votre partie de boston.

LE DOMESTIQUE.

M. Olivier Delaunay.

(Les Dames sourient et regardent alternativement Eugène et Olivier.)

SCÈNE IV

Les Mêmes, OLIVIER.

OLIVIER.

Madame...

LA VICOMTESSE.

Bonjour, monsieur Olivier; je suis enchantée de vous voir;

vous trouverez ce soir, ici, M. Antony; j'ai présumé qu'il vous serait agréable de le rencontrer, voilà pourquoi mon invitation était si pressante.

     FRÉDÉRIC, allant à Olivier.

Mais je te cherchais partout en entrant ici; je m'attendais à ce que les honneurs de la maison me seraient faits par toi.

    OLIVIER, apercevant Eugène, qui vient à eux.

Chut!

      FRÉDÉRIC.

Bah!

      OLIVIER.

Parole d'honneur!

      EUGÈNE.

Bonjour, docteur.

      OLIVIER.

Eh bien, mon ami, les succès?

      EUGÈNE.

Eh bien, mon cher, les malades?

      OLIVIER.

Siffle-t-on toujours?

      EUGÈNE.

Meurt-on quelquefois?

     LE DOMESTIQUE.

Madame la baronne d'Hervey.

   MADAME DE CAMPS, à des Dames qui l'entourent.

L'héroïne de l'aventure que je vous racontais.

SCÈNE V

Les Mêmes, ADÈLE.

      LA VICOMTESSE.

Bonjour, chère Adèle. Eh bien, vous n'amenez pas votre sœur Clara?

      ADÈLE.

Il y a quelques jours qu'elle est partie pour rejoindre son mari.

     MADAME DE CAMPS.

Mais nous la reverrons probablement bientôt; ces voyages-là ne sont point ordinairement de longue durée.

LA VICOMTESSE, vivement, à Adèle.

Chère amie, permettez que je vous présente M. Eugène d'Hervilly, que vous connaissez sans doute de nom

ADÈLE.

Oh! monsieur, je suis bien indigne; depuis trois mois, j'ai été souffrante, je suis sortie à peine, et, par conséquent, je n'ai pu voir votre dernier ouvrage.

LA VICOMTESSE.

Profane! allez-y donc, et bien vite; je vous enverrai ma loge, la première fois qu'on le jouera. (A Eugène.) Vous m'en ferez souvenir.

LE DOMESTIQUE.

M. Antony.

(Tout le monde se retourne; les yeux se fixent alternativement sur Adèle et sur Antony qui entre. Antony salue la Vicomtesse, puis les Dames en masse. Olivier va à lui; ils causent. Eugène le regarde avec curiosité et intérêt.)

SCÈNE VI

Les Mêmes, ANTONY.

ADÈLE, pour cacher son trouble, s'adressant vivement à Eugène.

Et vous achevez sans doute quelque chose, monsieur?

EUGÈNE.

Oui, madame.

MADAME DE CAMPS.

Toujours du moyen âge?

EUGÈNE.

Toujours.

ADÈLE.

Mais pourquoi ne pas attaquer un sujet au milieu de notre société moderne?

LA VICOMTESSE.

C'est ce que je lui répète à chaque instant : « Faites de l'actualité. » N'est-ce pas qu'on s'intéresse bien plus à des personnages de notre époque, habillés comme nous, parlant la même langue?

LE BARON DE MARSANNE.

Oh! c'est qu'il est bien plus facile de prendre dans les chroniques que dans son imagination... On y trouve des pièces à peu près faites.

FRÉDÉRIC.

Oui, à peu près.

LE BARON DE MARSANNE.

Dame! voyez plutôt ce que *le Constitutionnel* disait à propos de...

EUGÈNE.

Plusieurs causes, beaucoup trop longues à développer, m'empêchent de le faire.

LA VICOMTESSE.

Déduisez vos raisons, et nous serons vos juges.

EUGÈNE.

Oh! mesdames, permettez-moi de vous dire que ce serait un cours beaucoup trop sérieux pour un auditoire en robe de bal et en parure de fête.

MADAME DE CAMPS.

Mais point du tout; vous voyez qu'on ne danse pas encore... Et puis nous nous occupons toutes de littérature; n'est-ce pas, vicomtesse?

LE BARON DE MARSANNE.

De la patience, mesdames; monsieur consignera toutes ses idées dans la préface de son premier ouvrage.

LA VICOMTESSE.

Est-ce que vous faites une préface?

LE BARON DE MARSANNE.

Les romantiques font tous des préfaces... *Le Constitutionnel* les plaisantait l'autre jour là-dessus avec une grâce...

ADÈLE.

Vous le voyez, monsieur, vous avez usé, à vous défendre, un temps qui aurait suffi à développer tout un système.

EUGÈNE.

Et vous aussi, madame, faites-y attention... Vous l'exigez, je ne suis plus responsable de l'ennui... Voici mes motifs: la comédie est la peinture des mœurs; le drame, celle des passions. La Révolution, en passant sur notre France, a rendu les hommes égaux, confondu les rangs, généralisé les costumes. Rien n'indique la profession, nul cercle ne renferme telles mœurs ou telles habitudes; tout est fondu ensemble, les nuances ont remplacé les couleurs, et il faut des couleurs et non des nuances au peintre qui veut faire un tableau.

ADÈLE

C'est juste.

LE BARON DE MARSANNE.

Cependant, monsieur, *le Constitutionnel*...

EUGÈNE, sans écouter.

Je disais donc que la comédie de mœurs devenait de cette manière, sinon impossible, du moins très-difficile à exécuter. Reste le drame de passion, et ici une autre difficulté se présente. L'histoire nous lègue des faits, ils nous appartiennent par droit d'héritage, ils sont incontestables, ils sont au poëte : il exhume les hommes d'autrefois, les revêt de leurs costumes, les agite de leurs passions, qu'il augmente ou diminue selon le point où il veut porter le dramatique. Mais, que nous essayions, nous, au milieu de notre société moderne, sous notre frac gauche et écourté, de montrer à nu le cœur de l'homme, on ne le reconnaîtra pas... La ressemblance entre le héros et le parterre sera trop grande, l'analogie trop intime ; le spectateur qui suivra chez l'acteur le développement de la passion voudra l'arrêter là où elle se serait arrêtée chez lui ; si elle dépasse sa faculté de sentir ou d'exprimer à lui, il ne la comprendra plus, il dira : « C'est faux ; moi, je n'éprouve pas ainsi ; quand la femme que j'aime me trompe, je souffre sans doute... oui... quelque temps... mais je ne la poignarde ni ne meurs, et la preuve, c'est que me voilà. » Puis les cris à l'exagération, au mélodrame, couvrant les applaudissements de ces quelques hommes qui, plus heureusement ou plus malheuseument organisés que les autres, sentent que les passions sont les mêmes au xve qu'au xixe siècle, et que le cœur bat d'un sang aussi chaud sous un frac de drap que sous un corselet d'acier...

ADÈLE.

Eh bien, monsieur, l'approbation de ces quelques hommes vous dédommagerait amplement de la froideur des autres.

MADAME DE CAMPS.

Puis, s'ils doutaient, vous pourriez leur donner la preuve que ces passions existent véritablement dans la société. Il y a encore des amours profondes qu'une absence de trois ans ne peut éteindre, des chevaliers mystérieux qui sauvent la vie à la dame de leurs pensées, des femmes vertueuses qui fuient leur amant, et, comme le mélange du naturel et du sublime est à la mode, des scènes qui n'en sont que plus dramatiques pour s'être passées dans une chambre d'auberge... Je peindrais une de ces femmes...

ANTONY, qui n'a rien dit pendant toute la discussion littéraire, mais dont le visage s'est progressivement animé, s'avance lentement, et s'appuie sur le dos du fauteuil de madame de Camps.

Madame, auriez-vous par hasard ici un frère ou un mari?

MADAME DE CAMPS, étonnée.

Que vous importe, monsieur?

ANTONY.

Je veux le savoir, moi!

MADAME DE CAMPS.

Non!

ANTONY.

Eh bien, alors, honte au lieu de sang! (A Eugène.) Oui, madame a raison, monsieur! et, puisqu'elle s'est chargée de vous tracer le fond du sujet, je me chargerai, moi, de vous indiquer les détails... Oui, je prendrais cette femme innocente et pure entre toutes les femmes, je montrerais son cœur aimant et candide, méconnu par cette société fausse, au cœur usé et corrompu; je mettrais en opposition avec elle une de ces femmes dont toute la moralité serait l'adresse; qui ne fuirait pas le danger, parce qu'elle s'est depuis longtemps familiarisée avec lui; qui abuserait de sa faiblesse de femme pour tuer lâchement une réputation de femme, comme un spadassin abuse de sa force pour tuer une existence d'homme; je prouverais que la première des deux qui sera compromise sera la femme honnête, et cela, non point à défaut de vertu, mais par manque d'habitude... Puis, à la face de la société, je demanderais justice entre elles ici-bas, en attendant que Dieu la leur rendît là-haut. (Silence d'un instant.) Allons, mesdames, c'est assez longtemps causer littérature; la musique vous appelle; en place pour la contredanse.

EUGÈNE, présentant vivement la main à Adèle.

Madame, aurai-je l'honneur...?

ADÈLE.

Je vous rends grâce, monsieur, je ne danserai pas.

(Antony prend la main d'Eugène et la lui serre.)

MADAME DE CAMPS.

Adieu, chère vicomtesse.

LA VICOMTESSE.

Comment, vous vous en allez?

MADAME DE CAMPS, s'éloignant.

Je ne resterai pas après la scène affreuse.

LA VICOMTESSE, s'éloignant avec elle.

Vous l'avez un peu provoquée, convenez-en.

(Adèle reste seule; Antony la regarde pour savoir s'il doit rester ou sortir Adèle lui fait signe de s'éloigner.)

SCÈNE VII

ADÈLE, puis LA VICOMTESSE.

ADÈLE.

Ah! pourquoi suis-je venue, mon Dieu? Je doutais encore; tout est donc connu! tout, non pas, mais bientôt tout... Perdue, perdue à jamais! Que faire? Sortir?... Tous les yeux se fixeront sur moi... Rester?... Toutes les voix crieront à l'impudence. J'ai pourtant bien souffert depuis trois mois! ç'aurait dû être une expiation.

LA VICOMTESSE, entrant.

Eh bien!... Ah! je vous cherchais, Adèle!

ADÈLE.

Que vous êtes bonne!

LA VICOMTESSE.

Et vous, que vous êtes folle! Bon Dieu! je crois que vous pleurez!...

ADÈLE.

Oh! pensez-vous que ce soit sans motif?

LA VICOMTESSE.

Pour un mot?

ADÈLE.

Un mot qui tue.

LA VICOMTESSE.

Mais cette femme perdrait vingt réputations par jour si on la croyait.

ADÈLE, se levant vivement.

On ne la croira point, n'est-ce pas? Tu ne la crois pas, toi? Merci! merci!

LA VICOMTESSE.

Mais vous-même, chère Adèle, il faudrait savoir aussi commander un peu à votre visage.

ADÈLE.

Comment et pourquoi l'aurais-je appris? Oh! je ne le sais pas, je ne le saurai jamais.

LA VICOMTESSE.

Mais si, enfant, je disais comme vous?... Au milieu de ce monde, on entend une foule de choses qui doivent glisser sans atteindre, ou, si elles atteignent, eh bien, un regard calme, un sourire indifférent...

ADÈLE.

Oh! voilà qui est affreux, Marie; c'est que vous-même pensiez déjà ceci de moi, qu'un jour viendra où j'accueillerai l'injure, où je ne reculerai pas devant le mépris, où je verrai devant moi, avec un regard calme, un sourire indifférent, ma réputation de femme et de mère, comme un jouet d'enfant, passer entre des mains qui la briseront. Oh! mon cœur! mon cœur! plutôt qu'on le torture, qu'on le déchire, et je resterai calme, indifférente; mais ma réputation, mon Dieu!... Marie, vous savez si jusqu'à présent elle était pure, si une voix dans le monde avait osé lui porter atteinte...

LA VICOMTESSE.

Eh bien, mais voilà justement ce qu'elles ne vous pardonneront pas, voilà ce qu'à tort ou à raison il faut que la femme expie un jour... Mais que vous importe, si votre conscience vous reste?

ADÈLE.

Oui, si la conscience reste.

LA VICOMTESSE.

Si, en rentrant chez vous, seule avec vous-même, vous pouvez en souriant vous regarder dans votre glace et dire : « Calomnie!... » si vos amis continuent à vous voir...

ADÈLE.

Par égard pour mon rang, pour ma position sociale.

LA VICOMTESSE.

S'ils vous tendent la main, vous embrassent... Voyons!

ADÈLE.

Par pitié, peut-être... par pitié; et c'est une femme qui, en se jouant, le sourire sur les lèvres, laisse tomber sur une autre femme un mot qui déshonore, l'accompagne d'un regard doux et affectueux pour savoir s'il entrera bien au cœur, et si le sang rejaillira... Infamie!... Mais je ne lui ai rien fait, à cette femme?

LA VICOMTESSE.

Adèle!

ADÈLE.

Elle va aller répéter cela partout... Elle dira que je n'ai point osé la regarder en face, et qu'elle m'a fait rougir et pleurer... Oh! cette fois, elle dira vrai, car je rougis et je pleure.

LA VICOMTESSE.

Oh! mon Dieu! calmez-vous; et moi qui suis obligée de vous quitter.

ADÈLE.

Oui, votre absence attristerait le bal; allez, Marie, allez.

LA VICOMTESSE.

J'avais promis à Eugène de danser avec lui la première contredanse... Mais, avec lui, je ne me gêne pas, la seconde commence. Écoutez, chère Adèle, mon amie, vous ne pouvez entrer maintenant; remettez-vous, et je reviendrai tout à l'heure vous chercher. Puis, après tout, songez que, tout le monde vous abandonnât-il, il vous restera toujours une bonne amie, un peu folle, mais au cœur franc, qui sait qu'elle vaut cent fois moins que vous, mais qui ne vous en aime que cent fois davantage. Allons, embrassez-moi, essuyez vos beaux yeux gonflés de larmes, et revenez vite faire mourir toutes ces femmes de jalousie... Au revoir!... Je vais veiller à ce qu'on ne vienne pas vous troubler.

(Elle sort. Antony est entré, pendant les derniers mots de la Vicomtesse, par la porte de côté, et s'est tenu au fond.)

SCÈNE VIII

ANTONY, ADÈLE, sans le voir.

ANTONY, regardant s'éloigner la Vicomtesse.

Elle est bonne, cette femme! (Il revient lentement se placer devant Adèle sans être aperçu. Avec angoisse.) Oh! mon Dieu! mon Dieu!

ADÈLE, avec douceur et relevant la tête.

Je ne vous en veux pas Antony.

ANTONY.

Oh! vous êtes un ange.

ADÈLE

Je vous l'avais bien dit, qu'on ne pouvait rien cacher à ce monde qui nous entoure de tous ses liens, nous épie de tous ses yeux... Vous avez désiré que je vinsse, je suis venue.

ANTONY.

Oui, et vous avez été insultée lâchement!... insultée! et moi, j'étais là, et je ne pouvais rien pour vous, c'était une femme qui parlait... Dix années de ma vie, dussent-elles se passer avec vous, je les aurais données pour que ce fût un homme qui dît ce qu'elle a dit.

ADÈLE.

Mais je ne lui ai rien fait, à cette femme !

ANTONY.

Elle s'est au moins rendu justice en se retirant.

ADÈLE.

Oui; mais ses paroles empoisonnées étaient déjà entrées dans mon cœur et dans celui des personnes qui se trouvaient là... Vous, vous n'entendez d'ici que le fracas de la musique et le froissement du parquet... Moi, au milieu de tout cela, j'entends bruire mon nom, mon nom cent fois répété, mon nom qui est celui d'un autre, qui me l'a donné pur, et que je lui rends souillé... Il me semble que toutes ces paroles qui bourdonnent ne sont qu'une seule phrase répétée par cent voix : « C'est sa maîtresse ! »

ANTONY.

Mon amie!... mon Adèle !

ADÈLE.

Puis, quand je rentrerai... car je ne puis rester toujours ici, ils se parleront bas;... leurs yeux dévoreront ma rougeur;... ils verront la trace de mes larmes... et ils diront : « Ah! elle a pleuré... Mais il la consolera, lui, c'est sa maîtresse ! »

ANTONY.

Ah !

ADÈLE.

Les femmes s'éloigneront de moi, les mères diront à leur fille : « Vois-tu cette femme ?... elle avait un mari honorable... qui l'aimait, qui la rendait heureuse... Rien ne peut excuser sa faute!... c'est une femme qu'il ne faut pas voir, une femme perdue; c'est sa maîtresse ! »

ANTONY.

Oh! tais-toi, tais-toi ! Et, parmi toutes ces femmes, quelle femme est plus pure et plus innocente que toi ?... Tu as fui... C'est moi qui t'ai poursuivie; j'ai été sans pitié à tes larmes, sans remords à tes gémissements; c'est moi qui t'ai perdue, moi qui suis un misérable, un lâche; je t'ai déshonorée, et je

ne puis rien réparer... Dis-moi, que faut-il faire pour toi?...
Y a-t-il des paroles qui consolent? Demande ma vie, mon
sang... Par grâce, que veux-tu, qu'ordonnes-tu?...

ADÈLE.

Rien... Vois-tu, il m'est passé là souvent une idée affreuse :
c'est que peut-être, une fois, une seule fois, tu as pu te dire
dans ton cœur : « Elle m'a cédé ; donc, elle pouvait céder à un
autre. »

ANTONY.

Que je meure si cela est !

ADÈLE.

C'est qu'alors, pour toi aussi, je serais une femme perdue...
toi aussi, tu dirais : « C'est ma maîtresse ! »

ANTONY.

Oh! non, non... Tu es mon âme, ma vie, mon amour!

ADÈLE.

Dis-moi, Antony, si demain j'étais libre, m'épouserais-tu
toujours ?

ANTONY.

Oh ! sur Dieu et l'honneur, oui.

ADÈLE.

Sans crainte?... sans hésitation ?

ANTONY.

Avec ivresse.

ADÈLE.

Merci! il me reste donc Dieu et toi; que m'importe le
monde?... Dieu et toi savez qu'une femme ne pouvait résister
à tant d'amour... Ces femmes si vaines, si fières, eussent succombé comme moi, si mon Antony les eût aimées; mais il
ne les eût pas aimées, n'est-ce pas ?...

ANTONY.

Oh ! non, non...

ADÈLE.

Car quelle femme pourrait résister à mon Antony ? Ah!...
tout ce que j'ai dit est folie... Je veux être heureuse encore,
j'oublierai tout pour ne me souvenir que de toi... Que m'importe ce que le monde dira ? Je ne verrai plus personne, je
m'isolerai avec notre amour, tu resteras près de moi; tu me
répéteras à chaque instant que tu m'aimes, que tu es heureux,
que nous le sommes; je te croirai, car je crois en ta voix, en
tout ce que tu me dis ; quand tu parles, tout en moi se tait

pour écouter, mon cœur n'est plus serré, mon front n'est plus brûlant, mes larmes s'arrêtent, mes remords s'endorment... J'oublie!...

ANTONY.

Non, je ne te quitterai plus, je prends tout sur moi, et que Dieu m'en punisse, oui, nous serons heureux encore... Calme-toi.

ADÈLE, dans les bras d'Antony.

Je suis heureuse!... (La porte du salon s'ouvre, la Vicomtesse paraît.) Marie!

ANTONY.

Malédiction!

(Adèle jette un cri et se sauve par la porte de côté.)

SCÈNE IX

ANTONY, LA VICOMTESSE DE LACY, puis LOUIS.

LA VICOMTESSE.

Monsieur, ce n'est qu'après vous avoir cherché partout que je suis entrée ici.

ANTONY, avec amertume.

Et sans doute, madame, un motif bien important?...

LA VICOMTESSE.

Oui, monsieur, un homme qui se dit votre domestique, vous demande, ne veut parler qu'à vous... Il y va, dit-il, de la vie et de la mort.

ANTONY.

Un domestique à moi... qui ne veut parler qu'à moi?... Oh! madame, permettez qu'il entre ici... Pardon... Si c'était?... Et puis, au nom du ciel! dites à Adèle... à la baronne... de venir... Cherchez-la, madame, je vous en prie!... vous êtes sa seule amie...

LA VICOMTESSE.

J'y cours. (Au Domestique.) Entrez.

ANTONY.

Louis!... Oh! qui te ramène?

LOUIS.

Le colonel d'Hervey est parti hier matin de Strasbourg; il sera ici dans quelques heures.

ANTONY.

Dans quelques heures?... (Appelant.) Adèle!... Adèle!...

LA VICOMTESSE, rentrant.

Elle vient de partir.

ANTONY.

Pour retourner chez elle?... Malheureux ! arriverai-je à temps ?

ACTE CINQUIÈME

Une chambre chez Adèle d'Hervey.

SCÈNE PREMIÈRE

ADÈLE, UNE FEMME DE CHAMBRE.

Un Domestique apporte deux flambeaux et sort.

ADÈLE, entrant, donnant son boa à sa femme de chambre qui la suit.
Vous pouvez vous retirer.

LA FEMME DE CHAMBRE.

Mais madame va rester seule.

ADÈLE.

Si j'ai besoin de vous, je sonnerai... Allez.

(La Femme de chambre sort.)

SCÈNE II

ADÈLE, seule.

Ah! me voilà donc seule enfin !... je puis rougir et pleurer seule... Mon Dieu! qu'est-ce que c'est donc que cette fatalité à laquelle vous permettez d'étendre le bras au milieu du monde, de saisir une femme qui toujours avait été vertueuse et qui voulait toujours l'être, de l'entraîner malgré ses efforts et ses cris, brisant tous les appuis auxquels elle se rattache, faisant sa perte, à elle, de ce qui ferait le salut d'un autre? Et vous consentez, ô mon Dieu! que cette femme soit vue des mêmes yeux, poursuivie des mêmes injures que celles qui se sont fait un jeu de leur déshonneur... Oh! est-ce justice?... Une amie encore, une seule au monde, croyait à mon innocence et me consolait... C'était trop de bonheur, pas assez de honte.... Elle me trouve dans ses bras!... Abandonnée!... Ah! Antony! Antony! me poursuivras-tu donc toujours!... Qui vient là?

SCÈNE III

ADÈLE, ANTONY.

ANTONY, entrant.

Adèle! (Avec joie.) Ah!

ADÈLE.

Oh! c'est encore vous!... Vous ici! dans la maison de mon mari, dans la chambre de ma fille presque!.. Ayez donc pitié de moi!... Mes domestiques me respectent et m'honorent encore; voulez-vous que, demain, je rougisse devant mes domestiques?...

ANTONY.

Aucun ne m'a vu... Puis il fallait que je te parlasse.

ADÈLE.

Oui, vous avez voulu savoir comment j'avais supporté cette affreuse soirée... Eh bien, je suis calme, je suis tranquille, ne craignez rien... Retirez-vous.

ANTONY.

Oh! ce n'est pas cela... Ne t'alarme pas de ce que je vais te dire...

ADÈLE.

Parle! parle! quoi donc?

ANTONY.

Il faut me suivre.

ADÈLE.

Vous!... et pourquoi?

ANTONY.

Pourquoi? Oh! mon Dieu! Pauvre Adèle!... écoute, tu sais si ma vie est à toi, si je t'aime avec délire. Eh bien, par ma vie et mon amour, il faut me suivre... à l'instant.

ADÈLE.

Oh! mon Dieu! mais qu'y a-t-il donc?

ANTONY.

Si je te disais: « Adèle, la maison voisine est en proie

aux flammes, les murs sont brûlants, l'escalier chancelle, il faut me suivre... » Eh bien, tu aurais encore plus de temps à perdre.

(Il l'entraîne.)

ADÈLE.

Oh! vous ne m'entraînerez pas, Antony; c'est folie... Grâce! grâce!... oh ! j'appelle, je crie !

ANTONY, la lâchant.

Il faut donc tout te dire, tu le veux : eh bien, du courage, Adèle ! dans une heure, ton mari sera ici.

ADÈLE.

Qu'est-ce que tu dis ?

ANTONY.

Le colonel est au bout de la rue, peut-être.

ADÈLE.

Cela ne se peut pas... Ce n'est pas l'époque de son retour.

ANTONY,

Et si des soupçons le ramènent, si des lettres anonymes ont été écrites !

ADÈLE.

Des soupçons! oui, oui, c'est cela... Oh ! mais je suis perdue, moi !... Sauvez-moi, vous... Mais n'avez-vous rien résolu ?... Vous le saviez avant moi, vous aviez le temps de chercher... Moi, moi... vous voyez bien que j'ai la tête renversée.

ANTONY.

Il faut te soustraire d'abord à une première entrevue.

ADÈLE.

Et puis ?...

ANTONY.

Et puis nous prendrons conseil de tout, même du désespoir... Si tu étais une de ces femmes vertueuses qui te raillaient ce soir, je te dirais : « Trompe-le. »

ADÈLE.

Oh ! fussé-je assez fausse pour cela, oublies-tu que je ne pourrais pas le tromper longtemps. Nous ne sommes pas malheureux à demi, nous!

ANTONY.

Eh bien, tu le vois, plus d'espérance à attendre du ciel en restant ici... Écoute, je suis libre, moi; partout où j'irai, ma fortune me suivra; puis, me manquât-elle, j'y suppléerai facilement. Une voiture est en bas... Écoute, et réfléchis qu'il n'y a pas d'autre moyen : si un cœur dévoué, si une existence d'homme tout entière que je jette à tes pieds... te suffisent... dis oui ; l'Italie, l'Angleterre, l'Allemagne, nous offrent un asile... Je t'arrache à ta famille, à ta patrie... Eh bien, je serai pour toi et famille et patrie... En changeant de nom, nul ne saura qui nous sommes pendant notre vie, nul ne saura qui nous avons été après notre mort. Nous vivrons isolés, tu seras mon bien, mon Dieu, ma vie ; je n'aurai d'autre volonté que la tienne, d'autre bonheur que le tien... Viens, viens, et nous oublierons les autres pour ne nous souvenir que de nous.

ADÈLE.

Oui, oui... Eh bien, un mot à Clara.

ANTONY.

Nous n'avons pas une minute à perdre.

ADÈLE.

Ma fille !... il faut que j'embrasse ma fille... Vois-tu, c'est un dernier adieu, un adieu éternel.

ANTONY.

Oui, oui, va, va.
(Il la pousse.)

ADÈLE.

Oh ! mon Dieu !

ANTONY.

Mais qu'as-tu donc?

ADÈLE.

Ma fille !... quitter ma fille... à qui on demandera compte un jour de la faute de sa mère, qui vivra peut-être, mais qui ne vivra plus pour elle... Ma fille !... Pauvre enfant ! qui croira se présenter pure et innocente au monde, et qui se présentera déshonorée comme sa mère, et par sa mère !

ANTONY.

Oh ! mon Dieu !

ADÈLE.

N'est-ce pas que c'est vrai ?... Une tache tombée sur un nom ne s'efface pas ; elle le creuse, elle le ronge, elle le dévore... Oh ! ma fille ! ma fille !

ANTONY.

Eh bien, emmenons-la, qu'elle vienne avec nous... Hier encore, j'aurais cru ne pouvoir l'aimer, cette fille d'un autre... et de toi... Eh bien, elle sera ma fille, mon enfant chéri ; je

l'aimerai comme celui... Mais prends-la et partons... Prends-la donc, chaque instant te perd. . A quoi songes-tu ? Il va venir, il vient, il est là !...
ADÈLE.
Oh ! malheureuse !... ou en suis-je venue ? où m'as-tu conduite ? Et il n'a fallu que trois mois pour cela !... Un homme me confie son nom,... met en moi son bonheur... Sa fille !... il l'adore !... c'est son espoir de vieillesse,... l'être dans lequel il doit se survivre... Tu viens, il y a trois mois ; mon amour éteint se réveille, je souille le nom qu'il me confie, je brise tout le bonheur qui reposait sur moi... Et ce n'est pas tout encore, non, car ce n'est point assez : je lui enlève l'enfant de son cœur, je déshérite ses vieux jours des caresses de sa fille... et, en échange de son amour,... je lui rends honte, malheur et abandon... Sais-tu, Antony, que c'est infâme ?
ANTONY.
Que faire alors ?
ADÈLE.
Rester.
ANTONY.
Et, lorsqu'il découvrira tout ?...
ADÈLE.
Il me tuera.
ANTONY.
Te tuer !... lui, te tuer ?... toi, mourir ?... moi, te perdre ?.. C'est impossible !... Tu ne crains donc pas la mort, toi ?
ADÈLE.
Oh ! non !... elle réunit...
ANTONY.
Elle sépare... Penses-tu que je croie à tes rêves, moi... et que sur eux j'aille risquer ce qu'il me reste de vie et de bonheur ?... Tu veux mourir ? Eh bien, écoute, moi aussi, je le veux... Mais je ne veux pas mourir seul, vois-tu... et je ne veux pas que tu meures seule... Je serais jaloux du tombeau qui te renfermerait. Béni soit Dieu qui m'a fait une vie isolée que je puis quitter sans coûter une larme à des yeux aimés ! béni soit Dieu qui a permis qu'à l'âge de l'espoir j'eusse tout épuisé et fusse fatigué de tout !... Un seul lien m'attachait à ce monde : il se brise... Et moi aussi, je veux mourir !... mais avec toi ; je veux que les derniers battements de nos cœurs se répondent, que nos derniers soupirs se confondent... Com-

prends-tu?... une mort douce comme un sommeil, une mort plus heureuse que toute notre vie... Puis, qui sait? par pitié, peut-être jettera-t-on nos corps dans le même tombeau.

ADÈLE.

Oh! oui, cette mort avec toi, l'éternité dans tes bras... Oh! ce serait le ciel, si ma mémoire pouvait mourir avec moi... Mais, comprends-tu, Antony?... cette mémoire, elle restera vivante au cœur de tous ceux qui nous ont connus... On demandera compte à ma fille de ma vie et de ma mort... On lui dira : « Ta mère!... elle a cru qu'un nom taché se lavait avec du sang... Enfant, ta mère s'est trompée, son nom est à jamais déshonoré, flétri! et toi, toi!... tu portes le nom de ta mère... » On lui dira : « Elle a cru fuir la honte en mourant... et elle est morte dans les bras de l'homme à qui elle devait sa honte; » et, si elle veut nier, on lèvera la pierre de notre tombeau, et l'on dira : « Regarde, les voilà! »

ANTONY.

Oh! nous sommes donc maudits? Ni vivre ni mourir enfin!

ADÈLE.

Oui... oui, je dois mourir seule... Tu le vois, tu me perds ici sans espoir de me sauver... Tu ne peux plus qu'une chose pour moi... Va-t'en, au nom du ciel, va-t'en!

ANTONY.

M'en aller!... te quitter!... quand il va venir, lui?... T'avoir reprise et te reperdre?... Enfer!... et s'il ne te tuait pas?... s'il te pardonnait?... Avoir commis, pour te posséder, rapt, violence et adultère, et, pour te conserver, hésiter devant un nouveau crime?... perdre mon âme pour si peu? Satan en rirait; tu es folle... Non... non, tu es à moi comme l'homme est au malheur... (La prenant dans ses bras.) Il faut que tu vives pour moi... Je t'emporte... Malheur à qui m'arrête!...

ADÈLE.

Oh! oh!

ANTONY.

Cris et pleurs, qu'importe!...

ADÈLE.

Ma fille! ma fille!

ANTONY.

C'est un enfant... Demain, elle rira.

(Ils sont près de sortir. On entend deux coups de marteau à la porte cochère.)

ADÈLE, s'échappant des bras d'Antony.

Ah! c'est lui... Oh! mon Dieu! mon Dieu! ayez pitié de moi, pardon, pardon!

ANTONY, la quittant.

Allons, tout est fini!

ADÈLE.

On monte l'escalier... On sonne... C'est lui... Fuis, fuis!

ANTONY, fermant la porte.

Eh! je ne veux pas fuir, moi... Écoute... Tu disais tout à l'heure que tu ne craignais pas la mort?

ADÈLE.

Non, non... Oh! tue-moi, par pitié!

ANTONY.

Une mort qui sauverait ta réputation, celle de ta fille?

ADÈLE.

Je la demanderais à genoux.

UNE VOIX, en dehors.

Ouvrez!... ouvrez!... Enfoncez cette porte...

ANTONY.

Et, à ton dernier soupir, tu ne haïrais pas ton assassin?

ADÈLE.

Je le bénirais... Mais hâte-toi!... cette porte...

ANTONY.

Ne crains rien, la mort sera ici avant lui... Mais, songes-y, la mort!

ADÈLE.

Je la demande, je la veux, je l'implore! (Se jetant dans ses bras.) Je viens la chercher.

ANTONY, lui donnant un baiser.

Eh bien, meurs!

(Il la poignarde.)

ADÈLE, tombant dans un fauteuil.

Ah!...

(Au même moment, la porte du fond est enfoncée; le colonel d'Hervey se précipite sur le théâtre.

SCÈNE IV

LES MÊMES, LE COLONEL D'HERVEY, ANTONY, PLUSIEURS DOMESTIQUES.

LE COLONEL.

Infâme!... Que vois-je?... Adèle!... morte!...

13.

ANTONY.
Oui! morte! Elle me résistait, je l'ai assassinée!..:
(Il jette son poignard aux pieds du Colonel.)

POST-SCRIPTUM

Avant de jeter la plume, et de dire adieu à cette œuvre, comme à un livre que l'on ferme pour toujours, quelques mots de remercîment aux excellents comédiens qui en ont fait le succès

Ils avaient une tâche difficile : il fallait faire accepter au public une scène d'amour en cinq actes, un développement pur et simple de passion, jouée par deux personnages entre quatre paravents, sans action et sans mouvement.

Merci d'abord à madame Dorval, si vraie, si passionnée, si nature enfin, qu'elle fait oublier l'illusion à force d'illusion; qu'elle change un drame de théâtre en action vivante, ne laisse pas respirer un instant le spectateur, l'effraye de ses craintes, le fait souffrir de ses douleurs, et lui brise l'âme de ses cris, au point qu'elle entende dire autour d'elle : « Oh! grâce! grâce! c'est trop vrai. » Que madame Dorval ne s'inquiète pas de cette critique; elle est la seule actrice, je crois, à qui on pense à la faire.

Merci à Bocage, qui, en comédien consommé, a saisi non-seulement l'ensemble du rôle, mais encore toutes ses nuances. Mélancolie, passion, misanthropie, égoïsme, métaphysique, mépris, terreur, il a tout senti et tout fait sentir. Quelques critiques ont dit que le rôle d'Antony était faux et sans intérêt; je serais volontiers de leur avis, ne fût-ce que pour rendre un hommage de plus au talent de l'acteur, qui a su s'y faire constamment applaudir.

Qu'ils prennent donc à pleines mains leur part dans le succès; ce qu'ils laisseront pour l'auteur sera probablement encore plus qu'il ne mérite.

FIN D'ANTONY

CHARLES VII
CHEZ SES GRANDS VASSAUX
TRAGÉDIE EN CINQ ACTES
Odéon. — 20 octobre 1831.

———

Cur non?...

« Et en ce temps, un chevalier nommé messire Charles de Savoisy, par un de ses pages qui chevauchoit un cheval en le venant de mener boire à la rivière, le cheval esclabouta un escollier, lequel avecques les autres alloit en procession à Sainte-Katherine, et tant que l'escollier frappa ledit page : et alors, les gens dudit chevalier saillirent de son hôtel embastonnés, poursuivant lesdits escolliers jusques à Sainte-Katherine; et un des gens dudit chevalier tira une flèche dedans l'église, jusques au grand autel, où le prêtre chantoit messe; donc pour ce faict l'Université fit telle poursuite à l'encontre dudit chevalier, que la maison d'icelui chevalier fut abattue, et fut ledit chevalier banny hors du royaume de France, et excommunié. Et s'en alla devers le pape, lequel l'absolut, et arma quatre gallées, et s'en alla par mer faisant guerre aux Sarrazins, et, là, gaigna moult d'avoir. Puis retourna et fut faicte sa paix, et refit son hôtel à Paris tel comme il étoit paravant; mais il ne fut pas parachevé, et fit faire son hôtel de Signelay (Seignelais) en Auxerrois moult bel, par les Sarrazins qu'il avoit amenés d'outremer; lequel châtel est à trois lieues d'Auxerre. «(*Chronique du roi Charles VII*, par maître ALAIN CHARTIER, homme très-honorable. — Page 5.)

Je cherchais la matière d'un drame; il y en avait un dans ces vingt lignes : je le pris.

Il se présenta à mon esprit sous une forme classique : je l'adoptai.

Le théâtre est, avant tout, chose de fantaisie; je ne comprends donc pas qu'on l'emprisonne dans un système. Un même sujet se présentera sous vingt aspects divers à vingt imaginations différentes. Tracez des règles uniformes, forcez ces imaginations de les suivre, et il y a cent à parier contre un que vous aurez dix-neuf mauvais ouvrages; laissez chacun prendre son sujet à sa guise, le tailler à sa fantaisie; accordez liberté entière à tous, depuis les douze heures de Boileau jusqu'aux trente ans de Shakspeare, depuis le vers libre de Jodelle jusqu'à l'alexandrin de Racine, depuis les trilogies de Beaumarchais jusqu'aux proverbes de Théodore Leclercq : et alors chaque individu flairera ce qui convient le mieux à son organisation, amassera ses matériaux, bâtira son monde à part, soufflera dessus pour lui donner la vie, et viendra, au jour dit, avec un résultat sinon complet, du moins original; sinon remarquable, du moins individuel.

Convaincu de cette vérité, j'ai donc pris les formes classiques, qui, pour cette fois, m'allaient, et j'ai verrouillé mes trois unités dans les dix pieds carrés de la chambre basse du comte Charles de Savoisy.

Et je dis les trois unités, parce que, selon moi, l'action, que l'on croit double, est simple. Le tissu et la broderie qui l'enjolive ne font point deux étoffes : Yaqoub, Bérengère, le comte, voilà le tissu; Charles VII et Agnès, voilà la broderie. Le roi vient demander l'hospitalité au vassal; le vassal la lui accorde, et c'est tout. L'arrivée inattendue de Charles VII complique l'action, mais ne la détourne pas de son but; et, malgré la présence de son hôte royal, les affaires de ménage du comte vont toujours leur train.

Puis cela était nécessaire à mon œuvre comme je la concevais. Si quelqu'un veut voir une perspective tout à fait comme son voisin la voit, il faut qu'il la regarde de la place de son voisin et non pas de la sienne; ce qui fait, je crois, que le critique devrait toujours juger une œuvre selon la donnée de l'auteur, et non bâtir une nouvelle pièce à côté de l'autre, attendu qu'il est probable qu'il donnera la préférence à la sienne. Puis il est probable encore que le public sera de l'avis du journaliste, parce qu'il est abonné au journal, et que le journal auquel il est abonné ne peut pas avoir tort.

Cela, dis-je, était nécessaire à mon drame, et voici comment je voulais faire une œuvre de style plutôt qu'un drame d'action : je désirais mettre en scène plutôt des types que des hommes; ainsi Yaqoub était pour moi la représentation de l'esclavage d'Orient ; Raymond, de la servitude d'Occident ; le comte, c'était la féodalité; le roi, la monarchie. Une idée morale, qui sans doute est passée inaperçue, planait sur le tout.

La voici :

La nature a organisé chaque individu en harmonie avec le lieu où il doit naître, vivre et mourir. Des mers immenses, des montagnes qui percent les nues encadrent en quelque sorte chaque race dans la localité qui lui est propre, et lui défendent de se mêler aux autres races. Autour de l'homme naissent les animaux nécessaires à des voyages bornés, mais qui ne doivent pas le porter au delà des limites que le doigt de Dieu lui a tracées pour patrie; tant que l'Européen s'abandonnera à son cheval, l'Arabe à son dromadaire, l'instinct de chacun de ces animaux le retiendra dans l'atmosphère qui lui convient, et ni l'animal ni son maître n'auront à souffrir. Déplacer une existence, c'est la fausser : les principes du bien, qui, dans des climats amis, sur une terre maternelle, sous le soleil natal, eussent mûri comme un fruit, tournent à mal sur un sol étranger. Quand tout est hostile à un individu, l'individu devient hostile à tout; et, comme il ne peut anéantir cet air qui l'étouffe, ce soleil qui le brûle, cette terre qui le blesse, sa haine retombe sur les hommes, dont il peut toujours se venger.

Tel est Yaqoub. Le comte de Savoisy pense, dans sa religieuse crédulité, expier son crime en enlevant à son pays un jeune Arabe né pour le désert et la liberté. Le saint-père lui a ordonné une injustice pour racheter un meurtre : la raison n'accepte pas le marché; l'enfant ravi à sa patrie vivra mal ailleurs que là où il aurait dû vivre : là-bas, il eût été heureux au milieu d'hommes heureux; ici, il sera malheureux par les autres, et les autres le seront par lui; car son espoir, ses pensées, ses désirs seront ceux d'une autre race et d'un autre pays, inconnus au pays qu'il habite, incompris de la race qui l'entoure. S'ils veulent se répandre au dehors, le défaut de sympathie les repoussera au dedans. Quelque temps, son cœur les renfermera pêle-mêle et grondants; puis, vienne une occasion, que la victime et le bourreau se trouvent face à face, il y aura des crimes et du sang. Comme l'expiation était un sacrilége, Dieu veut qu'à son tour l'expiation soit expiée.

Je ne sais trop comment est mort le comte de Savoisy ; mais, en bonne justice, c'est ainsi qu'il aurait dû mourir.

Reste à répondre à une dernière critique. On m'a reproché d'avoir pris le dénoûment d'*Andromaque*. J'ai déjà dit que j'avais voulu faire une œuvre classique; pour ce, il me fallait imiter un écrivain classique; Racine s'est trouvé là : autant valait, je crois, pour modèle choisir lui qu'un autre. Qu'on se rappelle *Henri III, Christine* et *Antony*, et peut-être conviendra-t-on qu'il y aurait mauvaise foi à m'accuser d'être à court de dénoûments.

ALEX. DUMAS.

DISTRIBUTION

CHARLES VII, roi de France....................	MM. Delafosse.
LE COMTE CHARLES DE SAVOISY, seigneur de Seignelais....................................	Ligier.
YAQOUB, jeune Arabe, appelé communément LE SARRASIN..	Lockroy.
BÉRENGÈRE, COMTESSE DE SAVOISY.........	Mlles Georges.
AGNÈS SOREL...................................	Noblet.
JEAN, bâtard d'Orléans.........................	MM. Félix.
ISABELLE DE GRAVILLE........................	Mlle Georges Cabette.
GUY-RAYMOND.................................	MM. Arsène.
ANDRÉ. } Archers...............................	{ Auguste.
JEHAN. }	Hoster.
Le Chapelain..................................	Éric-Bernard.
BALTHAZAR, fauconnier.......................	Tournan.
L'Argentier du Roi.............................	Ménétrier.
Un Écuyer.......................................	Valkin.
Un Page..	Mlle Adèle.

— Au château de Seignelais, dans le Berry. —

ACTE PREMIER

YAQOUB

Une salle gothique. Au fond, une porte ogive donnant sur une cour, entre deux croisées à vitraux coloriés. A droite du spectateur, une porte masquée par une tapisserie. A gauche, une grande cheminée; une autre porte masquée aussi par une tapisserie et donnant dans la chambre d'honneur. De chaque côté des croisées et entre les portes, des panoplies naturelles. Près de la cheminée, un prie-Dieu.

SCÈNE PREMIÈRE

Plusieurs Archers entourent le feu; YAQOUB est couché du côté opposé, sur une peau de tigre; à la porte du fond paraissent à la fois UN Pèlerin, et UN Archer, portant sur ses épaules un daim fraîchement tué.

LE PÈLERIN, du seuil de la porte.

Que Dieu soit avec vous!

ANDRÉ, passant devant lui.

Entrez, messire prêtre.
Charles de Savoisy, notre seigneur et maître,

Sur le seuil de sa porte, en vous voyant ainsi,
Vous dirait comme moi : « Mon père, entrez. »
> LE PÈLERIN.

Merci.

(Yaqoub tressaille au son de cette voix et se retourne.)
> ANDRÉ.

Il vous dirait encor, s'il était là : « Mon père,
Seyez-vous sur mon siége, et buvez dans mon verre. »
Seyez-vous donc alors, et buvez ; car, vrai-Dieu !
C'est nous qu'il a chargés de le dire en son lieu.

(Aux Archers.)

N'est-ce pas ?
> LES ARCHERS.

Certe.
> LE PÈLERIN.

Ainsi ferai-je tout à l'heure ;
Mais, pour me rendre encor sa volonté meilleure,
Pourrais-je, auparavant, le sachant fils pieux,
Aller sur leurs tombeaux prier pour ses aïeux ?
> ANDRÉ, décrochant une clef.

Jehan, prends cette clef, et conduis ce saint homme.

(Le Pèlerin et Jehan sortent.)

Maintenant, que celui d'entre vous qu'on renomme
Pour un tueur de daims, me dise si beaucoup,
Tirés à cent vingt pas, tombent ainsi d'un coup.

(Jetant le daim à terre.)

Regardez.

(Ils font cercle autour de l'animal.)
> UN ARCHER.

C'est un daim d'une royale race.
> ANDRÉ.

Depuis le point du jour que j'éventais sa trace,
Il m'a fallu passer ainsi qu'un sanglier,
Pour le suivre, à travers et taillis et hallier ;
Aussi je me suis mis les mains et le visage
Tout en sang.

(A Yaqoub.)

Tu ris, toi ?
> UN ARCHER.

Laisse là ce sauvage.

YAQOUB, se retournant.

Hein!...
L'ARCHER.

A l'art de la chasse est-ce qu'il entend rien?
La chasse est un plaisir de noble et de chrétien.

YAQOUB, comme se parlant à lui-même.

J'étais encore enfant : un matin, sous sa tente,
Mon père, l'œil en feu, la gorge haletante,
Rentra, jetant son arc et ses traits, et me dit :
« Yaqoub, par Mahomet! ce canton est maudit;
Chaque nuit, mon troupeau d'un mouton diminue.
La lionne au bercail est encor revenue;
Sur le sable j'ai vu ses pas appesantis.
Sans doute, dans quelque antre elle a quelques petits. »
Je ne répondis rien ; mais, quand sortit mon père,
Je pris l'arc et les traits, et, courbé vers la terre,
Je suivis la lionne. Elle avait traversé
Le Nil; au même endroit qu'elle je le passai
Elle avait au désert cru me cacher sa fuite;
J'entrai dans le désert, ardent à sa poursuite.
Elle avait, évitant le soleil au zénith,
Cherché de l'ombre au pied du grand sphinx de granit,
De l'antique désert antique sentinelle;
Comme elle fatigué, je m'y couchai comme elle...
Comme elle, je repris ma course, et, jusqu'au soir,
Mon pas pressa son pas; puis je cessai d'y voir.
Immobile, implorant un seul bruit saisissable
Qui vînt à moi, flottant sur cette mer de sable,
J'écoutai, retenant mon souffle... Par moments,
On entendait au loin de sourds mugissements;
Vers eux, comme un serpent, je me glissai dans l'ombre.
Sur mon chemin, un antre ouvrait sa gueule sombre,
Et dans ses profondeurs j'aperçus sans effroi
Deux yeux étincelants qui se fixaient sur moi.
Je n'avais plus besoin ni de bruit ni de trace,
Car, la lionne et moi, nous étions face à face...
Ah! ce fut un combat terrible et hasardeux,
Où l'homme et le lion rugissaient tous les deux...
Mais les rugissements de l'un d'eux s'éteignirent...
Puis du sang de l'un d'eux les sables se teignirent

Et, quand revint le jour, il éclaira d'abord
Un enfant qui dormait auprès d'un lion mort.
Cet enfant aux chrétiens ne sert pas de modèle ;
La chasse du lion est plaisir d'infidèle.

ANDRÉ.

Silence, Sarrasin !... Quand loin de leur pays
Les chrétiens vont chassant par tes champs de maïs,
C'est qu'ils sont tourmentés d'une sainte espérance...

(Montrant Yaqoub.)

Et voilà le gibier qu'ils rapportent en France !

(Il détache les flèches passées autour de sa ceinture, et pose son arc dans un coin.)

Ouf !... Maintenant, j'ai soif... A boire, compagnon !...
Que dit-on de l'Anglais ? que fait le Bourguignon ?
Avons-nous du nouveau depuis hier ?

(Il boit.)

Ah ! Bourgogne !
Bourgogne, qui nous fais la guerre sans vergogne,
Je puis bien me brouiller avec tes enfants ; mais,
Bourgogne, me brouiller avec ton vin, jamais !

UN ARCHER.

Du nouveau ? Guy-Raymond arrive.

ANDRÉ.

D'où ?

L'ARCHER.

Je pense
Que c'est du camp français.

ANDRÉ.

Que Dieu le récompense,
S'il vient nous annoncer que l'Anglais est battu,
Ou que le roi reprend quelque peu de vertu !...
Vous a-t-il, en passant, donné quelque nouvelle ?

UN ARCHER.

La comtesse l'a fait introduire auprès d'elle
Sitôt son arrivée ; il nous a seulement
Dit, en passant ici, de l'attendre un moment.

ANDRÉ.

Sans doute que du maître il apporte un message ?

L'ARCHER.

C'est probable.

ANDRÉ.
Avec vous, je le guette au passage.
Depuis bientôt trois ans qu'il est parti d'ici,
Il doit avoir du neuf à conter.

SCÈNE II

Les Mêmes, GUY-RAYMOND, sortant de chez la Comtesse.

RAYMOND, à André.
Me voici.
Bonjour.
LES ARCHERS.
Bonjour, Raymond.
RAYMOND, à André.
Bonjour, ma rouge trogne.
Es-tu toujours chasseur ?
(André lui montre le daim.)
Es-tu toujours ivrogne ?
(André lui montre la bouteille vide.)
Bravo ! je ne connais que manants de bas lieu
Qui négligent les dons qu'à chaque homme a faits Dieu.
(S'approchant d'Yaqoub.)
Et toi, mon jeune tigre ?...
YAQOUB.
Hein !...
RAYMOND.
Le voilà qui gronde.
Sais-tu bien que sans moi, Sarrasinois immonde,
Dans ton désert maudit tu rugirais encor,
Et que tu n'aurais pas au cou ce collier d'or,
Où tout autre qu'un chien en regardant peut lire :
« Yaqoub le Sarrasin appartient à messire
Charles de Savoisy, seigneur de Seignelais. »
Ce qui te donne un rang au milieu des valets ?...
Je t'ai pris au soleil aussi nu qu'un reptile ;
C'est à moi que tu dois pain, vêtements, asile,

Esclave; et, si tu l'as oublié, je reviens
T'en faire souvenir.

YAQOUB.

C'est bon, je m'en souviens.

ANDRÉ.

Allons, viens çà, Raymond, et dis-nous quelque chose
Des affaires du temps.

RAYMOND.

Vous savez, je suppose,
Que Charles-Six est mort, et que le jeune roi
S'est vite fait sacrer à Poitiers.

ANDRÉ.

Sur ma foi!
L'on ne sait rien au fond de cette forteresse;
Cependant tout cela, morbleu! nous intéresse:
Nous sommes Armagnacs et Français; nous portons
La croix blanche à l'habit.

RAYMOND.

Il paraît, mes moutons,
Que votre troupeau va sans savoir qui le mène?...
Ah! messieurs du Berry, l'on se bat dans le Maine,
Et vous n'en savez rien! Eh bien, les curieux
Pourront bientôt, je crois, sans sortir de ces lieux,
S'ils ouvrent les deux yeux, prêtent les deux oreilles,
Du haut de ces créneaux, entendre et voir merveilles?.

UN ARCHER.

Eh bien. que verront-ils? qu'est-ce qu'ils entendront?

RAYMOND.

Ils verront, comme un mur de fer, venir de front
Trente mille soldats... Satan serre leur gorge!...
Criant, les uns : « Bourgogne! » et les autres : « Saint George! »

ANDRÉ.

Comment! si près de nous Anglais et Bourguignons!
Trente mille, dis-tu?

RAYMOND.

Rien que ça, compagnons;
Et, pour leur apporter secours dans la mêlée,
La Bretagne, dit-on, vient en grande assemblée.

UN ARCHER.
Ainsi des trois côtés!... Mais Paris?
RAYMOND.
Est rendu.
ANDRÉ.
Et le comte Bernard, qui le tenait?...
RAYMOND.
Pendu.
Henri-Six d'Angleterre est nommé roi de France,
Bedford régent.
LES ARCHERS.
Enfer!...
RAYMOND.
Heureusement, Clarence,
Suffolk et milord Gray, tués devant Angers,
Prouvent à nos soldats que les cœurs étrangers,
Si bien cachés qu'ils soient sous leur armure anglaise,
N'y sont point à l'abri d'une lance française.
Aussi Bedfort vient-il de signer un traité
Avec Philippe et Jean : s'il est exécuté,
Si le duc de Bourgogne et le duc de Bretagne
Se joignent à l'Anglais pour tenir la campagne,
Vrai-Dieu ! nous n'avons plus qu'à demander merci...
A moins que Charles-Sept... — puisse-t-il être ici,
Pour entendre le vœu que je forme dans l'âme ! —
De sa royale main déployant l'oriflamme,
En tête des barons à sa voix reunis,
Ne charge en criant haut : « Montjoie et Saint-Denis! »
Car malheur à qui, sourd à ce cri de vaillance,
L'entendrait sans lever ou l'épée ou la lance !
ANDRÉ.
Pour moi, je sais quelqu'un qui bien tranquillement
D'être Anglais ou Français attendra le moment.
RAYMOND.
Qui?
ANDRÉ, montrant Yaqoub.
Lui.
RAYMOND, s'adressant à Yaqoub
C'est vrai ?

YAQOUB.

C'est vrai. Que m'importe, en mon bouge,
Armagnac à croix blanche ou Bourgogne à croix rouge?
Que m'importe quel est le faible ou le puissant?
Ni Charles ni Henri n'ont de droit sur mon sang.
Il faudra bien qu'un jour la France ou l'Angleterre
Pour Yaqoub, fils d'Asshan, garde six pieds de terre;
Et, quels que soient, vivants, leurs désirs absolus,
Morts, Charles ni Henri n'en obtiendront pas plus.

RAYMOND.

A moins que cependant le bourreau ne te mène
Prendre possession de ton dernier domaine,
Et, comme le tombeau que révère Ismaël,
Ne loge ton squelette à mi-chemin du ciel.
C'est ce que, quelque jour, Dieu permettra peut-être.

ANDRÉ.

Et quand as-tu quitté le comte notre maître?

RAYMOND.

Voilà bientôt un mois que du camp de Beaugé
Nous partîmes tous deux : lui s'était dirigé
Vers la Bretagne; moi, j'ai fait route opposée.
D'une commission qui n'était pas aisée
J'avais à m'acquitter : pour atteindre Avignon,
Il fallait, à travers Anglais et Bourguignon,
Par la ruse ou le fer, se frayer un passage,
Et remettre au saint-père un important message.
Je l'ai fait; me voilà! De son côté, ma foi!
Que le comte à son tour s'en tire comme moi,
Et ce ne sera pas malheureux... Du saint-père
J'ai rapporté la lettre en bon état, j'espère!
Regardez : de Benoît voilà le sceau bien net,
Avec les clefs, la croix, la crosse et le bonnet...
Signez-vous!

(Tous se signent. Du regard, il ordonne à Yaqoub d'en faire autant. Yaqoub croise ses mains sur sa poitrine et incline la tête.)

Toi...

YAQOUB.

Qu'il soit fait ainsi que vous faites!
Jésus et Mahomet sont deux puissants prophètes.

RAYMOND, à Yaqoub en tirant son poignard.

Regarde ce poignard : s'il t'arrive jamais
De mêler ces deux noms, Yaqoub, je te promets
Qu'à la première phrase arrêtant ta harangue
Ce fer à ton palais ira clouer ta langue.

TOUS, s'approchant de Yaqoub.

Mort au blasphémateur!

YAQOUB, se levant et mettant la main à son cimeterre.

N'approchez pas, maudits!
Arrière, par Allah!... Arrière! je vous dis...

SCÈNE III

LES MÊMES, BÉRENGÈRE, soulevant la tapisserie.

Tous s'arrêtent à l'aspect de la Comtesse. Yaqoub croise ses bras sur sa poitrine, et reste dans l'attitude du plus profond respect.

BÉRENGÈRE.

Allons, enfants, du bruit encore! une querelle!
Qui menacez-vous donc ainsi?

ANDRÉ.

C'est l'infidèle,
Qui blasphème.

BÉRENGÈRE.

Eh! sait-il ce qu'il dit, insensés?
Lorsque Dieu le repousse, est-ce donc point assez?...
Raymond, que faisiez-vous de ce poignard?

RAYMOND.

Madame,
Rien...

(Le jetant aux pieds de Yaqoub.)

Je chargeais Yaqoub d'en aiguiser la lame.
Entends-tu, Sarrasin?

BÉRENGÈRE.

C'est bien. Retirez-vous,
Et revenez ce soir pour prier avec nous.

(Ils sortent.)

SCÈNE IV

BÉRENGÈRE, YAQOUB.

BÉRENGÈRE.

Yaqoub, nous voilà seuls : dites, qu'était-ce encore ?

YAQOUB.

Rien...

BÉRENGÈRE.

Que vous ont-ils fait ?

YAQOUB.

Rien.

BÉRENGÈRE.

Vous voyez : j'ignore
Ce qui vient d'arriver, et cependant voici
Que je leur donne tort, à vous raison.

YAQOUB.

Merci.

BÉRENGÈRE.

Eh bien, n'avez-vous point autre chose à me dire ?

YAQOUB.

Si fait : que Mahomet a le droit de maudire,
Et qu'il maudit.

BÉRENGÈRE.

Yaqoub !...

YAQOUB.

Je ne sais pas pourquoi ;
Mais je sais seulement que je suis maudit, moi ;
Que ma haine devient chaque jour plus profonde...
Et que ma mère est morte en me mettant au monde.

BÉRENGÈRE.

Malheureux !...

YAQOUB.

Malheureux ?... Malheureux en effet ;
Car, pour souffrir ainsi, dites-moi, qu'ai-je fait ?...
Est-ce ma faute, à moi, si votre époux et maître,
Poursuivant un vassal, malgré les cris du prêtre,
Entra dans une église, et, là, d'un coup mortel
Le frappa ? Si le sang jaillit jusqu'à l'autel,
Est-ce ma faute ? Si sa colère imbécile
Oublia que l'église était un lieu d'asile,

Est-ce ma faute? Et si, par l'Université,
A venger ce forfait le saint-père excité
Dit que, pour désarmer la céleste colère,
Il fallait que le comte armât une galère,
Et, portant sur nos bords la désolation,
Nous fît esclaves, nous, en expiation,
Est-ce ma faute encor? et puis-je pas me plaindre
Qu'au fond de mon désert son crime aille m'atteindre?
Oh! si des bords du Nil quelque chef de tribu,
Pour un crime pareil et dans un pareil but,
Au sein de ta famille où tout était prospère,
Femme, venait te prendre ou ton fils ou ton père;
S'il le traitait là-bas comme on me traite ici;
S'il lui mettait au cou le collier que voici,
Tu comprendrais alors que la haine dans l'âme
Ne rentre pas ainsi qu'au fourreau cette lame!
BÉRENGÈRE.
Oh! oui, vous êtes bien malheureux!
YAQOUB, avec mélancolie.
Quel enfant
Plus que moi fut heureux, plus que moi triomphant?...
Quand ma tête en mes mains s'appesantit brûlante,
Et que dans le passé ma mémoire plus lente
Retrouve son chemin de jalons en jalons,
Comme un homme forcé d'aller à reculons,
Oubliant le présent et l'avenir, je songe
A mon matin si beau, qu'il me semble un mensonge;
Je n'ai plus de collier, je n'ai plus de prison;
Je sens un soleil chaud à l'immense horizon;
Je vois se dérouler sur l'ardente savane,
Comme un serpent marbré, la longue caravane...
D'avance, du repas les endroits sont choisis;
Je sais où le désert cache ses oasis...
Allons, courage! allons, mes chameliers arabes:
Redites-moi vos chants aux magiques syllabes;
Invoquez Mahomet, flambeau de l'Orient,
Chamelier comme vous combattant et priant,
Comme vous se rendant de la Mecque à Médine...
Ou, ne sauriez-vous pas la chanson grenadine
Que devant notre tente au bord du Nil, le soir,
Chante, en tournant en rond, cette almée à l'œil noir,

Jusqu'à l'heureux moment où, doublant notre extase,
Se colle à son beau corps sa tunique de gaze,
Et qu'à son front humide étalant un trésor,
Mon père de sequins lui fait un masque d'or?...
Car mon père, au Saïd, n'est point un chef vulgaire.
Il a dans son carquois quatre flèches de guerre ;
Et, lorsqu'il tend son arc, et que vers quatre buts
Il les lance en signal à ses quatre tribus,
Chacune à lui fournir cent cavaliers fidèles
Met le temps que met l'aigle à déployer ses ailes...

(Retombant abattu.)

Oh ! grâce, Mahomet !... C'est un rêve accablant,
Rêve du paradis, mais au réveil sanglant ;
Rêve dont je sortis dans une nuit de larmes,
Un poignard dans le sein, captif d'un homme d'armes,
Qui m'avait, endormi, rencontré par hasard...
Cet homme, c'est Raymond ; ce fer...

(Ramassant le poignard que Raymond lui a jeté.)

C'est ce poignard !
J'ai, quand je l'ai revu, senti comme un orage
Gronder autour de moi mes dix ans d'esclavage...
Ton poignard, ton poignard !... oui, je l'aiguiserai
Ainsi que tu le veux... Puis je te le rendrai !

BÉRENGÈRE.

Cependant on m'a dit que, grâce aux soins du comte,
Yaqoub, votre blessure à se fermer fut prompte ?

YAQOUB.

Oui, pour moi, je le sais, le comte fut humain :
Vers l'esclave mourant, il étendit la main ;
Il versa sur ma lèvre, à cette heure suprême,
Tout le reste de l'eau qu'il gardait pour lui-même...
De l'eau, dans le désert si rare en ce moment,
Que chaque goutte avait le prix d'un diamant !...
Voilà ce qui pour lui fait pencher la balance ;
Voilà ce que mon cœur pèse dans le silence,
Quand, dans mes longues nuits, vient me tenter l'enfer
De rendre pleurs pour pleurs, coup pour coup, fer pour fer.

BÉRENGÈRE.

Mais, depuis qu'il vous a pris à votre rivage,
Pouvez-vous désigner sous le nom d'esclavage

Votre état? Le matin, dès que le jour a lui,
N'êtes vous donc pas libre?
YAQOUB.
                 Oui ; mais, excepté lui,
Chacun en me parlant a l'injure à la bouche :
Je me heurte et déchire à tout ce que je touche.
Si pour moi de l'esclave il adoucit la loi,
Son pays, comme lui, s'adoucit-il pour moi ?...
Entre ces murs épais je suis mal à mon aise ;
Cet air, qui vous suffit, à ma poitrine pèse ;
Mon œil s'use à percer votre horizon étroit ;
Votre soleil est pâle et votre jour est froid...
Oh ! le simoun plutôt ! oui, dût sa mer de flamme
M'ensevelir vivant sous son ardente lame !
BÉRENGÈRE.
Mais j'ai vu cependant quelques éclairs joyeux
A de tristes regards succéder dans vos yeux,
Lorsque je vous parlais.
YAQOUB.
                Oui : c'est l'effet étrange
Qu'à des regards mortels produit l'aspect d'un ange...
Oh ! quand vous me parlez, quand votre accent vainqueur
Va chercher chaque fibre endormie en mon cœur,
Il semble que mon âme, à ce monde ravie,
Attend de votre souffle une nouvelle vie ;
Que le bonheur serait de vivre à vos genoux,
Ange...
BÉRENGÈRE.
      Et si l'ange était plus malheureux que vous,
Yaqoub ; et si mon âme et ma tête oppressées
Nourrissaient plus que vous de sinistres pensées...
Vous plaignez votre sort : que diriez-vous du mien ?
YAQOUB.
Que je suis bien maudit ! car je ne pourrais rien
Pour vous consoler, vous qui consolez les autres,
Si ce n'est d'oublier mes malheurs pour les vôtres...
Écoutez, cependant : si c'était par hasard
Un homme dont l'aspect blessât votre regard ;
Si ses jours sur vos jours avaient cette influence,
Que son trépas pût seul finir votre souffrance,
De Mahomet lui-même eût-il reçu ce droit,

Quand il passe, il faudrait me le montrer du doigt :
Dès lors je deviendrais une ombre pour son ombre ;
Et, soit que le soleil fût ardent, la nuit sombre,
Quel que fût le chemin qu'il prît pour m'échapper,
Je trouverais l'endroit et l'heure où le frapper,
Et nulle fuite au fer ne soustrairait sa tête,
Montât-il Al-Borak, le cheval du Prophète !...
BÉRENGÈRE.
Yaqoub, que dites-vous ?
YAQOUB.
J'oubliais... ah ! pardon !...
Qu'un autre défenseur était là.
BÉRENGÈRE.
Lequel donc ?
YAQOUB.
Le comte.
BÉRENGÈRE.
Ici ?
YAQOUB.
Le comte.
BÉRENGÈRE, effrayée.
Et nul ne vient me dire :
« Votre époux est ici, Bérengère ! »
YAQOUB.
Il désire,
Pour des soins qui me sont comme à vous inconnus,
Nous cacher son retour. Ceint du cordon, pieds nus,
Aux portes qu'il pouvait se faire ouvrir en maître,
Il est venu frapper sous la robe d'un prêtre.
BÉRENGÈRE.
En êtes-vous bien sûr ? Qui vous l'a signalé ?
YAQOUB.
Seul, je l'ai reconnu.
BÉRENGÈRE.
Comment ?
YAQOUB.
Il a parlé.
Pour l'Arabe égaré sur la grève lointaine,
Il n'est point au désert de rumeur incertaine ;
Et tous ses sens tendus écoutent à la fois
La nature qui parle avec toutes ses voix ;

Il comprend, de si loin que chaque souffle arrive,
Si c'est le bruit de l'eau qui coule sur la rive,
Le murmure du vent aux feuilles du nopal,
La parole de l'homme, ou le cri du chacal;
Et chacun de ces sons, si léger qu'il l'effleure,
Se grave en sa mémoire où toujours il demeure.
Comment aurais-je donc méconnu cette voix
Dont les accents m'ont fait tressaillir tant de fois?
BÉRENGÈRE.
C'est cela! je comprends... Sans doute que le comte
A donné rendez-vous à Raymond.... quelle honte!...
Et revient déguisé... C'est pour en recevoir
La lettre du saint-père avant que de me voir...
J'y suis!... Tout maintenant s'éclaircit à ma vue;
Car cette honte, hélas! n'était que trop prévue...
Yaqoub, je vous l'avais bien dit dans mon effroi,
Que le plus malheureux de nous deux, c'était moi.
YAQOUB.
Je ne vous comprends pas... Achevez donc...
BÉRENGÈRE.

Silence!
Voici que, pour prier, le chapelain s'avance...
Oh! quel que soit le Dieu dont vous suivez la loi,
Yaqoub, auprès de lui, priez, priez pour moi!

SCÈNE V

Les Mêmes, le Chapelain, RAYMOND, ANDRÉ, tous
les Archers, les Valets ou Écuyers.

LE CHAPELAIN, après avoir déposé une Bible sur le prie-Dieu.
Êtes-vous tous ici, mes enfants?
BÉRENGÈRE.

Oui, mon père.
LE CHAPELAIN.
Avez-vous, ce matin, pour le règne prospère
Du dauphin Charles-Sept, notre seigneur et roi,
Du fond de votre cœur prié Dieu comme moi?
(Tous s'inclinent.)
BÉRENGÈRE.
Oui, mon père

LE CHAPELAIN.

Avez-vous prié Dieu pour les âmes
Que le feu de l'enfer consume de ses flammes,
Et pour qu'il soit surtout miséricordieux
A celles dont les corps reposent en ces lieux ?

BÉRENGÈRE.

Oui, mon père.

LE CHAPELAIN.

Avez-vous prié Dieu de permettre
Qu'un fils naquît enfin au comte notre maître,
De peur que, si la mort le frappait aujourd'hui,
Son antique maison ne mourût avec lui ?

BÉRENGÈRE.

Oui, mon père.

LE CHAPELAIN.

C'est bien. De celui qui console,
Écoutez maintenant la divine parole.

GENÈSE, CHAPITRE SIXIÈME.

« 1. Donc, Sara, épouse d'Abraham, ne pouvait, malgré la promesse de Dieu, obtenir un fils ; mais, ayant une suivante égyptienne, du nom d'Agar,

» 2. Elle dit à son mari : « Voici que le Seigneur a fermé » mon sein... »

BÉRENGÈRE.

Mon père, désarmez le Seigneur irrité,
Qui m'a maudite aussi dans ma stérilité.

LE CHAPELAIN, continuant.

« Approche-toi de ma suivante : peut-être te donnera-t-elle » des fils. » Et, comme Abraham y consentit,

» 3. Elle prit Agar, sa suivante égyptienne, dix ans après qu'ils avaient commencé d'habiter ensemble la terre de Chanaan, et elle la donna pour épouse à son mari. »

BÉRENGÈRE, à genoux.

Mon père exige-t-on de moi ce sacrifice ?

LE CHAPELAIN, continuant.

« 4. Et Agar eut un fils d'Abraham, qu'on nomma du nom d'Ismaël. »
A genoux ! mes enfants, pour que je vous bénisse
Maintenant.

RAYMOND, allant à Yaqoub, qui aiguise la pointe de son poignard.
Attendez, mon père : l'un de nous
Fait semblant de ne pas vous entendre...
(A Yaqoub.)
A genoux !
M'entends-tu, Sarrasin ? C'est à toi que je parle :
A genoux !

YAQOUB, le regardant.
On m'a dit, archer, que le roi Charle
A de nobles barons qui devant lui passaient,
Donnait parfois un ordre, et qu'ils obéissaient ;
Que ces nobles barons avaient le droit eux-mêmes
D'exprimer à leur tour leurs volontés suprêmes
A l'écuyer qui fait le vœu de les servir,
Et que cet écuyer s'empressait d'obéir ;
Puis, transmettant aussi les ordres qu'on lui donne,
L'écuyer à l'archer dit : « Fais ce que j'ordonne ; »
Mais qui jamais a dit que l'archer, qui n'est rien,
Osât donner un ordre à d'autres que son chien ?

RAYMOND.
Que l'exemple cité serve donc de modèle :
Obéis à l'archer, Sarrasin infidèle,
Car qui dit Sarrasin dit chien.

YAQOUB.
De par l'enfer !
(Il le frappe du poignard qu'il aiguisait.)
Celui-là mord du moins avec des dents de fer !...

RAYMOND, tombant.
Ah ! malédiction !...

TOUS LES ARCHERS, s'approchant.
Raymond ! Raymond !

YAQOUB, décrivant un cercle avec son cimeterre.
Arrière !...
Savez-vous que sa mort m'appartient tout entière,
Et que celui de vous qui m'en déroberait
Une goutte de sang, de son sang la paierait ?
Que nul n'avance donc, ou, de par le Prophète !
Comme un hochet d'enfant je fais voler sa tête !...
(Mettant un genou en terre pour se rapprocher de Raymond, qui se débat.)
Ah ! Raymond, à mon tour voilà que je te tiens

Pantelant à mes pieds comme je fus aux tiens !
Seulement, nul ne vient, sur ta dernière couche,
De quelques gouttes d'eau désaltérer ta bouche ;
Mais, si la soif te semble un besoin trop pressant,
Mets ta bouche à ta plaie, archer, et bois ton sang...
Fixe donc sur le mien ton regard qui m'évite...
L'agonie est trop prompte !... Archer, tu meurs trop vite !

RAYMOND, tendant la lettre de Benoît.

Ah !... pour le comte...

(Il meurt.)

YAQOUB, repoussant le cadavre du pied.

Esclave et serf jusqu'à la fin !...
Maintenant, prenez-le ; le lion n'a plus faim.

SCÈNE VI

Les Mêmes, LE COMTE DE SAVOISY, paraissant sur la porte ; Suite, Gardes.

LE COMTE.

Or çà, quel est ce bruit ? qu'est-ce à dire, mes maîtres ?
Par les trois chevrons d'or, armes de mes ancêtres,
Avez-vous oublié, vous qui hurlez ainsi,
Que nul ne parle haut quand le maître est ici ?...

(Il jette son habit de pèlerin et paraît armé de toutes pièces.)

Qu'est-ce que cette lettre ?

(Il ramasse la lettre du pape.)

Et que fait là cet homme ?
Raymond, mon archer mort ? Aussi vrai qu'on me nomme
Charles de Savoisy, seigneur de Seignelais,
Ses assassins mourront de ma main... Nommez-les !...
Fermez la porte, archers, pour que nul ne s'échappe.

YAQOUB, allant au Comte.

C'est moi qui l'ai tué, maître... Me voici : frappe.

LE COMTE, tirant à moitié son épée.

Redis ce que tu viens de dire, et tu mourras !

YAQOUB.

Dix ans se sont passés depuis que dans tes bras
Il m'apporta blessé...

(Découvrant sa poitrine.)
Du coup voilà la trace.
(Il découvre la poitrine de Raymond, et montre les deux blessures.)
Maître! ai-je bien frappé juste à la même place?...
Vois... Mais plus que le sien mon bras était savant,
Et le fer dans son cœur est entré plus avant.

LE COMTE.

C'est autre chose alors : comme mon indulgence
Ne confond point un meurtre avec une vengeance,
Ce fer sans se souiller va rentrer au fourreau,
Et je ne prendrai pas la dîme du bourreau.
Nous n'avions cependant pas cru que notre affaire,
En arrivant ici, serait justice à faire...
C'est bien : nous sommes comte et seigneur de haut lieu,
Et nous nous la ferons nous-même, de par Dieu!...
Emportez ce cadavre, enfants ; et qu'il obtienne
En terre consacrée une tombe chrétienne...
Adieu, mon serviteur, ou plutôt mon ami,
Du sommeil de la mort avant l'heure endormi...
Nous étions nés tous deux dans une même année,
Et j'espérais que Dieu, dans la même journée,
En face de l'Anglais, au plus fort du combat,
Nous frapperait tous deux de la mort du soldat...
Il nous aurait bien dû cette dernière fête...
Il en juge autrement : sa volonté soit faite!

(Il s'essuie les yeux.)

Page, prends un cheval à grand'hâte, et rends-toi
A Bourge, où tient sa cour notre seigneur le roi,
Dis que j'irai demain lui porter mon hommage,
Et que je lui rendrai compte de mon message.

(A deux Archers.)

Vous, gardez l'assassin.

(Au Chapelain, sans faire attention à Bérengère, qui lui tend les bras.)

Vous, mon père, venez.

(Il sort.)

BÉRENGÈRE.

Pas un mot!...

(A Yaqoub.)

Tous les deux nous sommes condamnés!

ACTE DEUXIÈME

CHARLES DE SAVOISY

Même décoration.

—

SCÈNE PREMIÈRE

BÉRENGÈRE, UN PAGE, entrant.

BÉRENGÈRE.
Eh bien, le chapelain sait-il que je réclame
Sa présence à l'instant ?
LE PAGE.
Il va venir, madame.
BÉRENGÈRE.
Était-il près du comte ?
LE PAGE.
Il le quittait.
BÉRENGÈRE.
C'est bien.
Laissez-moi maintenant : je n'ai besoin de rien.

(Le Page sort.)

Besoin de rien, mon Dieu, que de miséricorde !...
Pourquoi donc tous ces biens que ta puissance accorde
A l'un, tandis que l'autre, à tes pieds abattu,
Implore vainement ta clémence?... Sais-tu,
Mon Dieu, sais-tu qu'il est des heures d'agonie
Où l'âme qui longtemps crut en toi te renie ;
Où, lorsque le malheur nous poursuit pas à pas,
Que l'on appelle Dieu, que Dieu ne répond pas,
Que notre faible voix, comme un souffle qui passe,
Se perd sans éveiller un écho dans l'espace,
L'âme, où de l'espérance aucun rayon n'a lui,
Est tout près d'invoquer Satan, qui répond, lui?

SCENE II

Le Chapelain, BÉRENGÈRE.

LE CHAPELAIN, sur la porte.

Ma fille!...

BÉRENGÈRE.

Le voici. Son front est plus austère
Que de coutume encor? Que lui dire?... Mon père,
Rassurez votre enfant : c'est la première fois
Que de chez lui le comte, absent depuis trois mois,
Rentre sans qu'un seul mot d'amour qui le rassure
Ne vienne de mon cœur adoucir la blessure.
Vous dont il a souvent imploré le secours,
Vous savez que ce cœur saigne et gémit toujours,
Tant dans sa prévoyance une crainte le brise!
Tant il tremble qu'enfin le comte ne méprise
L'épouse qui ne l'a payé, jusqu'a ce jour,
Que d'un hymen sans fruit et d'un stérile amour.

LE CHAPELAIN, s'approchant d'elle.

Celui qui prend pour but les choses de la terre,
Et qui croit affermir sa marche solitaire
Sur le bâton qu'il casse aux arbres du chemin,
Risque qu'il ne se brise et ne blesse sa main.
C'est plus loin et plus haut que le maître suprême
Dit à l'homme d'aller; et ce monde lui-même,
Où trébuche un instant le voyageur mortel,
N'est qu'une arche du pont qui nous conduit au ciel.

BÉRENGÈRE.

Mon père, je ne suis qu'une bien faible femme
Parlez-moi de manière à rassurer mon âme,
Et non point de manière à l'effrayer.

LE CHAPELAIN.

Et si
Je ne peux, mon enfant, que vous parler ainsi...
Comme moi dites donc : Heureuses les familles
Où la main du Seigneur choisit ces chastes filles
Qui, loin d'un monde vain, avec un cœur fervent,
Usent de leurs genoux le seuil de leur couvent!

BÉRENGÈRE.
Mais ce sont seulement des vierges et des veuves
Que le Seigneur soumet à ces saintes épreuves :
Moi, je suis mariée au comte...

LE CHAPELAIN.
Dans ce lieu,
Ma fille, vous n'avez plus d'autre époux que Dieu.

BÉRENGÈRE.
Mon père, Dieu lui-même en face de l'Église
A formé nos liens...

LE CHAPELAIN, lui montrant la lettre apportée par Raymond.
Et voilà qu'il les brise.

BÉRENGÈRE, lisant.
Un acte de divorce!... Oh! je m'en doutais bien,
Que le comte en viendrait à ce dernier moyen!...
Mais, parce qu'il écrit d'Avignon ou de Rome,
Un homme... car enfin le saint-père est un homme,
A-t-il droit de briser des nœuds?...

LE CHAPELAIN.
Vous oubliez
Qu'à cet homme Dieu dit: « Liez et déliez! »
Ma fille, du Seigneur la main vous humilie :
Sous son souffle soyez comme un roseau qui plie,
Et non comme le chêne élancé dans les cieux,
Qui résiste, se brise, et n'atteste que mieux,
Par des éclats au loin dispersés sur la terre,
Que de Dieu sur sa tête a passé la colère.

BÉRENGÈRE.
Et, si je me résigne à mon nouveau destin,
Quand devrai-je quitter ces lieux?

LE CHAPELAIN.
Demain matin.

BÉRENGÈRE.
Dans un dernier adieu, pourrai-je voir mon maître?

LE CHAPELAIN.
Ma fille, cet adieu rattacherait peut-être
Votre âme trop mondaine aux choses d'ici-bas,
Et le comte...

BÉRENGÈRE.
C'est bien... Le comte ne veut pas?
LE CHAPELAIN.
Ma fille, je ne suis que son humble interprète.
BÉRENGÈRE.
Qu'exige-t-il encor?
LE CHAPELAIN.
Ma fille, la retraite
Est nécessaire au cœur qui veut se préparer.
BÉRENGÈRE.
Dans mon appartement je vais me retirer,
Mon père... Est-ce cela? Je commence à comprendre
D'un seul mot, n'est-ce pas?
LE CHAPELAIN.
Le comte ici doit rendre
Son jugement...
BÉRENGÈRE.
Lequel?
LE CHAPELAIN.
Contre le mécréant.
BÉRENGÈRE.
Ah! oui, l'autre victime... Yaqoub. En nous créant
Tous deux, l'un près du Nil, l'autre près de la Loire,
Mon père, croyez-vous... moi, je ne puis le croire...
Que Dieu lisait d'avance en l'avenir lointain
Que nous serions compris dans un même destin;
Que le même homme, un jour devenant notre maître,
Briserait le bonheur qu'en nous Dieu voulait mettre,
Et, sans que nous pussions nous soustraire à ce sort,
Nous garderait, à moi la honte, à lui la mort?
LE CHAPELAIN.
Je le crois.
BÉRENGÈRE.
Et, si Dieu, dans sa bonté céleste,
Avait voulu changer cet avenir funeste
En un destin heureux, avait-il ce pouvoir?
LE CHAPELAIN.
Le Seigneur le pouvait, et n'avait qu'à vouloir.

BÉRENGÈRE.

Bienheureux l'infidèle alors ! et je l'envie :
Lui qui n'est pas chrétien peut maudire la vie.

LE CHAPELAIN.

Ma fille !...

BÉRENGÈRE.

Écoutez-moi, mon père, à votre tour,
Et vous me répondrez. Vous souvient-il du jour
Où ma mère, m'offrant, de pleurs d'amour baignée,
A son époux, lui dit : « Une fille t'est née ? »

LE CHAPELAIN.

Oui, sans doute, et ce jour fut un jour triomphant.

BÉRENGÈRE.

Vous souvient-il encor, mon père, que l'enfant
Grandit sous vos regards et devint une femme ?
Comme en un livre ouvert, vous lisiez dans son âme :
Vous avez pu des yeux y suivre à tous moments
Son espoir, ses désirs, ses vœux, ses sentiments...
Eh bien, la jeune fille en son âme légère
Eût-elle un seul penser qui ne fût pour sa mère ?
Dites-le.

LE CHAPELAIN.

Pas un seul.

BÉRENGÈRE.

Et, depuis que ma main
Fut engagée au comte, et qu'après cet hymen,
Vous vîntes près de nous comme en votre famille,
Pour que le père encor pût veiller sur sa fille ;
Soit que dans ce château le comte fût présent,
Soit que vous priassiez pour mon époux absent,
Que mon œil fût en pleurs où ma bouche rieuse,
Que mon âme fût triste ou qu'elle fût joyeuse,
Dites si dans cette âme... et vous le savez, vous...
Il fut un seul penser qui ne fût pour l'époux ;
Dites-le hautement.

LE CHAPELAIN.

Pas un seul, je l'atteste.

BÉRENGÈRE.

Et s'il n'eût été pris de ce désir funeste

De rompre nos liens, et qu'un constant amour
Au mien eût répondu jusqu'à mon dernier jour,
Croyez-vous que de Dieu l'exigence jalouse
Eût osé demander à la fille, à l'épouse,
Plus qu'elle n'avait fait ; et que tranquillement
J'aurais pu lui répondre au jour du jugement ?

LE CHAPELAIN.

C'est ma conviction et profonde et sincère...
Pourquoi le demander ?

BÉRENGÈRE.

              Il m'était nécessaire
D'avoir ainsi que vous cette conviction,
Afin que, si la force, en mon affliction,
M'abandonne, et que dans quelque faute je tombe,
Cette faute du moins soit légère à ma tombe.

LE CHAPELAIN.

Que dites-vous ?...

BÉRENGÈRE.

           Je dis que je ne puis savoir
Quel penser vient au cœur quand il perd tout espoir...
Que le démon sur nous veille avec vigilance,
Et que, pour un moment d'oubli, dans la balance,
Pour contre-poids j'aurais, de votre propre aveu,
Vingt-cinq ans de vertus à mettre aux pieds de Dieu !...

(Elle sort.)

SCÈNE III

Le Chapelain, puis LE COMTE DE SAVOISY.

LE CHAPELAIN, suivant des yeux la Comtesse.

Va, pauvre créature, et que Dieu te pardonne !
Car tu dis vrai : tu fus toujours pieuse et bonne ;
Et jamais cœur d'enfant peint en des yeux d'azur
Ne brilla d'un rayon plus céleste et plus pur.

LE COMTE, entrant.

Messire...

LE CHAPELAIN.

C'est le comte !

LE COMTE.

Eh bien, l'avez-vous vue?
Que vous a-t-elle dit pendant cette entrevue?
La pauvre Bérengère a-t-elle bien pleuré?

LE CHAPELAIN.

Mieux que je ne croyais son cœur est préparé.
Sans doute que d'avance elle s'est résignée;
Car, depuis quelque temps que par vous dédaignée...

LE COMTE.

Dédaignée?... Oh! non pas! Messire, parlez mieux.
Si d'un fils qui portât le nom de mes aïeux
Son amour plus fécond m'eût donné l'espérance;
Si, même en son malheur, ce pauvre État de France
N'était si chancelant, qu'il faille autour de lui
Tous les hommes de nom pour lui servir d'appui;
Si bien que, quand l'un d'eux sent son bras qui se lasse,
Si son fils n'est pas là pour reprendre sa place,
Celui qui se retire, avec anxiété,
Voit le trône soudain pencher de son côté;
Si ce n'était cela, j'aurais pu, sans me plaindre,
Voir mon nom s'effacer et ma race s'éteindre,
Plutôt que d'un seul mot l'affliger... Mais enfin,
Quand la France est si bas, qu'elle touche à sa fin;
Quand, tombant sous les coups d'une triple anarchie,
Se roule dans son sang la vieille monarchie,
Il faut bien, quand ses cris nous les demanderont,
Lui donner des enfants... car les hommes s'en vont;
Et, comme si la mort trouvait dans son domaine
Le fer trop lent encor pour sa moisson humaine,
Voilà Salisbury qui vient, dans nos débats,
Jeter l'artillerie au milieu des combats!
Où sera maintenant la force et la vaillance?
Qui portera l'épée ou lèvera la lance,
Si de loin les boulets couchent les bataillons,
Comme des épis mûrs, sur le bord des sillons?
C'est que nous sommes nés en des temps peu prospères!
Nos pères valaient moins que ne valaient leurs pères;
Mais ils étaient encore loyaux et belliqueux...
Voici que nous venons et nous valons moins qu'eux:
Le tocsin haletant fait le tour de nos villes;

Ce n'est qu'assassinats et que guerres civiles ;
Et, lorsque, remettant son épée au fourreau,
Le soldat a fini, c'est le tour du bourreau...
Allons, l'heure est sonnée : ouvrez à tous la porte.

LE CHAPELAIN.

A tous, monseigneur ?...

LE COMTE.
Oui.

LE CHAPELAIN.
Mais...

LE COMTE.
Messire, il importe
Que jusqu'auprès de nous, pendant le jugement,
Tout homme, quel qu'il soit, puisse entrer librement ;
Car il faut que chacun, dans le droit qu'il s'adjuge,
A son tour, comme Dieu, puisse juger le juge.

SCÈNE IV

Les Mêmes, YAQOUB, entre deux Archers ; toute la Maison du Comte.

UN PAGE, entrant.

Monseigneur...

LE COMTE.
Du silence !...
(Reconnaissant le Page qu'il a envoyé à Bourges.)
Ah ! c'est vous, Godefroy !
Plus tard, vous nous direz...

LE PAGE.
Monseigneur, c'est le roi,
Le roi notre seigneur, le roi Charles septième,
Qui me suit en grand'hâte et vient vous voir lui-même.

LE COMTE.
Notre sire chez moi !... Que l'on s'empresse !... Non ;
Que chacun reste en place : il est quelquefois bon,
Afin que justement à son tour il punisse,
Qu'un roi sache comment on fait bonne justice.

(Au Page.)
Que le roi Charles-Sépt ici soit introduit
Comme un autre serait, sans honneur et sans bruit.
(Le Page sort.)

Dieu me confie, avec mon sacré ministère,
Un pouvoir au-dessus des pouvoirs de la terre ;
Et, quand je rends justice, alors s'il vient chez moi,
Le roi n'est que mon hôte, et, moi, je suis le roi.

SCÈNE V

Les Mêmes, LE ROI, AGNÈS, Suite du Roi.

(Le Roi remet à un Fauconnier le faucon qu'il tenait sur le poing. Il reste debout pendant tout le jugement, avec Agnès, entouré de sa Suite.)

LE COMTE.

Écoutez maintenant, afin que chacun sache
Pourquoi sont dans la cour le billot et la hache,
Et pourquoi dans ce lieu les hommes que voici
Se trouvent rassemblés autour de celui-ci.
Hier, dans cette chambre où maintenant nous sommes,
Un homme était couché devant ces mêmes hommes,
Criant miséricorde, un poignard dans le cœur.
Celui qui le frappa n'était pas son vainqueur :
C'était son assassin. Je voulus le connaître ;
Mais, si haut cependant qu'interrogeât le maître,
Nul ne lui répondit et le seul qui parla,
Me dit, en se montrant lui-même : « Me voilà. »
A-t-il dit vrai ? Parlez.

LES ARCHERS, ensemble.

Oui, c'est lui ! c'est l'esclave !
Il a tué Raymond ! oui, Raymond, le plus brave
De nous !...

LE COMTE.

Silence !

LES ARCHERS.

Ensuite, il nous a menacés !...

YAQOUB, se tournant.

Votre maître vous dit « Silence ! » obéissez !
(Tous se taisent.)

LE COMTE.
Quelle cause amena cette rixe soudaine?
YAQOUB.
Une rixe?... Non pas, maître : c'est une haine...
Une haine, sais-tu ce que c'est? C'est l'enfer;
C'est notre cœur qu'on broie avec des dents de fer;
C'est une voix qui dit sans cesse à notre oreille :
« Tu dors! éveille-toi, car ton ennemi veille;
Il frappera demain : frappe donc aujourd'hui;
Il vient de ce côté : vas au-devant de lui. »
Maître, lorsque, tachant ces pierres féodales,
Un peu de sang humain se répand sur les dalles,
Derrière l'assassin un valet empressé
Vient effacer le sang sitôt qu'il est versé...
Il n'en est point ainsi sur notre terre ardente :
Dès lors qu'on a frappé d'une main imprudente,
Que le sang a coulé, que le sable l'a bu,
Qu'il s'est de sa couleur profondément imbu,
Les ans peuvent passer, la tache ineffaçable
Restera pour jamais empreinte sur le sable.
Or, il est au désert, à tous les yeux caché,
Un endroit de mon sang depuis dix ans taché...
Maître, voilà dix ans que, dans mon ame émue,
A l'aspect de Raymond, la vengeance remue...
Afin de le garder pour ennemi mortel,
Je n'ai point partagé ni son pain ni son sel;
Car, si plus oublieux j'avais fait le contraire,
Ma loi, dès ce moment, me le donnait pour frère;
Et je ne voulais pas.
LE COMTE.
Eh bien, si, renonçant
A demander le sang en échange du sang,
Rejetant ton forfait sur les mœurs de ta race,
Je te plaignais, païen, et je te faisais grâce,
Croirai-je que ton cœur, d'un meurtre contenté,
Par des désirs de mort ne serait plus tenté?
Que Raymond dans sa tombe enfermerait la haine,
Et que tu resterais tranquille dans ta chaîne?
YAQOUB.
Maître, cela serait un espoir hasardeux;
Car un seul homme est mort, et j'en haïssais deux.

LE COMTE.

Et quel est le second? Car je veux le connaître,
Afin de prévenir...

YAQOUB.

Le second? C'est toi, maître.

LE COMTE.

Ah! par mon saint patron! de dix ans de bontés,
Voilà quels souvenirs dans ton cœur sont restés!
Dans ta captivité, qui pouvait t'être amère,
La France te fut-elle une mauvaise mère?
Non : au sort de ses fils, ton sort devint pareil,
Et nul ne prit ta part d'ombre ni de soleil.

YAQOUB.

Écoute : Quand d'Allah la puissance féconde
Jadis pour ses enfants a fait deux parts du monde,
Aux Arabes qu'il aime il dit en souriant :
« Vous êtes mes aînés, et voici l'Orient :
Cette terre est à vous de Tanger à Golconde,
Et vous l'appellerez le paradis du monde. »
Puis, d'un œil de courroux ensuite regardant
Vos pères, il leur dit : » Vous aurez l'Occident. »

LE COMTE.

Donc, au sort de Raymond, si je sais bien t'entendre,
Celui qui t'enleva ton pays peut s'attendre?...

YAQOUB, avec un sentiment profond.

Maître, tu te souviens que, tout couvert de sang,
Sur le sable à tes pieds j'étais couché gisant;
Je demandais de l'eau; tu pouvais passer outre :
Tu me donnas le peu qui restait dans ton outre.
Le bien comme le mal m'est présent, et voilà
Ce qui fait qu'à ton tour tu n'es pas gisant là.

LE COMTE.

Et, si je te disais : « Je romps ton esclavage ;
J'eus tort de t'enlever, Yaqoub, à ton rivage ;
De ce jour, vers le Nil tu peux tourner tes pas ;
Voici de l'or, et pars... »

YAQOUB.

Je ne partirais pas.

LE COMTE.

Qui te retient aux lieux que je t'entends maudire?

YAQOUB.

Maître, c'est mon secret;... je ne puis te le dire...
Donc, comme je ne dois ni rester ni partir,
Que, si je reste ou pars, tu peux t'en repentir,
Crois-moi, rends à l'instant l'arrêt que je mérite;
Et puis dis au bourreau de l'exécuter vite.
Si je puis en former, voilà mes derniers vœux.

LE COMTE, se levant.

Eh bien donc, qu'il soit fait ainsi que tu le veux.

YAQOUB.

Merci!... Comme à chaque homme, Allah dans sa puissance,
Sur mon âme soufflant au jour de ma naissance,
Anima la matière et dit dans sa bonté:
« Enfant, reçois la vie avec la liberté! »
La liberté par toi me fut bientôt ravie...
Voici que maintenant tu me reprends la vie:
Merci, maître, merci! Dans ta haine à ton tour
Tu fais autant pour moi qu'Allah dans son amour.

LE COMTE.

Pour faire tes derniers adieux à la lumière
Quel temps veux-tu?

YAQOUB.

    Le temps de fermer ma paupière.
Pourquoi, lorsque le corps et la tête sont prêts,
La hache et le billot attendraient-ils après?

LE COMTE.

Par saint Charles! plutôt qu'en cette insouciance,
J'aimerais mieux te voir mourir en ta croyance.

YAQOUB.

Ma croyance!... en ai-je une? et qui peut m'indiquer
A quel Dieu je dois croire afin de l'invoquer?
Tu m'as fait renoncer à celui de ma race,
Sans que dans mon esprit le tien ait pris sa place:
Qu'importe à ma raison Jésus ou Mahomet?
Nul ne tient le bonheur que chacun d'eux promet;
Et dans l'isolement ma jeunesse flétrie,
Grâce à toi, n'a pas plus de Dieu que de patrie.

LE COMTE.

Esclave, et si tu meurs en de tels sentiments,
Qu'espères-tu?

15.

YAQOUB.

De rendre un corps aux éléments,
Masse commune où l'homme en expirant rapporte
Tout ce qu'en le créant la nature en emporte.
Si la terre, si l'eau, si l'air et si le feu
Me formèrent aux mains du hasard ou de Dieu,
Le vent, en dispersant ma poussière en sa course,
Saura bien reporter chaque chose à sa source.

LE COMTE.

A l'heure de la mort que demandes-tu?

YAQOUB.
Rien...
Sinon que du bourreau la hache coupe bien.

LE COMTE, au Chapelain.

Messire, maintenant remplissez votre charge.
Voici le livre saint : mes aïeux sur sa marge,
Chaque fois qu'ils rendaient un arrêt important,
Ordonnaient qu'il y fût inscrit au même instant ;
Car ils avaient le droit, et n'en firent pas faute,
De rendre en leurs châteaux justice basse et haute.
Nous voulons consigner le nôtre au même endroit,
Et nous ferons comme eux, puisqu'avons même droit.
Donc, écrivez.

(Il dicte.)

« Ce jour du mois d'août le vingtième,
Étant ici présent le roi Charles septième,
Contre Yaqoub-ben-Asshan, sans crainte et sans remord,
Nous avons prononcé le jugement de mort;
Puis à l'exécuteur, dont le bras le réclame,
Avons livré le corps : que Dieu pardonne à l'âme ! »
Donnez...

(Il signe.)

Et maintenant qu'on l'emmène.

LE ROI, allant prendre la place qu'occupait le Comte.
Arrêtez!...
Au-dessous de l'arrêt, chapelain, ajoutez
Qu'usant aussi d'un droit qu'en tout temps eut sa race,
Le roi Charles septième au condamné fait grâce.

(Le Comte fait un mouvement d'étonnement.)

Rebelle, voudrais-tu me le contester?

LE COMTE, s'inclinant.
                    Non,
Non, sire.
            AGNÈS, se penchant sur son épaule.
        Monseigneur, vous êtes grand et bon!
                    LE COMTE.
Mais, sire, songez bien...
                    LE ROI.
            Oui, je comprends, mon hôte.
Notre droit porte atteinte à la justice haute;
C'est fâcheux, n'est-ce pas?... Va, pardonne-le-moi.
Il me prend rarement le désir d'être roi.
Aujourd'hui, c'est mon jour. Mais, comme, avant cette heure,
Cet esclave mettrait le trouble en ta demeure,
Comte, j'offre un moyen de tout concilier :
Donne-le-moi... Mon fou commence à m'ennuyer...
Et, pour t'indemniser, tu prendras dans ma chasse
Quelque faucon dressé, quelque cheval de race...
A cet arrangement, Yaqoub, vous souscrivez?
    YAQOUB, arrachant un poignard à l'un des trophées qui sont près de lui, et
            levant le bras pour se frapper lui-même.
Oui!... mais vous payez cher un cadavre!...
            TOUT LE MONDE, avec effroi.
                    Ah!...
        BÉRENGÈRE, soulevant la portière sans être vue.
                            Vivez!
            (Elle laisse retomber la tapisserie.)
                    LE COMTE.
Archers, arrachez-lui ce poignard!
                    YAQOUB.
                Je le livre.
Maître, ne crains plus rien...
            (A lui-même.)
            Elle m'a dit de vivre!
                    LE ROI.
Messieurs, souvenez-vous que cet homme est à moi.
            (Faisant un signe de la main.)
Allez; que Dieu vous garde!

AGNÈS.

Et gardez bien le roi!
(Deux Femmes s'approchent d'elle pour la conduire à son appartement.)

LE ROI, allant à elle.

Tu me quittes, Agnès?

AGNÈS.

Oui, monseigneur : le comte
Doit, s'il m'en souvient bien, à mon roi rendre compte
D'un voyage entrepris dans de hauts intérêts :
Mon roi ne voudra pas contraindre son Agnès
Dans ce grave conseil à tenir une place;
Et dans un même jour il fera deux fois grâce.

LE ROI.

Oui, je comprends : Agnès, cédant à son effroi,
Comme un traître à son tour abandonne le roi.
(Il la conduit jusqu'à la porte de l'appartement.)

SCÈNE VI

LE ROI, LE COMTE DE SAVOISY.

LE ROI, se tournant vers le Comte.

A nous deux maintenant. C'est franche félonie
D'avoir bâti si haut votre châtellenie,
Comte de Savoisy, qu'il la faille chercher,
Comme le nid d'un aigle, au faîte d'un rocher;
Si bien que votre roi, s'il veut venir lui-même
Visiter par hasard un vieil ami qu'il aime,
Obligé de gravir à pied jusqu'à ce lieu,
Risque à perdre vingt fois son âme en jurant Dieu...
Et je vous dis cela sans ajouter, mon maître,
Que si, comme Jean-Six, vous nous deveniez traître,
Vos murs sont de hauteur et de force, je croi,
A donner pour longtemps besogne aux gens du roi.

LE COMTE.

Notre sire a raison; mais cette citadelle,
Si forte qu'elle soit, est encore plus fidèle.

LE ROI, avec mélancolie.

Mon vieux comte, combien m'ont parlé comme toi,
Qui depuis cependant ont parjuré leur foi!

La parole de l'homme est chose bien légère,
Quand la guerre civile et la guerre étrangère,
Poussant un pauvre État vers sa destruction,
Jettent une promesse à chaque ambition !

(Il s'assied.)

LE COMTE, s'approchant de lui.

Sire, ce vieux château, depuis ses premiers maîtres,
Compte dans ses caveaux douze de mes ancêtres,
Qui, couchés aux lueurs de funèbres flambeaux,
Dans leur linceul de fer dorment sur leurs tombeaux.
Descendons et cherchons à chacun la blessure
Dont l'atteinte mortelle a troué son armure ;
Puis le jour de leur mort ensuite nous dira
En quels combats divers chacun d'eux expira.
Alors, vous connaîtrez que tous, frappés en face,
Sont morts, chacun des miens pour un de votre race...
Et cet examen fait, sire, malheur à vous,
Si vous doutez de moi, de moi, dernier de tous !
Azincourt pour le vôtre a vu mourir mon père ;
En défendant vos droits je mourrai, je l'espère,
Et, plus tard, à son tour, faisant ce que je fis,
Mon fils, s'il m'en naît un, mourra pour votre fils.

LE ROI, se levant.

Comte de Savoisy, regardez-nous en face...
Nous sommes comme vous le dernier d'une race :
Nos deux frères aînés, l'espoir de la maison,
Sont morts... Et quelques-uns disent par le poison ;
Philippe de Bourgogne et Jean-Six de Bretagne,
Mes beaux-frères tous deux, font contre moi campagne ;
Ma mère, qui devrait m'être un puissant soutien,
Achèterait mon sang de la moitié du sien ;
Chaque jour, quelque grand vassal qui m'abandonne
Comme un fleuron vivant tombe de ma couronne :
Eh bien, un seul instant avons-nous hésité
A remettre nos jours à votre loyauté?
Notre suite, il est vrai, si le cas le réclame,
Est formidable et peut nous défendre : une femme,
Deux pages, un bouffon, trois fauconniers ; et si
Même dans ce moment Charles de Savoisy,
Tramant quelque complot de sa main déloyale,
Tentait de mettre à mort ma personne royale,

Certe, il aurait à craindre un combat meurtrier,
Moi, vêtu de velours, et lui couvert d'acier!...
(S'appuyant sur son épaule.)
Vieux fou!...
LE COMTE.
L'État n'irait que mieux, je le présume,
Sire, si tous les deux nous changions de costume :
Ces corselets d'acier, quoiqu'ils soient un peu lourds,
A la taille d'un roi vont mieux que du velours.
LE ROI.
Comte, dans ton manoir je suis venu sans suite,
Pour fuir un ennemi mortel dont la poursuite
Est, surtout à la cour, acharné sur ton roi,
Nous pouvons le combattre et le vaincre : aide-moi.
LE COMTE.
Votre espérance alors ne sera pas trompée,
Sire! voici mon bras, et voici mon épée;
Lorsque vous le voudrez, nous marcherons vers lui.
LE ROI.
Non pas!... nous le fuirons.
LE COMTE, faisant un mouvement.
Quel est-il donc?
LE ROI, à l'oreille du Comte.
L'ennui.
LE COMTE, froidement.
Monseigneur, je pensais, avec raison peut-être,
Que votre empressement à venir pouvait naître
Du désir de savoir si Jean-Six acceptait
Le traité que le roi Charles lui présentait,
Et qu'à Renne en Bretagne avait porté le comte
Charles de Savoisy.
LE ROI.
Je l'avoue à ma honte,
Mon pauvre ambassadeur, mais j'avais pour ma part,
Quand j'appris ton retour, oublié ton départ.
LE COMTE.
Mais, du moins, vous venez ici pour quelque cause
Importante?

LE ROI.

Sans doute.

LE COMTE.

En ce cas, je suppose
Que vous me confierez ces nouveaux intérêts ?

LE ROI, mystérieusement.

Comte, je viens chasser un daim dans tes forêts :
Je n'en ai plus à moi...

LE COMTE, à mi-voix.

Que monseigneur Saint-Charle
Prenne pitié de nous !

LE ROI, avec humeur.

J'aime, lorsqu'on me parle,
Que l'on me parle haut... Vous dites ?...

LE COMTE.

Que vraiment,
Sire, l'on ne perd pas son trône plus gaiement !
Mais permettez qu'au moins, sire, je vous rappelle...

AGNÈS, paraissant sur la porte.

Venez-vous, monseigneur ?

LE ROI, riant.

Tu vois, Agnès m'appelle.

LE COMTE, suppliant.

Un seul instant !

LE ROI.

La loi de l'hospitalité
Veut qu'on laisse à son hôte entière liberté...
Bonsoir !

SCÈNE VII

LE COMTE, seul.

Oui, va dormir aux bras de ta maîtresse,
Afin que, si les cris de la France en détresse
Viennent pendant la nuit t'éveiller en sursaut,
Une voix de l'enfer te parle encor plus haut !..
Va reprendre ta chaîne avec tant d'art tissue,
Qu'à l'esclave lui-même elle est inaperçue...

Va, ton retard serait une rébellion,
Faible daim... qui pourrait devenir un lion !
(André passe avec plusieurs Archers qu'il met en sentinelle dans la cour.)
Dors, et sur ton sommeil je veillerai moi-même,
Car en toi seul encor vit notre espoir suprême ;
Et Dieu n'eût pas remis un royaume en tes mains,
Si tu ne le servais pour de secrets desseins...
Peut-être quand, demain, à ton âme trompée
J'offrirai pour miroir le fer de cette épée,
A ton aspect soudain reculant malgré toi,
Tu nieras que la lame ait réfléchi le roi...
Le flambeau n'est pas mort, tant qu'une lueur brille :
Ma main protégera sa flamme qui vacille ;
J'écarterai tout vent qui lui serait mortel,
Et je déposerai le flambeau sur l'autel...
Un jour de pur éclat il brillera peut-être !...
(L'heure sonne ; il écoute.)
Minuit... Tranquillement dormez, mon noble maître :
Nos yeux seront ouverts si, vous, vous sommeillez.
Sentinelles, veillez !
UNE SENTINELLE, répondant.
Sentinelles, veillez !
(Le même cri se fait entendre de distance en distance, jusqu'à ce qu'il se perde dans le lointain.)

ACTE TROISIÈME

CHARLES VII

Même décoration. — Il fait jour.

SCÈNE PREMIÈRE

LE COMTE DE SAVOISY, veillant à la porte du Roi ; ANDRÉ, à l'autre porte ; puis UN ÉCUYER ; puis YAQOUB.

Au lever du rideau, on entend le son du cor.

LE COMTE.
André, quel est ce bruit ?

ANDRÉ.
Celui du cor.
LE COMTE.
Qui sonne?
ANDRÉ.
Je ne puis voir d'ici; c'est au dehors.
LE COMTE.
Personne
N'est donc au pont-levis?
ANDRÉ.
Si, monseigneur; j'ai mis
Deux hommes à la tour... Ah! ce sont des amis :
On ouvre... Je savais que la garde était bonne...
Ah! c'est un écuyer aux armes de Narbonne...
Il a diablement chaud !
LE COMTE.
Faites signe, et qu'ici
On l'amène à l'instant.
ANDRÉ.
Monseigneur, le voici.
Entrez, sire écuyer.
L'ÉCUYER.
Le comte?...
LE COMTE.
C'est moi.
L'ÉCUYER, lui donnant une lettre aux armes de Narbonne.
Comte,
Le message demande une réponse prompte :
C'est de mon maître.
LE COMTE.
Bien. Vous revenez du camp?
L'ÉCUYER.
Oui, monseigneur.
LE COMTE, lisant.
Narbonne est bien portant?
L'ÉCUYER.
Oui.

LE COMTE.

Quand En êtes vous parti?

L'ÉCUYER.

Cette nuit.

LE COMTE.

Par Saint-Charle !
C'est marcher vitement ! Votre maître me parle
En homme bien pressé : pour demain cependant
Je ne puis le rejoindre.

L'ÉCUYER.

Il est en attendant
Le combat que l'Anglais offre; mais il balance :
S'il avait le secours de votre bonne lance
Et de tous vos archers, il n'hésiterait plus.

LE COMTE.

J'ai pour deux jours encor des devoirs absolus;
Puis je le rejoindrai. Qu'il tarde. C'est possible :
Un retard de deux jours ne peut être nuisible,
Tandis qu'il perdra tout en se hâtant par trop.

L'ÉCUYER.

Monseigneur, il m'a dit de partir aussitôt
Que vous m'auriez donné réponse.

LE COMTE.

Dans une heure,
Au plus tard, vous l'aurez. Allez. — André demeure.
De ce brave écuyer, mes amis, prenez soin.

(L'Écuyer sort avec les autres.)

(A André.)

André, de tout ton zèle aujourd'hui j'ai besoin.

ANDRÉ.

Ordonnez.

LE COMTE.

Tu connais le château de Graville?

ANDRÉ.

Sans doute, monseigneur; c'est auprès de la ville
D'Auxerre.

LE COMTE.

Justement.

ANDRÉ.
       Quand le comte... que Dieu
Ait pitié de son âme !... était vivant, pardieu !
A votre ordre, vingt fois j'ai fait la même route...
Ce pauvre comte ! il fut tué dans la déroute
De Cravant. Je portai la nouvelle. Je crois
Entendre encore sa fille, avec sa douce voix,
Dire...

LE COMTE.
   C'est bien. Alors, tu connais Isabelle ?

ANDRÉ.
Oui, monseigneur... Et même elle est belle, mais belle

LE COMTE.
C'est possible ; jamais je ne l'ai vue. Ainsi,
André, tu vas partir et lui porter ceci.

ANDRÉ.
Cet anneau ?

LE COMTE.
   Cet anneau.

ANDRÉ.
       Mais qu'aurai-je à lui dire ?

LE COMTE.
Que tu viens la chercher afin de la conduire
Chez moi ; que je l'attends aujourd'hui sans retards...
Aujourd'hui, tu m'entends... car, demain soir, je pars.

ANDRÉ.
C'est bien.

LE COMTE.
   Respectez-la comme votre maîtresse ;
Et, quand vous parlerez, appelez-la comtesse.

ANDRÉ.
Monseigneur, je ferai comme vous dites.

LE COMTE.
           Bien.

ANDRÉ.
Avez-vous autre chose à m'ordonner ?

LE COMTE.

Non, rien...
Sinon de m'envoyer le Sarrasin...

(S'arrêtant.)

Écoute !...
J'avais cru... Ce n'est rien...

(Regardant du côté de l'appartement de Bérengère.)

Rien qu'un soupir sans doute...
Va-t'en.

ANDRÉ.

Le Sarrasin a passé la nuit là,
Couché dans son bournous.

LE COMTE.

Fais le venir.

ANDRÉ.

Holà !...
Que fais-tu donc, les yeux fixés sur la fenêtre
De la comtesse, esclave?... Enfin !...

(André s'en va.)

YAQOUB, sur le seuil.

Me voilà, maître.

LE COMTE.

Viens ! lier, un arrêt fut rendu contre toi ;
Et tu le méritais.

YAQOUB.

Oui, maître.

LE COMTE.

Un mot du roi
T'a sauvé : ce matin, veux-tu devant la porte
De ton sauveur veiller un instant?

YAQOUB.

Peu m'importe
Où je reste, où je vais, ou d'où je viens.

LE COMTE.

Ainsi,
Yaqoub, fidèlement tu resteras ici?

YAQOUB

Oui, maître.

LE COMTE.
Si le roi vient soudain à paraître,
Tu te retireras à l'autre porte.
YAQOUB.
Oui, maître.
LE COMTE.
Je reviendrai bientôt te relever.
(Il sort.)
YAQOUB, seul et rêvant.
Pourquoi
Toute une longue nuit a-t-elle, ainsi que moi,
Veillé sans qu'un instant se fermât sa paupière?...
Je croyais que, moi seul, je veillais sur la pierre...
Je l'ai vue un instant : ses pleurs coulaient. . Ses pleurs !
Tout mon sang, Mahomet, pour toutes ses douleurs !
A d'autres comme à moi la vie est donc fatale !...
D'autres souffrent !...

SCÈNE II

YAQOUB, BÉRENGÈRE, soulevant la tapisserie, et s'assurant qu'Yaqoub est seul.

BÉRENGÈRE.
Yaqoub !
YAQOUB, tressaillant et levant la tête.
Oh ! que vous êtes pâle !
BÉRENGÈRE.
Ce n'est rien... J'ai souffert...
YAQOUB.
Vous, souffrir !
BÉRENGÈRE.
Pourquoi pas ?
Chacun porte sa part des douleurs d'ici-bas.
YAQOUB.
Vous n'avez pas dormi ?
BÉRENGÈRE.
Non... Mais vous, comme une ombre,
Je vous ai vu debout ; quoique la nuit fût sombre
Je vous ai reconnu. Qu'est-ce que vous faisiez ?

YAQOUB.

Ce qu'hier je faisais ; mais, hier, vous dormiez
Et ne m'avez pas vu... Combien de fois, madame,
Comme un cerf aux abois, et qui pleure et qui brame,
N'ai-je pas cependant passé mes longues nuits
Au même endroit, avec des sanglots et des cris,
Suivant sur vos vitraux une ombre passagère,
Et frappant ma poitrine en disant : « Bérengère !... »

BÉRENGÈRE.

Et pourquoi, dans vos pleurs et dans votre abandon,
Chercher des yeux mon ombre et prononcer mon nom ?

YAQOUB.

Pourquoi le matelot, dans une nuit sans voile,
Fixe-t-il ses regards sur une seule étoile ?
Pourquoi prononce-t-il, entre ses dents froissé,
Un nom qu'il a déjà mille fois prononcé ?...
C'est que, sans espoir même, il est doux de se plaindre ;
C'est qu'il sait bien qu'aux cieux son bras ne peut atteindre ;
Mais que, si bas qu'il soit, sur cette étoile d'or
Il peut, du moins, mourir les yeux fixés encor.

BÉRENGÈRE.

Oui, je comprends, Yaqoub : dans le fond de votre âme,
A tous les yeux cachée, il existe une flamme...
Sans doute, aux bords du Nil, pendant vos premiers jours,
Une voix vous promit d'éternelles amours ;
Et vous, dans votre cœur, comme en un sanctuaire,
Enfermant les accents de cette voix si chère,
Vous les avez gardés ;... et, dans l'ombre, sans bruits,
C'est elle qui vous vient parler toutes les nuits...
Et peut-être ma voix, à la sienne étrangère,
Lui ressemble pourtant...

YAQOUB.

C'est cela, Berengère !...

(Amèrement.)

Vous avez deviné.

BÉRENGÈRE.

Mais vous, à votre tour,
Yaqoub, vous avez dû lui promettre en retour...

YAQOUB.

Moi, je n'ai rien promis...

(Regardant fixement Bérengère.)

Mais je pourrais promettre
Ce qu'on demanderait avec sa voix...

BÉRENGÈRE.

Peut-être
Qu'on demanderait trop, et qu'alors...

YAQOUB.

Écoutez :
Si cette voix me dit, ou restez ou partez,
Soyez triste ou joyeux, frappez ou faites grâce,
Soit que la voix me prie ou qu'elle me menace,
Tous ses ordres seront aussi bien observés
Qu'un mot le fut hier quand elle a dit : « Vivez ! »

BÉRENGÈRE.

Et qu'exigeriez-vous pour tant d'obéissance ?

YAQOUB.

Qu'exiger de celui qui nous tient en puissance ?
Je n'exigerais rien, j'attendrais à genoux
Qu'elle me dit : « C'est bien. Maintenant, levez-vous. »

BÉRENGÈRE.

Si, plus juste pourtant, de sa foi qu'elle engage
A son tour en vos mains elle laissait un gage...

YAQOUB.

A moi ?... Vous avez dit un gage de sa foi ?...
Oh ! vous raillez, madame... Ayez pitié de moi !...

BÉRENGÈRE, laissant tomber son gant.

Ramassez-moi ce gant.

(Pendant que Yaqoub est baissé, Bérengère laisse tomber la tapisserie et ferme la porte de son appartement. Au même instant, le Roi et Agnès paraissent à la porte opposée.)

YAQOUB, se relevant.

Le voici...

(Regardant et cherchant en vain Bérengère.)

Ciel et terre !
Disparue !... A l'instant elle était... Bérengère !...
Bérengère !... Ce gant, entre mes mains laissé...

(Il le baise avec transport. Il aperçoit le Roi et Agnès.)

Elle a craint qu'on la vît : voilà tout... Insensé !...

SCÈNE III

YAQOUB, LE ROI, AGNÈS.

LE ROI.

Que regardes-tu donc, Agnès, de la fenêtre,
Et qui te fait sourire?

AGNÈS.

Oh! mon seigneur et maître!
Un instant avec moi regardez dans les cieux
Ce soleil, si brillant qu'il fait baisser les yeux.
Eh bien, il s'est levé voilé par un nuage :
A peine y pouvait-on distinguer son passage;
Tout était triste et froid sur la terre; il semblait
Qu'avec peine aujourd'hui le monde s'éveillait,
Que tout était souffrant, décoloré, sans âme,
Et, pour vivre, attendait un rayon de sa flamme...
Voilà que tout renaît où tout mourait sans lui.
Eh bien, mon doux seigneur, je songeais aujourd'hui,
En le voyant vainqueur du nuage et de l'ombre,
Que si, semblable au sien, votre matin fut sombre,
Il doit aussi venir un jour où, radieux,
L'éclat de votre front fera baisser les yeux...
Car déjà, comme lui, sur la terre ravie,

(Montrant Yaqoub.)

Vous aussi paraissez, et rendez à la vie.

LE ROI.

Ah! oui, je reconnais l'esclave condamné.

AGNÈS.

Parlons-lui, voulez-vous?

LE ROI, faisant signe à Yaqoub.

En quels lieux es-tu né?

YAQOUB.

Loin d'ici.

LE ROI.

Mais comment nomme-t-on ta patrie?

YAQOUB.

Le désert.

AGNÈS.

Le désert ?

LE ROI.

Oui : c'est dans la Syrie.
Alain Chartier souvent m'a parlé d'un pays
A l'Orient, bien loin, où le saint roi Louis
Est allé guerroyer... Tu te souviens, esclave,
D'un roi qui vous vainquit, d'un roi pieux et brave ?...

YAQOUB.

Mon aïeul à mon père a raconté qu'un jour
Un chef nazaréen, au port d'Abou-Mandour
Débarqua, conduisant des galères aux voiles
Plus nombreuses qu'aux cieux, la nuit, sont les étoiles.
Ils voulaient, disaient-ils, conquérir au saint lieu
Le tombeau de Jésus, qu'ils nomment fils de Dieu ;
Mais Allah seul est grand ! A la voix du Prophète,
Le désert à son aide appela la tempête :
Le simoun s'élança comme un lion sur eux,
Et les enveloppa de ses ailes de feux...
Tout fut fait : le désert immense, infranchissable,
Couvrit leurs ossements de son linceul de sable..
Le chef nazaréen y périt sans renom,
Et l'écho de Tunis ne m'a pas dit son nom.

LE ROI.

Eh bien, Agnès, voilà ce qu'on appelle gloire :
Vois quelle trace elle a laissée en sa mémoire !
Peut-être aurais-je pu, comme a fait mon aïeul,
Aller aussi chercher au désert un linceul ;
Y conduire à ma suite, ainsi qu'une hécatombe,
Trente mille soldats pour mourir sur ma tombe ;
Et l'on eût dit ici que c'était grand et beau !...
Mais j'aime mieux, vois-tu, me coucher au tombeau,
Vers le soir d'un beau jour, les yeux sur mon étoile ;
Avoir pour mon linceul le tissu qui te voile,
Et trouver quelque ami qui grave avec regrets
Sur ma pierre : « Ci-gît Charles, aimé d'Agnès. »

AGNÈS.

Monseigneur !...

LE ROI, à Yaqoub.

Laisse-nous.

(Yaqoub se retire.)

                        N'est-ce pas que la vie,
Si lente à nous venir et puis si tôt ravie,
Ce sourire de Dieu, ce céleste bienfait,
Appartient au bonheur, Agnès, et n'est point fait
Pour en jeter les jours, ainsi qu'une fumée,
A ce vent de l'orgueil qu'on nomme renommée?...
Or, Agnès, ici-bas, qu'appelle-t-on bonheur?
Serait-ce, par hasard, ce chimérique honneur
De s'éveiller enfant sur les marches d'un trône,
De fatiguer son front du poids d'une couronne,
De voir les courtisans empressés à nos vœux,
De ne parler jamais sans dire : « Je le veux ! »
Non ; n'est-ce pas, Agnès? Le bonheur, c'est la joie
Où, mille fois le jour, ton doux regard me noie ;
C'est mon front fatigué s'inclinant sous le tien ;
C'est ton souffle apaisé qui se confond au mien ;
C'est ce frisson ardent qui se glisse au cœur même ;
C'est le son de ta voix quand elle dit : « Je t'aime ! »
                        AGNÈS.
Tant que vous m'aimerez, vous penserez ainsi,
Mon doux seigneur.
                        LE ROI.
                        C'est moi qui suis à ta merci !...
Que ne puis-je avec toi, dans quelque coin du monde,
Ensevelir mes jours dans une paix profonde !...
Car, dans certains instants, j'ai peine à rassembler
Mes esprits, et je sens ma raison se troubler...
Ce n'est qu'en frissonnant que je pense à mon père !...
Que me veulent-ils donc avec leurs cris de guerre?
Pourquoi ne pas laisser mon épée au fourreau?...
J'ai déjà bien assez du sang de Montereau !
                        AGNÈS.
Monseigneur, sur mon sein reposez votre tête,
                        LE ROI.
Penses-tu pas qu'aux cieux s'amasse une tempête?...
L'horizon s'assombrit.
                        AGNÈS.
            Non.
                        LE ROI.
                        L'air me semble lourd...

N'entends-tu pas au loin un bruissement sourd?...
Écoute.
(On entend le canon.)
AGNÈS.
Monseigneur, laissez gronder l'orage:
Lorsqu'ainsi je vous tiens, oh! j'ai bien du courage;
Car la foudre ne peut tomber sur l'un de nous
Sans tuer l'autre aussi.

SCÈNE IV

Les Mêmes, LE COMTE DE SAVOISY, ouvrant brusquement la porte du fond.

LE COMTE.
Sire, réveillez-vous!...
AGNÈS.
Ah!
LE ROI.
Qui donc entre ici sans notre ordre?.. Mon hôte,
Est-ce vous?... Les valets en ce château font faute,
Que sans être annoncé l'on entre près du roi!
(On entend le canon.)
LE COMTE.
Sire, écoutez ce bruit, car il vient comme moi,
Sans que votre pouvoir l'intimide, vous dire,
Comme je vous ai dit, moi: « Réveillez-vous, sire! »
LE ROI.
N'est-ce donc pas le bruit de la foudre?
LE COMTE.
Non!
LE ROI.
Non?
LE COMTE.
Écoutez encore!
LE ROI.
Ah!...
LE COMTE.
C'est la voix du canon!

LE ROI.

Eh bien?...

LE COMTE.

Eh bien, je dis que cette voix qui parle
Doit trouver un écho dans le cœur du roi Charle ;
Que d'un profond sommeil il a dormi longtemps,
Et que, s'il veut enfin s'éveiller, il est temps !

LE ROI.

Comte !...

LE COMTE.

Je dis aussi que chaque homme qui tombe,
Avant de se coucher tout sanglant dans la tombe,
Dit, jetant un dernier regard autour de soi :
« Lorsque je meurs pour lui, mais où donc est le roi ? »
Vos aïeux nous ont fait prendre cette habitude
De voir briller leur casque où l'affaire était rude ;
Et peu de coups tombaient, d'épée ou de poignard,
Dont leur écu royal ne reçût bonne part...
Sire, c'est pour un peuple une dure agonie,
De penser en mourant que son roi le renie !...
Car il peut, se croyant dégagé de sa foi,
Lui prendre envie aussi de renier son roi...
Qui peut comme un faisceau, dans ces temps d'anarchie,
Rallier à l'entour de notre monarchie
Tant de puissants seigneurs l'un de l'autre jaloux,
Si ce n'est notre roi, premier seigneur de tous ?...
Chacun ne peut-il pas penser que Dieu pardonne
D'abandonner le roi quand le roi l'abandonne ?

LE ROI.

Comte, vous oubliez...

LE COMTE.

Sire, je dis encor
Que c'est mal calculer qu'épuiser un trésor
Dont la sueur du peuple a trempé chaque pièce,
En grelots de faucon, en joyaux de maîtresse ;
Que c'est un luxe vain qu'il vaut mieux étouffer
Quand on n'a pas trop d'or pour acheter du fer...
Sous chacun de ses rois, si j'ai bonne mémoire,
Le vieil État français croissait en territoire ;
Au patrimoine ancien que se léguaient ses rois,

Ils ajoutaient encor : Philippe de Valois
Après le Dauphiné conquérait la Champagne ;
Philippe-Auguste, au loin rejetant la Bretagne,
Prenait la Normandie, et le Maine et l'Anjou ;
Avec les clefs de Tours, il ouvrait le Poitou ;
Par un traité, Louis-Neuf ajoutait à la France
Le Languedoc... Vous-même aviez sur la Provence
Des droits comme beau-fils de Louis d'Anjou.

LE ROI.

Pardieu !
Si je m'en souviens bien à mon tour, c'est de Dieu
Que je tiens cet État de France, seigneur comté :
Ce n'est donc qu'à Dieu seul que j'en dois rendre compte ;
Et, s'il me plaît d'en faire un entier abandon,
Nul ne me jugera que Dieu.

LE COMTE.

Je disais donc
Que, de la France, ainsi que l'ont faite ses princes,
Il ne vous reste plus, sire, que trois provinces...
L'Anglais victorieux à grands pas envahit ;
Jean-Six, son allié, vous leurre et vous trahit ;
Philippe de Bourgogne à belles dents dévore
Vos comtés d'Armagnac, de Foix et de Bigorre...
Sire, à l'entour de vous ne les voyez-vous pas,
Pour vous envelopper, s'avancer pas à pas ?
Dans un réseau vivant vos troupes enfermées
Ne peuvent soutenir le choc de trois armées ;
En vain Poton, Xaintraille et Narbonne et Dunois
Frappent sans se lasser comme dans un tournois,
Attaquant sans projets, reculant sans ensemble :
Un jour disperse ceux qu'à peine un mois rassemble.
Ils ont le bras qui frappe et le cœur qui résout,
Mais il manque le chef, âme et centre de tout...
Sire, sur votre nom ce serait une honte
Que de tarder encore à les rejoindre !...

LE ROI.

Comte,
Notre forêt d'Auxerre est-elle prise ?

LE COMTE.

Non.

16.

LE ROI.

Nous allons y chasser: prépare ton faucon...
Venez, Agnès.

(Il sort.)

SCÈNE V

LE COMTE DE SAVOISY, AGNÈS.

LE COMTE, arrêtant Agnès.

Non, non : vous resterez, madame !
Car je veux vous parler à votre tour... O femme !
Vous êtes belle !... oh ! oui, belle ; et de votre œil noir
Sur votre faible amant je comprends le pouvoir ;
Votre voix est d'un ange ou d'une enchanteresse,
Et je comprends encor qu'elle ordonne en maîtresse...
Eh bien, sur mon honneur, pour vous il vaudrait mieux
Qu'un fer rouge eût éteint votre voix et vos yeux...

AGNÈS.

Oh ! que me dites-vous ?...

LE COMTE.

Car c'est à leur puissance
Que doivent les Français les malheurs de la France ;
Et Charles, l'insensé ! se soumet à leur loi
Comme à celle de Dieu !... La maîtresse d'un roi,
De la sphère élevée où son pouvoir la range,
Peut devenir d'un peuple ou le démon ou l'ange :
Vous pouviez de la France être l'ange ; mais non :
Vous avez préféré devenir son démon !
Oui, grâce à votre amour adultère et fatale,
Aujourd'hui, l'Occident a son Sardanapale !...
La faible monarchie, à ses derniers moments,
Se débat, étouffée en vos embrassements !...
Eh bien, quand sous les coups que votre main lui porte
Elle sera tombée, et qu'on la croira morte,
Que l'Anglais en viendra partager les débris,
C'est alors que partout vous poursuivront ses cris...
Vous fuirez ; mais, dans son agonie, un royaume
Se débat plus longtemps que ne le fait un homme !...
Le feu de nos cités sera votre flambeau ;
Vos pieds, à chaque pas, heurteront un tombeau...

Vous fuirez, vous fuirez sans que rien vous arrête,
Car vous ne saurez plus où poser votre tête !

AGNÈS.

Grâce ! grâce !...

LE COMTE.

    Nos fils... ce qu'il en restera !...
En vous voyant passer, de ses cris vous suivra ;
Les mourants pour maudire à leur heure dernière,
Accoudés à leur lit, rouvriront la paupière,
A leur voix se joindra la voix de votre cœur,
Et toutes, vous crieront : « Malheur à vous ! malheur ! »

AGNÈS, à genoux.

Monseigneur, il n'est rien qu'un repentir n'efface...
Cela ne sera pas, monseigneur... Grâce ! grâce !...
Oh ! tout n'est pas encor si bas que vous croyez,
Et la main qui blessa peut guérir.

LE COMTE.

    Essayez !

ACTE QUATRIÈME

AGNÈS SOREL

Même décoration. — Tout l'attirail d'une chasse. Des Pages à la porte, tenant en laisse des chiens.

SCÈNE PREMIÈRE

BALTHAZAR, GODEFROY, un faucon sur le poing ; DES MANANTS, au fond ; puis YAQOUB.

BALTHAZAR, à la porte.

Holà ! les écuyers, sortez les equipages...
Ne tourmentez donc pas les chiens, messieurs les pages !

Ils auront aujourd'hui de la besogne assez,
Et, s'ils partent d'avance aux trois quarts harassés,
Aussitôt le lancer, ils lâcheront la voie...
Apportez les faucons, et que pas un n'y voie :
Chaperonnez-les tous...

(A Godefroy, en lui reprenant le faucon qu'il fait enrager.)

Tiens, Godefroy, va-t'en !...
Si nous laissions aux mains de ces fils de Satan
Ces nobles animaux, quelle que fût leur race,
Les chiens ne suivraient pas quarante pas la trace,
Et les faucons, par eux hébétés à leur tour,
Devant un cormoran fuiraient comme un autour.

(A un autre.)

Crois-tu pour la journée avoir assez de leurre ?...
Vas en reprendre, Jean ; nous partons dans une heure.

(Parlant à son faucon.)

Haou ! haou ! Allons, coquette, baisez-moi...
Ah ! vous ne voulez pas, favorite du roi ?
Nous verrons si ce soir vous serez aussi fière,
Quand nous vous porterons à souper.

UN MANANT.

Maître Pierre...

BALTHAZAR.

Eh bien ?

LE MANANT.

En traversant ce matin le hallier
J'ai vu dans le chemin passer un sanglier.

BALTHAZAR.

Quelle taille ?

LE MANANT.

Un ragot ; il avait des défenses
A découdre dix chiens.

BALTHAZAR.

Saint-Hubert !... Et tu penses
Que nous le trouverions encore maintenant ?

LE MANANT.

Bien sûr, j'en répondrais.

BALTHAZAR.

C'est bon. Merci, manant.

Ah ! pour le détourner, en ce moment que n'ai-je
Mon bon limier anglais !
(A Yaqoub, qui entre et reprend sa place habituelle sur sa peau de tigre.)
C'est toi, boule de neige ?
Nous suis-tu ?

YAQOUB.

Non.

BALTHAZAR.

Le lâche aime mieux se coucher.
(Il se retourne et aperçoit un Enfant qui touche à un arc.)
Ah çà ! bâtard de singe, es-tu las de toucher
A cet arc ? Finissons ! ou, sans miséricorde,
Je vais te caresser le dos avec la corde.

SCÈNE II

Les Mêmes, LE ROI.

LE ROI.

Ferons-nous bonne chasse aujourd'hui, Balthazar ?

BALTHAZAR.

Dam ! je n'en sais trop rien, sire : c'est le hasard...
Je me souviens d'un jour...

LE ROI, agaçant le faucon.

Ah ! te voilà, coquette ?

BALTHAZAR, continuant.

Où, dès le grand matin, nous nous mîmes en quête...

LE ROI, sans l'écouter.

Nous sommes en retard.

BALTHAZAR, continuant.

C'était dans la forêt
De Verneuil. Nous partons...

LE ROI.

Le comte n'est point prêt ?

BALTHAZAR.

Nous ne l'avons pas vu.

LE ROI.
Mais où donc est notre hôte?

BALTHAZAR, continuant.

Je lâche mon faucon...

LE ROI.
Agnès aussi fait faute.

BALTHAZAR.

C'était sur un pluvier...

LE ROI.
Balthazar, prends ton cor,
Et sonne le départ.

(Balthazar sonne.)

Bien !

BALTHAZAR, vivement.
Je le vois encor :
Il n'avait pas, je crois, donné trente coups d'aile...

LE ROI.

Tiens, reprends coquette.

BALTHAZAR
Ah ! venez, mademoiselle.

LE ROI, allant à la porte.

Ton cor a fait merveille ; et voilà que céans
Le comte arrive enfin...

(Regardant, et cherchant à distinguer qui l'accompagne.)
Avec...

SCÈNE III

Les Mêmes, LE COMTE DE SAVOISY, JEAN D'ORLÉANS.

JEAN D'ORLÉANS, entrant.
Jean d'Orléans !

LE ROI.

Dunois !... mon cher Dunois !... Pardieu ! quand je désire
Quelque chose, aussitôt la chose arrive !...

(Il lui frappe sur l'épaule.)

JEAN D'ORLÉANS.
              Sire,
De votre bon accueil je suis reconnaissant;
Mais si vous vouliez bien frapper moins fort...
(Il ôte son casque : on voit qu'il a reçu à la tête une blessure dont le sang
          coule encore.)
          LE ROI, reculant.
                    Du sang!
Ah! mon brave Dunois!...
          JEAN D'ORLÉANS.
                C'est une égratignure...
Mais, saint-Jean! c'est heureux que j'ai la tête dure!
Un vilain aurait eu le front fendu.
          LE ROI.
              Comment!...
Tu viens donc de te battre?
          JEAN D'ORLÉANS.
              Oui, sire, et rudement!
          LE ROI.
Eh bien, il te fallait, aussitôt la bataille,
Pour chasser avec nous conduire ici Xaintraille.
          JEAN D'ORLÉANS.
Xaintraille est prisonnier.
          LE ROI.
              Xaintraille prisonnier!
          JEAN D'ORLÉANS.
On l'a mis à rançon.
          LE ROI.
              Holà! mon argentier!
Que reste-t-il encor dans ta pauvre escarcelle?
          L'ARGENTIER.
Onze cents écus d'or.
          LE ROI, à Jean d'Orléans.
              Si cette somme est celle
Qu'il lui faut, tends ton casque.
          JEAN D'ORLÉANS.
                  Il en faudrait encor

Autant : sa rançon est de deux mille écus d'or.
(Le Roi se tourne vers l'Argentier.)

L'ARGENTIER.

Sire, s'il m'en reste un, que le ciel m'abandonne !

LE ROI, prenant son bonnet, sur lequel est une couronne.

Voyons, des diamants montés sur ma couronne,
Le plus beau.

L'ARGENTIER.

Celui-ci jette le plus d'éclat.

LE ROI, brisant la monture, et jetant le diamant dans le casque du Dunois.

Mon plus beau diamant pour mon meilleur soldat.

LE COMTE.

Oh ! je le savais bien, que son âme était bonne !

LE ROI.

De régler la rançon tu chargeras Narbonne :
Plus tard, il m'en rendra bon compte en temps et lieu.

JEAN D'ORLÉANS.

Sire, il règle la sienne à cette heure avec Dieu.

LE ROI.

Mort ?...

JEAN D'ORLÉANS.

Mort ! Contre l'avis de Douglas et Xaintraille,
Narbonne ce matin a livré la bataille...
A sa faute il n'a pas survécu.

LE ROI.

Dieu merci,
Douglas est sain et sauf, j'espère ?...

JEAN D'ORLÉANS.

Mort aussi.

LE ROI.

Oh ! mon pauvre Douglas, mon allié fidèle,
Toi qui vins de l'Écosse embrasser ma querelle,
Te voir mourir pour moi !... Je suis bien malheureux !...
D'Aumale, Rambouillet, Ventadour ?

JEAN D'ORLÉANS.

Morts comme eux.

LE ROI.

La Fayette et Gaucourt ?...

JEAN D'ORLÉANS.
Prisonniers.
LE ROI.
Et l'armée?
JEAN D'ORLÉANS.
Au feu qui s'est éteint demandez sa fumée?
LE ROI.
Détruite!...
JEAN D'ORLÉANS.
Dispersée; et de chaque côté,
Chaque chef qui survit, selon sa volonté,
Devant Bedford vainqueur en hâte se retire...
Le roi seul les pourrait rallier.

SCÈNE IV

Les Mêmes, AGNÈS.

AGNÈS, s'approchant du roi.
Adieu, sire.
LE ROI.
Où vas-tu donc, Agnès?
AGNÈS.
Je pars.
LE ROI.
Toi?...
AGNÈS.
Monseigneur,
Un bohémien jadis me prédit cet honneur...
Et j'en ai quelque temps conservé l'espérance...
Que je posséderais l'amour du roi de France.
De mon cœur prévenu n'écoutant que la loi,
J'avais cru jusqu'ici que vous étiez le roi;
Mais du titre et du rang Bedford vous dépossède;
Et, puisque sans combat Votre Altesse les cède,
Bedford est le seul roi de France, et me voilà
Prête à joindre Bedford.
LE ROI.
Ah! c'est comme cela?...

Viens ici, comte : as-tu quelque cheval de guerre
Qu'un roi puisse monter ?

LE COMTE.

J'ai celui de mon père.

LE ROI.
Ordonne qu'à l'instant on me l'amène ici.

LE COMTE, à son Écuyer.
Obéissez au roi, sire écuyer.

LE ROI.

Merci.
As-tu dans ce château quelque armure à ma taille,
Qu'un roi puisse porter le jour d'une bataille ?

LE COMTE, lui montrant les panoplies.
Voyez, sire.

LE ROI.

C'est bien ; la plus forte est pour moi.

LE COMTE.
Détachez cette armure, et couvrez-en le roi (1).

LE ROI.
De votre mission maintenant je désire
Savoir le résultat : racontez-la-moi.

LE COMTE.

Sire,
J'ai vu Jean-Six.

LE ROI.

Eh bien ?... J'écoute.

LE COMTE.

Il m'a promis
De rompre un traité fait avec vos ennemis,
De signer avec vous, pour la paix ou la guerre,
Un acte d'alliance, et d'envoyer son frère
Au camp français avec mille lances : voilà
Ce qu'il offre.

LE ROI.

C'est bien. — Que veut-il pour cela ?

---

(1) Depuis ce vers jusqu'aux mots : « Dunois, mes éperons, » les gens du Comte arment le Roi.

LE COMTE.
Pour Richemont son frère, il demande l'épée
De connétable au bras de Boukent échappée
A Cravant.

LE ROI.
Est-ce tout ?

LE COMTE.
Oui, sire.

LE ROI.
De ta main,
Comte, il la recevra... Tu partiras demain,
Et tu lui porteras ma parole royale
Que, de ma part, au moins, l'alliance est loyale.
Qu'il se rende à Poitiers ; là, nous nous rejoindrons.

LE COMTE.
Sire, je partirai.

LE ROI.
Dunois, mes éperons.
(Dunois attache les éperons du Roi.)
Une épée, à présent.
(Le Comte lui en donne une : le Roi l'examine.)
Comte, il faut une épée,
Pour une main de roi, plus fortement trempée
Que ne l'est celle-ci : celle-ci se romprait...
Voyez...
(Il la brise.)
Aux premiers coups que mon bras frapperait.
(Le Comte lui en donne une autre.)
C'est bien.
(A un Écuyer qui porte une lance.)
Le Sarrasin me portera ma lance :
Donnez-la-lui... Mon casque.
(On le lui donne : il le met sur sa tête.
Et maintenant, silence !
J'avais cru jusqu'ici, par des traités secrets,
Obtenir de Bedford une honorable paix :
Ce moyen vous paraît trop lent et trop vulgaire.
La guerre, dites-vous ?

TOUS, se précipitant sur les armes.
Oui, la guerre ! la guerre...
LE ROI.
Eh bien, secondez-moi par un dernier effort,
Et vous l'aurez, enfants ; mais une guerre à mort...
J'ai tiré mon épée après la France entière ;
Mon épée au fourreau rentrera la dernière...
Vous me voulez pour chef? Eh bien, voici mes lois :
La France de Philippe-Auguste et de Valois
N'est point mienne : il me faut celle dont Charlemagne
A tracé la limite au sein de l'Allemagne,
Quand le géant touchait, en maître souverain,
D'une main l'Océan, et de l'autre le Rhin.
Or, que ma volonté, messeigneurs, soit la vôtre,
Car c'est ma France, à moi ; je n'en connais point d'autre.
JEAN D'ORLÉANS.
Sire, nous écoutons vos ordres à genoux.
LE ROI.
Qu'un seul cri désormais soit proféré par nous !
Nous verrons qui plus haut dans le combat le pousse,
« Montjoie et Saint-Denis ! Charles à la rescousse ! »
TOUS.
Montjoie et Saint-Denis ! Charles à la rescousse !
LE ROI.
Et maintenant, Agnès, dites quel est le roi...
Allons, mes fauconniers, en chasse... Suivez-moi.
(Il sort. Tous le suivent.)
LE COMTE, à Jean d'Orléans.
Ne l'abandonnez pas, et modérez la flamme
De ce premier transport.
(A Agnès.)
Honneur à vous, madame !
AGNÈS.
Comte, honneur à Dieu seul qui m'ouvrit ce chemin ;
A Dieu, qui tient le cœur des princes dans sa main.
(Ils sortent ensemble.)
BALTHAZAR, un instant seul.
Allons, pour aujourd'hui notre chasse varie :
L'Anglais est un gibier de haute vénerie ;

Mais, comme à ses chasseurs quelque coup peut échoir,
Coquette, nous allons retourner au perchoir.
(Il va pour sortir.)

SCÈNE V

BALTHAZAR, BÉRENGÈRE, soulevant la portière.

BÉRENGÈRE.

Fauconnier!...

BALTHAZAR.

Noble dame?...

BÉRENGÈRE.

Est-ce que pour l'armée
Le comte avec le roi va partir?... Enfermée
Dans cet appartement, j'entendais mal... Il faut
Que je sache à l'instant s'il part.

BALTHAZAR.

Ils parlaient haut
Cependant.

BÉRENGÈRE.

Mais part-il? part-il?... Oh! sur votre âme,
Répondez-moi! part-il à l'instant?...

BALTHAZAR.

Non, madame,
Il reste cette nuit, et ne part que demain.

BÉRENGÈRE, lui donnant une bourse.

Voilà pour vous.

BALTHAZAR, sortant.

Que Dieu bénisse votre main!

BÉRENGÈRE, seule.

Oh! je sens sur mon cœur tout mon sang qui retombe!...
J'étouffe entre ces murs comme dans une tombe!...
(Tombant dans un fauteuil.)
J'avais cru qu'il partait... Oh! que je souffre!... C'est
Comme si de deux mains de fer on me pressait!...
(Se levant tout à coup.)
Mon Dieu! secourez-moi : le voici!

SCÈNE VI

BÉRENGÈRE, LE COMTE DE SAVOISY.

LE COMTE, étonné.

Bérengère !...

BÉRENGÈRE.

Déjà vous suis-je donc devenue étrangère
A ce point aujourd'hui, que vous vous étonnez
De me voir ?... En ce cas, monseigneur, pardonnez ;
Mais j'avais cru... Peut-être ai-je eu tort...

(Le Comte fait un mouvement d'impatience.)

Qu'il vous plaise
De me dire s'il faut que je parle ou me taise...

LE COMTE.

Parlez !

BÉRENGÈRE.

J'avais donc cru, dis-je, qu'auparavant
D'ensevelir mes jours dans un tombeau vivant,
De permettre entre nous qu'à tout jamais se brise
Un nœud béni par Dieu, consacré par l'Église,
Je devais, quand jaillit sur moi ce déshonneur,
Venir auprès de vous en disant : « Monseigneur,
Qu'ai-je fait pour qu'usant ainsi de votre force,
Vous vouliez me flétrir de ce honteux divorce ?
Le juge à l'accusé dit du moins son forfait...
Avant de me punir, mon juge, qu'ai-je fait ? »

LE COMTE.

Bérengère, celui dont la bouche parjure
Sur toi d'un seul soupçon ferait planer l'injure
A ses pieds aussitôt, de sa faute averti,
Verrait tomber mon gant avec un démenti...
Non, la femme la plus pure et la plus fidèle
Te pourrait, je le sais, prendre encor pour modèle :
Il n'est point un devoir à ton sexe imposé
Dont l'accomplissement ne te parût aisé ;
Et le Seigneur au ciel, pour dire ses louanges,
Te garde à ses côtés place parmi les anges.
Mais un homme enchaîné par le rang que je tiens
Accepte des devoirs plus larges que les tiens ;

Et, quoique ces devoirs soient souvent un supplice,
Quand l'heure est arrivée, il faut qu'il les remplisse.
Il se débat longtemps pour garder son bonheur;
Mais tout vient se briser contre le mot honneur.
Or, l'honneur de la France et l'honneur de ma race
Veulent tous deux qu'un jour un enfant me remplace,
Afin que, de tous deux soutenant le renom,
Il combatte pour elle et transmette mon nom...
Voilà tout, Bérengère.
BÉRENGÈRE.
Oui, je le sais ; mais, Charle,
Croyez-vous qu'en mon cœur le seul orgueil me parle?
Oh! non, non : plus que lui me parle mon amour,
Aussi fort aujourd'hui qu'il fut le premier jour
Où je répondis *oui*, quand votre voix si chère
Me dit : « M'acceptes-tu pour époux, Bérengère?... »
Oh! vous l'avez bien dit, et c'est la vérité :
De mille soins divers un homme tourmenté
Conserve pour l'amour peu de place en son âme;
Et cela se conçoit. Mais la femme!... la femme,
Qui ne peut ici-bas espérer de bonheur
Que celui qui lui vient de son maître et seigneur;
Qui de l'aimer toujours, à sa prière même,
Fit jadis le serment, tient ce serment et l'aime...
Quand il vient tout à coup lui donner l'ordre un jour,
Parce qu'il n'aime plus, d'éteindre son amour,
Elle est bien pardonnable, hélas! la pauvre femme,
De ne pouvoir souffler sur le feu de son âme
Après l'avoir gardé dix ans comme un trésor!...
Charles, pardonnez-moi de vous aimer encor !
LE COMTE.
Oh! je voudrais avoir, dût sa vie être un crime,
Dût son écu porter la barre illégitime,
Un enfant, quel qu'il fût, de mon nom héritier,
Pour qu'avec moi ce nom ne meure pas entier,
Dussé-je, expiant seul sa naissance funeste,
De mes jours dans un cloître ensevelir le reste.
BÉRENGÈRE.
Écoute : Dieu parfois veut éprouver nos cœurs;
Et, lorsque de l'épreuve ils sont sortis vainqueurs,
Sa colère fait place à sa miséricorde,

Et ce qu'il refusa longtemps, il nous l'accorde.
Attends encor avant de m'éloigner de toi;
Attends, et le Seigneur aura pitié de moi.

LE COMTE.

Au milieu des hasards d'une guerre mortelle,
Attendre!... Et pour frapper la mort attendra-t-elle?

BÉRENGÈRE.

La mort?... Oh! monseigneur, je prierai tant pour vous,
Que l'ange des combats écartera les coups...
N'est-il pas quelque part un saint pèlerinage
Que je puisse voter?... Quel que soit le voyage,
Je le ferai, fût-il en des lieux inconnus,
A l'autre bout du monde.

LE COMTE.
Enfant!

BÉRENGÈRE.
J'irai pieds nus...
Que brille le soleil ou gronde la tempête,
J'irai sans demander un abri pour ma tête;
J'irai pleurant, priant, un rosaire à la main,
Et je ne dormirai qu'au revers du chemin.

LE COMTE.

Rappelle, au nom du ciel, ta raison qui s'écarte.

BÉRENGÈRE.

Dites-moi, monseigneur, voulez-vous que je parte?

LE COMTE.

Impossible.

BÉRENGÈRE.
Et pourquoi?...

LE COMTE.
J'ai dit.

BÉRENGÈRE.
Cette action...
Vous n'y songez donc pas?... c'est ma damnation...
Car vous me renvoyez pour prendre une autre épouse,
N'est-ce pas?... n'est-ce pas?... Eh bien, je suis jalouse!
Oh! que sera-ce donc lorsque jusqu'à l'autel,
Quand je voudrai prier, viendra ce bruit mortel
Qu'une autre est votre femme... Oh! monseigneur, je tremble
De mêler la prière et le blasphème ensemble,

Et, dans mon désespoir, d'appeler le courroux
De Dieu sur moi, sur elle, et peut-être sur vous!
LE COMTE.
Dieu donnera la force à celle qu'il afflige.
BÉRENGÈRE.
Le pouvoir de Dieu même, et fît-il un prodige,
Sur l'avenir lui seul pourrait être exercé;
L'avenir est à lui, mais non pas le passé :
Peut-il, quelle que soit sa puissance suprême,
Faire que votre voix ne m'ait pas dit : « Je t'aime! »
Et que de cette voix l'accent encor vainqueur
Ne soit en ce moment tout vivant en mon cœur?...
Pour me faire oublier ce son, cette parole,
Je sais bien, s'il le veut, qu'il peut me rendre folle,
M'ôter le souvenir; mais il ne peut, je crois,
Empêcher que ces mots n'aient été dits cent fois!...
Rappelez-vous ces mots, Charles, je vous supplie!...
Voyez : à vos genoux je pleure et m'humilie...
Oh! ne détournez pas de moi votre regard!
Oh! grâce, monseigneur!...
LE COMTE, la prenant dans ses bras.
Levez-vous... C'est trop tard.
BÉRENGÈRE.
Pour chercher la pitié dans votre cœur de pierre,
J'ai d'abord à mon aide appelé la prière;
Bientôt vous avez vu l'excès de mes douleurs
Eclater en sanglots et se répandre en pleurs;
Puis enfin je me suis, la tête échevelée,
Jetée à vos genoux, et je m'y suis roulée.
Que voulez-vous encor? Est-il quelque moyen?...
Parlez!... Mais parlez-donc, si vous êtes chrétien!...
On répond quelque chose à cette pauvre femme;
On ne la laisse pas avec la mort dans l'âme;
On la console, on pleure avec elle; on lui dit
Un mot d'amour... un seul! Oh! soyez donc maudit!
LE COMTE sonne. Un Domestique paraît.
Le chapelain.
BÉRENGÈRE, entrant chez elle.
Adieu!... Vos mains creusent ma tombe,
Monseigneur: priez Dieu pour que seule j'y tombe!

7.

SCÈNE VII

LE COMTE DE SAVOISY, puis **YAQOUB** et **LE CHAPELAIN**.

LE COMTE.

C'est bien. — Dans un instant, soyez prête à partir,
Lorsque le chapelain viendra vous avertir.
Bien mieux que votre amour je brave votre haine...
Est-ce vous, chapelain ?

(Il se retourne et aperçoit Yaqoub.)

Yaqoub, qui te ramène?

YAQOUB.

Puisque l'on m'a donné comme l'on donne un chien,
Comme un chien j'ai brisé ma laisse, et je revien...
Mais au maître aujourd'hui le chien sert de modèle,
Car le maître est ingrat et le chien est fidèle.

(Il reprend sa place accoutumée.)

LE COMTE.

Puisque tu l'aimes mieux, demeure donc ici.

(Au Chapelain qui entre.)

Messire chapelain, vous voilà, Dieu merci !
A quitter ce château Bérengère s'apprête.

(Yaqoub écoute avec attention.)

Quel que soit le couvent qu'elle ait pris pour retraite,
Messire, à ce couvent vous l'accompagnerez :
A l'abbesse, en mon nom, vous vous engagerez
A payer une dot plus riche et plus certaine
Que celle qu'en entrant lui paierait une reine;
Et puis vous reviendrez;... car pour ce soir j'attends
Isabelle, et, demain, je partirai... Le temps
Est mesuré pour moi d'une main bien avare !
Ainsi donc hâtez-vous, mon père.

(A un Valet.)

Qu'on prépare
Un palefroi bien doux... Messire, attendez-la...
Pour la laisser passer je me retire.

YAQOUB.

Allah !...

(Il se lève.)

Maître...

LE COMTE.

Encor !

YAQOUB.

Tu voulais, hier matin, me rendre
Un bien que Dieu lui seul a le droit de nous prendre,
La liberté : veux-tu me la donner encor ?
J'avais mal calculé le prix de ce trésor,
Quand je le refusai.

LE COMTE.

Qu'elle te soit rendue,
Puisque je te l'offris.
(Il prend un parchemin sur la table, y écrit quelques mots, y applique son
sceau, puis le donne à Yaqoub.)
La chose offerte est due.
Adieu.

YAQOUB.

Merci.
(Le Comte sort. Le Chapelain va frapper à la porte de Bérengère ; elle s'ouvre :
une Femme voilée en sort, portant un costume exactement pareil à celui de
Bérengère.)

LE CHAPELAIN.

Mettez vos pleurs aux pieds de Dieu,
Ma fille !... Dieu peut seul vous consoler.
(Il s'éloigne avec elle.)

YAQOUB, suivant cette Femme des yeux.

Adieu,
Ange, qui descendis de la voûte éternelle
Pour rafraîchir mon front en le touchant de l'aile...
Tu remontes sans doute au séjour des heureux :
Mahomet te rappelle...

BÉRENGÈRE, du seuil de son appartement.

Yaqoub !

YAQOUB, regardant tour à tour la Femme qui s'éloigne et Bérengère
qui l'appelle.

Elles sont deux !...

BÉRENGÈRE.

Yaqoub !... Eh bien, ma voix vous est-elle étrangère ?

YAQOUB.

Bérengère, est-ce vous ?...

BÉRENGÈRE.
Moi-même.

YAQOUB.
Bérengère,
Vous restez donc ici?...

BÉRENGÈRE.
J'y reste.

YAQOUB.
Et qui part donc
Avec le chapelain?...

BÉRENGÈRE.
Ma suivante.

YAQOUB.
Pardon...
Mais vous ne savez pas...

BÉRENGÈRE.
Je sais tout.

YAQOUB.
Que le comte...

BÉRENGÈRE.
Esclave, je te dis que je connais ma honte.

YAQOUB.
Quoi! vous savez qu'une autre ici, dans un instant,
Va venir?...

BÉRENGÈRE.
Que dis-tu?...

YAQOUB.
Que le comte l'attend...

BÉRENGÈRE.
Tu mens!...

YAQOUB.
Que, pour ce soir, on pare la chapelle...

BÉRENGÈRE.
Tu mens!...

YAQOUB.
Qu'André l'amène, et d'avance l'appelle
Comtesse!..

BÉRENGÈRE.
Je te dis que tu mens!...

(En ce moment, Isabelle, conduite par André, arrive à cheval par la porte du fond de la cour. Le Comte va vers elle, et lui offre la main pour descendre.)

YAQOUB.

Soit... Eh bien,
(Lui montrant Isabelle et le Comte.)
Regardez... Maintenant, que me dites-vous?

BÉRENGÈRE, accablée.

Rien.

YAQOUB.

Rien! Regardez encore : il l'embrasse !

BÉRENGÈRE.

Anathème!

YAQOUB.

Et vous ne dites rien?...

BÉRENGÈRE, avec fureur.

Je te dis que je t'aime!...
(Elle veut entrer.)

YAQOUB, la retenant.

Restez, restez, restez!...

BÉRENGÈRE.

Le comte peut me voir.

YAQOUB.

Où vous retrouverai-je?

BÉRENGÈRE.

Ici, ce soir.
(Elle rentre.)

YAQOUB.

Ce soir!...

ACTE CINQUIÈME

BÉRENGÈRE

Même décoration.

SCÈNE PREMIÈRE

Les Archers, à table; YAQOUB, debout devant la porte de Bérengère.

UN ARCHER.

Pardieu ! la venaison est bonne !

ANDRÉ.

Elle est parfaite!...
Je ne me doutais pas que pour pareille fête,
Hier, certes, au château je rapportais ce daim...
Un morceau, sans rancune, Yaqoub.

YAQOUB.

Je n'ai pas faim.

UN ARCHER, à André.

Ah çà! mais te voilà dans la faveur du maître!
Tu nous protégeras.

ANDRÉ.

Vous raillez; mais peut-être
C'est quelque chose au moins qu'avoir été choisi,
Messieurs, par monseigneur Charles de Savoisy,
Pour amener sa femme en ce château... J'espère
Qu'un nouveau mariage enfin le rendra père,
Et que je n'irai pas une seconde fois
En pareille ambassade... A cet effet, je bois
A la jeune comtesse!

TOUS.

Et nous!... nous!...

YAQOUB.

Misérable!...

ANDRÉ.

Hein! que dis-tu?

YAQOUB.

Je dis qu'hier, à cette table,
Par toi-même excités, les hommes que voici
Acceptaient tous un toast pareil à celui-ci...
Seulement, il était à la santé d'une autre.

ANDRÉ.

Porte ton toast à toi : nous porterons le nôtre.

YAQOUB.

Je ne bois pas.

ANDRÉ.

Eh bien, laisse-nous boire alors;
Ou, si nous te gênons, va faire un tour dehors.

YAQOUB.

Il me plaît de rester.

ANDRÉ.

Reste; mais, par Saint-Charle!
Tais-toi.

YAQOUB.
J'ai quelque chose à dire encore.

ANDRÉ.

Parle.

YAQOUB.
Qu'un seul fasse raison à cet archer maudit,
Et je brise son verre entre ses dents. — J'ai dit.

(André se lève pour menacer Yaqoub.)

UN ARCHER, bas, à André.
Souviens-toi de Raymond!...

(On entend la cloche.)

Il faut qu'à la chapelle
Nous nous rendions, André : voilà qui nous appelle.

(Ils sortent.)

SCÈNE II

YAQOUB, puis BÉRENGÈRE.

YAQOUB.
Que vous avez été lents à partir, giaours!...
Qu'Allah de votre vie enlève autant de jours
Qu'en restant en ces lieux, d'où ce son vous renvoie,
Vous m'avez enlevé de minutes de joie !

(Soulevant la tapisserie.)

Venez! ils n'y sont plus, Bérengère ! venez...
Ne m'entendez-vous pas ?...

(Se retournant.)

Nazaréens damnés!...
Bérengère!... Oh! mon cœur, qui se gonfle et s'élance
Est tout près de briser ma poitrine!...

BÉRENGÈRE, paraissant.

Silence!...

YAQOUB.

C'est vous...

BÉRENGÈRE.

Sommes-nous seuls?

YAQOUB.

Oui, seuls.

BÉRENGÈRE.

Écoutez bien...
Éteignez ces flambeaux d'abord...

YAQOUB.

On n'entend rien :
Ils sont à la chapelle, où les unit le prêtre.

BÉRENGÈRE.

Assez, assez!... Parlons d'autre chose. Peut-être,
Autour de ce château quand vous erriez le soir,
Quand vous aviez longtemps, dans votre désespoir
Tourné vers l'Orient les yeux et la pensée,
Vous êtes-vous assis, et, la tête baissée,
Par un demi-sommeil le regard obscurci,
Avez-vous fait parfois le songe que voici :
Vous étiez au désert assis sous votre tente;
Vous regardiez au loin la nuée éclatante
Où, vers la fin du jour, dans un océan d'or,
Le soleil élargi se balance et s'endort.
Tandis que l'on tirait le lait de leurs mamelles,
Vous entendiez sonner les grelots des chamelles.
Au son de votre voix toujours obéissants,
Vos fidèles chevaux accouraient hennissants...
Auprès de vous assise, une femme étrangère,
Que ceux de l'Occident appelaient Bérengère,
Entourait votre cou de ses bras amoureux,
Et vous disait : « Yaqoub, vous trouvez-vous heureux? »

YAQOUB.

Oh! d'écouter cela me croyez-vous le maître?

BÉRENGÈRE.

Ce songe, dites-moi, vous l'avez fait peut-être?

YAQOUB.

Mille fois! mille fois!

BÉRENGÈRE.

Et, lorsque quelque daim,
Passant auprès de vous avec un bruit soudain,

Venait rompre le charme, et que de votre songe
Tout, à l'entour de vous, attestait le mensonge,
Que vous vous retrouviez esclave, pauvre et nu...
Si quelqu'un, tout à coup près de vous survenu
Vous eût, par le pouvoir d'un démon ou d'un ange,
Fait la réalité de votre rêve étrange,
Et n'exigeât de vous en retour, seulement,
Que votre obéissance un seul jour, un moment ;
Mais une obéissance aussi que rien n'émousse
Comme celle du fer à la main qui le pousse !
Au prix de ce moment, auriez-vous hésité
D'acheter du bonheur pour une éternité ?

YAQOUB.

Une seule personne aurait eu la puissance
De soumettre mon cœur à cette obéissance :
C'est celle que je vois dans ce songe si doux ;
Et je n'ai pas besoin de dire que c'est vous.

BÉRENGÈRE.

Eh bien, écoutez donc !... Voulez-vous que ce rêve
Par la réalité quelque matin s'achève ?
Voulez-vous retrouver votre désert natal,
La caravane assise à l'ombre du nopal,
Vos chevaux si légers à la course inconstante,
Vos cent chameaux couchés autour de votre tente,
Cette femme du Nord dont les bras amoureux ?...

YAQOUB.

Vous m'allez demander quelque chose d'affreux,
N'est-ce pas ?... Mais n'importe !

BÉRENGÈRE.

      Yaqoub, si vos paroles
Ne vous échappent point comme des sons frivoles,
Vous m'avez dit ces mots : « S'il était par hasard
Un homme dont l'aspect blessât votre regard ;
Si ses jours sur vos jours avaient cette influence,
Que son trépas pût seul finir votre souffrance ;
De Mahomet lui-même eût-il reçu ce droit,
Quand il passe, il faudrait me le montrer du doigt. »
Vous avez dit cela.

YAQOUB.

Je l'ai dit... je frissonne!...
Mais un homme par moi fut excepté...

BÉRENGÈRE.

Personne!

YAQOUB.

Un homme à ma vengeance a le droit d'échapper...

BÉRENGÈRE.

Si c'était celui-là qu'il te fallût frapper?...
S'il fallait que sur lui la vengeance fût prompte?...

YAQOUB.

Son nom?...

BÉRENGÈRE.

Le comte.

YAQOUB.

Enfer!... Je m'en doutais!

BÉRENGÈRE.

Le comte,
Entendez-vous?... le comte!... Eh bien?...

YAQOUB.

Je ne le puis...

BÉRENGÈRE.

Adieu donc pour toujours!...

YAQOUB.

Restez... ou je vous suis.

BÉRENGÈRE.

J'avais cru jusqu'ici... quelle croyance folle!...
Que les chrétiens eux seuls manquaient à leur parole.
Je me trompais... C'est tout.

YAQOUB.

Madame!...

BÉRENGÈRE.

Laissez-moi...
(Se retournant.)
Mais vous me mentiez donc?

YAQOUB.

     Vous savez bien pourquoi
Ma vengeance ne peut s'allier à la vôtre :
Il m'a sauvé la vie... Oh ! nommez-moi tout autre.

BÉRENGÈRE.

Et quel autre nommer dont le pouvoir fatal
Depuis six ans, Yaqoub, vous ait fait plus de mal ?
Oh ! rappelez-vous donc, rappelez-vous...

YAQOUB.

       Madame,
Je me rappelle tout.

BÉRENGÈRE.

    Il a perdu votre âme,
Vous l'avez dit vous-même; il vous a pour toujours
Ravi pays, parents, liberté, joie, amours...
Il vous ôte un bonheur chaque fois qu'il vous touche !

YAQOUB.

Et cette goutte d'eau qu'il versa sur ma bouche !...

BÉRENGÈRE.

S'il vous a conservé la vie, eh ! n'est-ce pas
Pour vous faire plus tard subir mille trépas ?
L'esclavage entre vous rétablit l'équilibre :
Il vous a fait esclave enfin !...

  YAQOUB, *montrant la signature du Comte.*

     Il me rend libre !

BÉRENGÈRE.

C'est bien !... Et vous rend-il, avec la liberté,
Mon amour, qui dix ans par lui vous fût ôté ?

YAQOUB.

Un instant, Bérengère, écoutez-moi...

BÉRENGÈRE.

      J'écoute...
Dites vite !

YAQOUB.

  J'ai cru... je me trompais sans doute...
Qu'ici vous m'aviez dit... ici même... pardon...

BÉRENGÈRE.

Quoi ?

YAQOUB.

Que vous m'aimiez...

BÉRENGÈRE.

Oui, je l'ai dit

YAQOUB.

Eh bien, donc,
Puisque même destin, même amour nous rassemble,
Bérengère, ce soir...

BÉRENGÈRE.

Eh bien ?

YAQOUB.

Fuyons ensemble !

BÉRENGÈRE.

Sans frapper ?

YAQOUB.

Ses remords vous vengeront-ils pas ?

BÉRENGÈRE.

Esclave, me crois-tu le cœur placé si bas,
Que je puisse souffrir qu'en ce monde où nous sommes
J'aie été tour à tour l'amante de deux hommes,
Dont le premier m'insulte, et qui tous deux vivront,
Sans que de celui-là m'ait vengé le second ?...
Crois-tu que, dans un cœur ardent comme le nôtre,
Un amour puisse entrer sans qu'il dévore l'autre ?...
Si tu l'as espéré, l'espoir est insultant !

YAQOUB.

Bérengère !...

BÉRENGÈRE.

Entre nous tout est fini... Va-t'en !

YAQOUB.

Grâce !...

BÉRENGÈRE.

Je saurai bien trouver pour cette tâche
Quelque main moins timide et quelque âme moins lâche,

Qui fera pour de l'or ce que, toi, dans ce jour,
Tu n'auras pas osé faire pour de l'amour !...
Et, s'il n'en était pas, je saurais bien moi-même
De cet assassinat affrontant l'anathème,
Me glisser au milieu des femmes, des valets
Qui flattent les époux de leur nouveaux souhaits,
Et les faire avorter, ces souhaits trop précoces,
En vidant ce flacon dans la coupe des noces !

YAQOUB.

Du poison !...

BÉRENGÈRE.

Du poison. Mais ne viens plus après,
Esclave, me parler d'amour et de regrets...
Refuses-tu toujours ?... Il me reste un quart d'heure :
C'est encor plus de temps qu'il ne faut pour qu'il meure.
Un quart d'heure... Réponds : mourra-t-il de ta main ?
Es-tu prêt ?... Réponds-moi, car j'y vais... Dis !...

YAQOUB.

Demain...

BÉRENGÈRE.

Demain !... Et, cette nuit, dans cette chambre même,
Ainsi qu'il me l'a dit, il lui dira : « Je t'aime ! »
Demain !... Et, d'ici là, que ferais-je ?... Oh ! tu veux,
La nuit, qu'à pleines mains j'arrache mes cheveux,
Que je brise mon front à toutes les murailles,
Que je devienne folle ! Oh ! demain ! Mais tu railles !...
Et si ce jour était le dernier de nos jours,
Si cette nuit d'enfer allait durer toujours !...
Dieu le peut ordonner si c'est sa fantaisie...
Demain !... Et si je suis morte de jalousie !
Tu n'es donc pas jaloux, toi ? tu ne l'es donc pas ?...

YAQOUB.

Oh !...

BÉRENGÈRE.

Si je te disais: « C'est là que, dans ses bras,
Le comte mille fois de l'amour le plus tendre
M'a donné l'assurance... » Ah ! tu pourrais m'entendre
Sans te tordre les mains, blasphémer, et sentir
A ma voix tes cheveux se dresser et blanchir !...
Ah ! tu n'es pas jaloux !... Écoute alors...

YAQOUB.
>Madame!...

BÉRENGÈRE.
Ecoute : je l'aimais a renier mon âme,
S'il l'avait exigé... Juge de mes transports
Quand, après une absence, il revenait!... Alors,
C'étaient des cris, des pleurs, des extases, des rires,
Dont la nuit jusqu'au jour prolongeait les délires...
Mais tu ne comprends pas, toi : tu n'es pas jaloux !

YAQOUB, tirant son poignard.
Par pitié! tuez-moi, madame!... ou taisez-vous !

BÉRENGÈRE.
Oh ! c'était une joie à faire envie aux anges ;
C'étaient des mots d'amour les éternels échanges...
Tout ce qu'invente enfin l'âme et la passion !

YAQOUB.
Et moi, pendant ce temps... Oh ! malédiction !

BÉRENGÈRE.
C'était là, là !... vois-tu ? dans cette chambre même !...

YAQOUB.
Allah! tu le veux donc ?

BÉRENGÈRE.
>Je te dis que je l'aime,
Que, malgré mon affront, un mot d'amour de lui
Me pourrait à ses pieds ramener aujourd'hui...
Ainsi, tant qu'il vivra, songes-y, je t'échappe...
Car je l'aime, entends-tu ?

YAQOUB.
>Quand faut-il que je frappe ?

BÉRENGÈRE.
Lui vivant, il me reste un espoir de retour ;
Lui mort, je t'aimerai de tout cet autre amour...
N'est-ce pas, maintenant, tu sens qu'il faut qu'il meure,
Et qu'il meure à l'instant ?... Si j'attendais une heure.
Sais-je ce que mon cœur dans une heure voudrait ?...
Peut-être te dirais-je : « Arrête !... »

YAQOUB.
>Je suis prêt...

Ordonne !

BÉRENGÈRE.
Il faut, vois-tu qu'en cette chambre il tombe ;
Qu'en marchant vers ce lit son pied heurte sa tombe...
Car il va revenir en cette chambre-là,
Conduisant sa nouvelle épouse.

YAQOUB, tressaillant.
Le voilà !..

(On voit s'avancer le Comte, conduisant sa nouvelle épouse ; deux Pages les précèdent avec des flambeaux. Autour d'eux s'empressent vassaux et valets.)

LES VASSAUX et LES VALETS, criant.
Vive notre comtesse !

BÉRENGÈRE.
Enfer !...

LES VASSAUX et LES VALETS.
Vive le comte !

BÉRENGÈRE.
Crois-tu que la vengeance égalera la honte ?...
Hésiterais-tu ?

YAQOUB.
Non.

BÉRENGÈRE.
Hâte-toi !... hâte-toi !...
Pour entrer avant lui tu n'as qu'un instant, vois !...
Mais va donc !... Oh ! malheur ! qu'est-ce donc qui t'arrête ?
Que faut-il que je fasse à mon tour ?... Je suis prête...
Dis !... me veux-tu tromper, Yaqoub, jusqu'à la fin ?
Il ne sera plus temps... Damnation !...

(Elle le pousse ; il entre dans la chambre.)
Enfin !

SCÈNE III

BÉRENGÈRE, LE COMTE DE SAVOISY, ISABELLE.

Bérengère se jette derrière le prie-Dieu. Le Comte et Isabelle traversent la salle. Les Pages qui les précèdent, entrent dans la chambre, déposent deux flambeaux et sortent.

LES VASSAUX, criant.
Vive le comte !

LE COMTE, jetant une poignée d'or.
A vous !

LES VASSAUX.
Vive notre comtesse !

LE COMTE.
Ma belle mariée, allons, faites largesse,
Et toutes ces voix-là prieront le ciel pour vous.
(Isabelle jette sa bourse.)
LES VASSAUX.
Vive le comte!
LE COMTE.
Bien, enfants. Retirez-vous.
(Ils sortent tous par la porte du fond. Le Comte et Isabelle entrent dans la chambre. A mesure que les torches s'éloignent, le théâtre retombe dans l'obscurité, et Bérengère se lève lentement.)

SCÈNE IV

BÉRENGÈRE, seule.

Priez... Il vous l'a dit,... ce sera pour son âme;
Car l'ange de la mort est là qui la réclame..:
Et, si quelqu'un de vous par hasard a souci
De la mienne, pour elle alors qu'il prie aussi!...
(Tressaillant.)
N'ai-je pas entendu?... Non, rien.... Si son courage
Faillissait? Il se peut que cela soit... O rage!...
J'aurais dû me servir pour lui de ce poison,
(Elle retire le flacon de sa poitrine.)
Et réserver pour moi le poignard... Trahison!...
Qu'attend-il donc?... Eh bien?...
LE COMTE, frappé dans la coulisse.
Ah!...
BÉRENGÈRE.
Le voilà qui tombe!
(Elle avale le poison.)
Savoisy, retiens-moi ma place dans ta tombe!
ISABELLE, dans la chambre.
Au secours!... au secours!...

SCÈNE V

BÉRENGÈRE, YAQOUB, ISABELLE, puis ANDRÉ, ÉCUYERS, VASSAUX et VALETS.

YAQOUB, entrant à reculons, le poignard à la main.
Fuyons!... il vient!

LE COMTE, se traînant et soulevant la tapisserie.
                              C'est toi,
Yaqoub, qui m'as tué!...
BÉRENGÈRE, appuyant ses deux mains sur les épaules de Yaqoub, qui la
cache aux yeux du Comte, et le faisant tomber à genoux, afin d'être vue
par celui-ci.
               Ce n'est pas lui... c'est moi!
               LE COMTE.
Bérengère!...
          ISABELLE, traversant la cour.
        Au secours!...
             LE COMTE, mourant.
               Ah!... ah!...
             YAQOUB.
                         Maintenant, femme,
Fais-moi tout oublier; car c'est vraiment infâme!...
Viens donc!... Tu m'as promis de venir : je t'attends...
D'être à moi pour toujours...
          BÉRENGÈRE, les yeux sur le Comte.
                    Encor quelques instants...
Et je t'appartiendrai tout entière.
             YAQOUB.
                         Oh! regarde :
Ils accourent aux cris qu'elle a poussés... Prends garde!
Nous ne pourrons plus fuir; il ne sera plus temps...
Ils viennent, Bérengère!...
             BÉRENGÈRE.
               Attends encore, attends...
             YAQOUB.
Oh! viens, viens! Toute attente à cette heure est mortelle!
La cour est pleine, vois... Mais viens donc!...
                    (Bérengère tombe sur les genoux.)
                              Que fait-elle?
Bérengère, est-ce ainsi que tu gardes ta foi?...
Bérengère, entends-tu?... Viens...
             BÉRENGÈRE, expirant.
                         Me voilà!... prends-moi!
          (Elle tombe la bouche sur celle du Comte.)

AQOUB, *la prenant par les cheveux et lui soulevant la tête.*
Oh! malédiction! Son front devient livide!...
Son cœur...

(Il y met la main.)

Il ne bat plus!... Sa main...

(Prenant le flacon qui s'y trouve.)

Le flacon vide!...

ISABELLE, *accourant, entourée de toute la Maison.*
Au secours!... Oh! venez, venez!... C'est par ici!...

ANDRÉ.

Eh quoi! le comte mort!... Et la comtesse aussi!...

YAQOUB.

Morts!

ANDRÉ.

Notre maître!...

TOUS, *s'inclinant vers le Comte.*

Oh!...

YAQOUB.

Vous qui, nés sur cette terre,
Portez comme des chiens la chaîne héréditaire,
Demeurez en hurlant près du sépulcre ouvert!
Pour Yaqoub...

(Tirant le parchemin du Comte et le montrant.)

Il est libre!... et retourne au désert.

TABLE

	Pages.
Napoléon Bonaparte.	1
Antony.	159
Charles VII chez ses grands vassaux.	227

F. AUREAU. IMPRIMERIE DE LAGNY.